FACETAS

Nivel intermedio | Curso breve

THIRD EDITION

Blanco | Colbert

FACETAS

Nivel intermedio | Curso breve

THIRD EDITION

Blanco | Colbert

VISTA
HIGHER LEARNING

Boston, Massachusetts

Publisher: José A. Blanco

Executive Editor: Sarah Kenney

Managing Editors: Eugenia Corbo, Paola Rios Schaaf (Technology)

Project Manager: Raquel Rodríguez Muñoz

Editors: Lauren Krolick, Anne Wagner (Technology), Carolina Zapata Pérez

Production and Design Director: Marta Kimball

Senior Designer: Sarah Cole

Design and Production Team: Manuela Arango, Aracelly Arredondo Palacio, Oscar Díez, Natalia González Peña, Mauricio Henao, Jhoany Jiménez, Susan Prentiss, Nick Ventullo

Student Edition ISBN: 978-1-60576-875-5

Instructor's Annotated Edition ISBN: 978-1-60576-884-7

Library of Congress Card Number: 2010934549

1 2 3 4 5 6 7 8 9 RM 16 15 14 13 12 11 10

Introduction

Bienvenido a FACETAS, Third Edition, an intermediate Spanish program designed to provide you with an active and rewarding learning experience as you continue to strengthen your language skills and develop your cultural competency.

Here are some of the features you will encounter in **FACETAS, Third Edition.**

- An emphasis on authentic language and practical vocabulary for you to use in communicating in real-life situations

- Clear, comprehensive grammar explanations that graphically highlight important concepts

- Abundant guided and communicative activities that will help you develop confidence in your ability to communicate in Spanish

- Three video-based sections—one directly connected to the **FACETAS Fotonovela Video,** one based on the **Flash Cultura** cultural segments, and one featuring the **FACETAS Film Collection**

- Literary and cultural readings that recognize and celebrate the diversity of the Spanish-speaking world and its people

- Ongoing development of your reading, speaking, writing, and listening skills

- Consistent integration of important cultural concepts and insights into the daily lives of native Spanish speakers

- A complete set of print and technology ancillaries to make learning Spanish easier for you

New to the Third Edition

FACETAS, Third Edition, offers many new features to students and instructors that make this edition even better than the last.

- **NEW!** Due to overwhelming popularity, each lesson's **Flash Cultura** video episode now has in-text pre-, while-, and post-viewing support in the **Enfoques** textbook section.

- **Revised!** The **Estructura** grammar presentation offers three grammar points in lessons 1 to 4 and four grammar points in lessons 5 and 6.

- **Refreshed!** Based on user feedback, the **Lecturas** and **Cinemateca** sections have new selections for the Third Edition. A new film and cultural reading in Lesson 1 and a new literary reading in Lesson 3 update and enhance these popular sections.

- **Updated!** The **FACETAS** Supersite now has even more features to make language learning easier, including audio record-and-compare activities, VoiceBoard for threaded discussions, a powerful bilingual dictionary, and more. See page xxvi for more information.

FACETAS has six lessons organized in exactly the same way. To familiarize yourself with the textbook's organization, turn to page x and take the **FACETAS** at-a-glance tour.

Table of Contents

ESTRUCTURA	CINEMATECA	LECTURAS

Table of Contents

	CONTEXTOS	FOTONOVELA	ENFOQUES

Consulta (Reference)

CONTEXTOS
introduces the lesson theme and vocabulary.

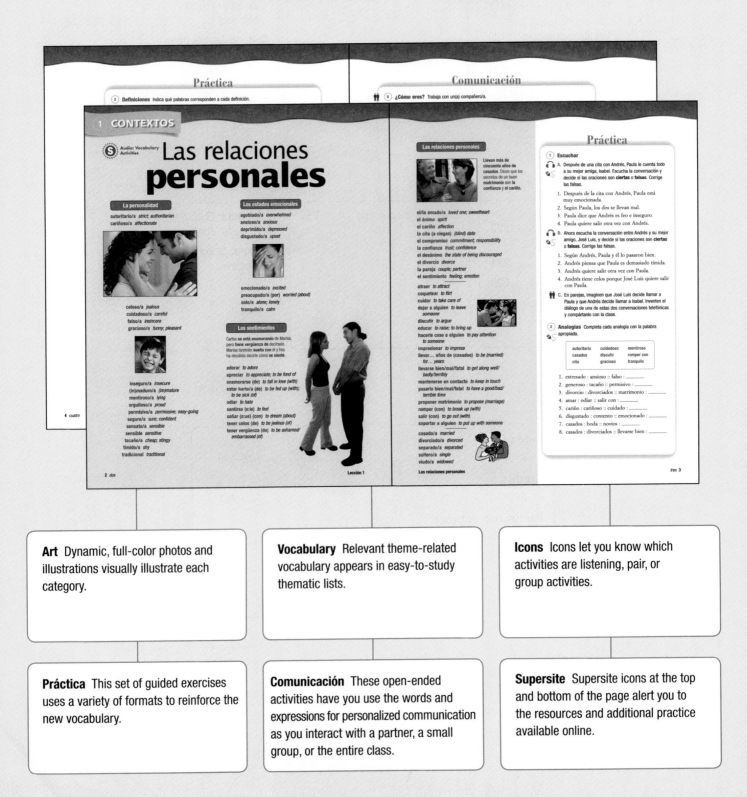

Art Dynamic, full-color photos and illustrations visually illustrate each category.

Vocabulary Relevant theme-related vocabulary appears in easy-to-study thematic lists.

Icons Icons let you know which activities are listening, pair, or group activities.

Práctica This set of guided exercises uses a variety of formats to reinforce the new vocabulary.

Comunicación These open-ended activities have you use the words and expressions for personalized communication as you interact with a partner, a small group, or the entire class.

Supersite Supersite icons at the top and bottom of the page alert you to the resources and additional practice available online.

FOTONOVELA
is a situational comedy about the everyday adventures of a magazine staff.

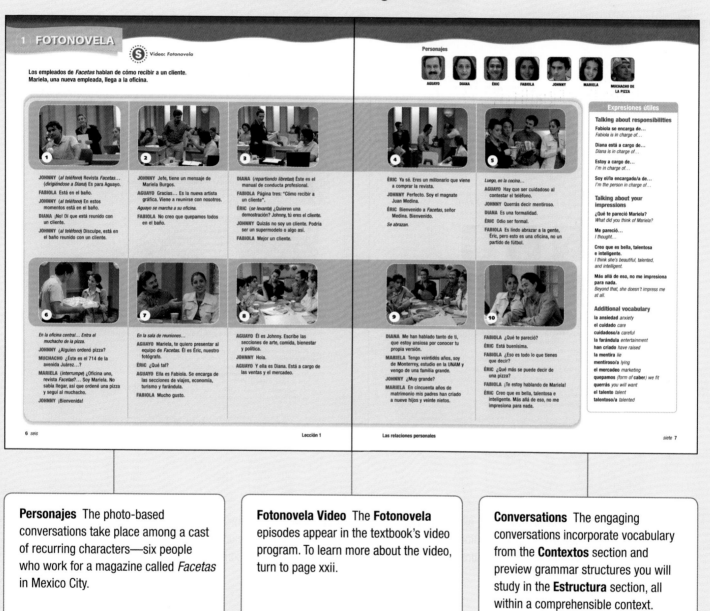

Personajes The photo-based conversations take place among a cast of recurring characters—six people who work for a magazine called *Facetas* in Mexico City.

Fotonovela Video The **Fotonovela** episodes appear in the textbook's video program. To learn more about the video, turn to page xxii.

Conversations The engaging conversations incorporate vocabulary from the **Contextos** section and preview grammar structures you will study in the **Estructura** section, all within a comprehensible context.

Expresiones útiles New, active words and expressions are organized by function, so you can concentrate on using them for real-life, practical purposes.

Comprensión & Ampliación
reinforce and expand upon the *Fotonovela*.

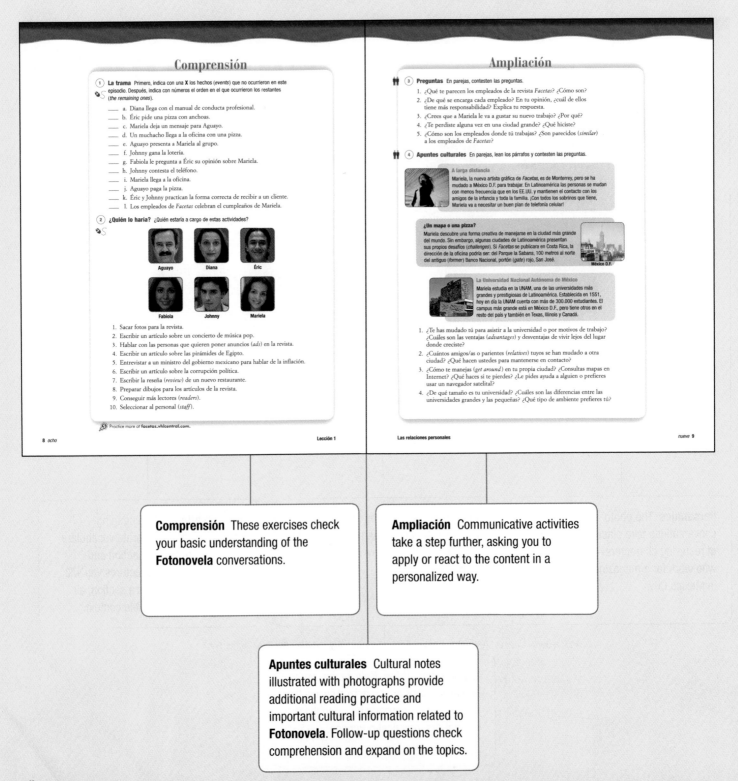

Comprensión These exercises check your basic understanding of the **Fotonovela** conversations.

Ampliación Communicative activities take a step further, asking you to apply or react to the content in a personalized way.

Apuntes culturales Cultural notes illustrated with photographs provide additional reading practice and important cultural information related to **Fotonovela**. Follow-up questions check comprehension and expand on the topics.

ENFOQUES

explores cultural topics related to the lesson theme, focused by region.

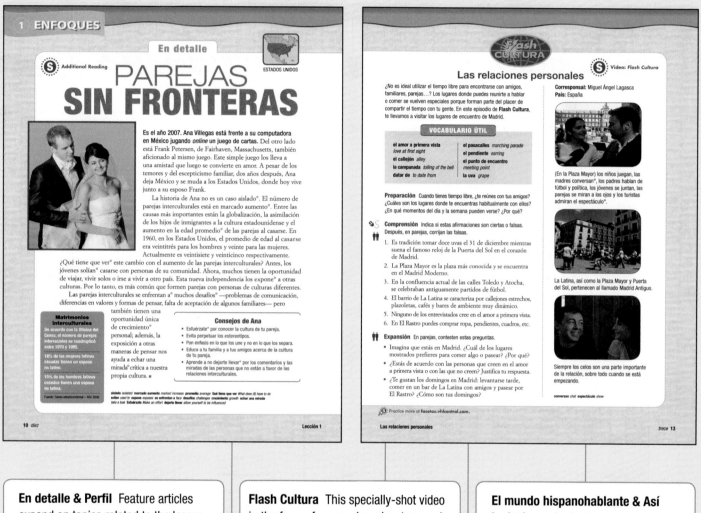

En detalle & Perfil Feature articles expand on topics related to the lesson theme, supported by photos, maps, and graphical features.

Flash Cultura This specially-shot video in the form of a news broadcast expands on the themes and topics of the feature articles. In-text pre- and post-viewing practice supports your comprehension.

El mundo hispanohablante & Así lo decimos Lexical and comparative features highlight traditions, customs, and trends throughout the Spanish-speaking world.

Activities Comprehension, open-ended, and project-based activities in **¿Qué aprendiste?** check your understanding of the material and lead to further exploration.

Supersite An icon indicates that additional content is available on the **FACETAS** Supersite (**facetas.vhlcentral.com**).

ESTRUCTURA
uses graphic design to facilitate learning Spanish grammar.

---

1 ESTRUCTURA

1.1 The present tense

TALLER DE CON...

MANUAL DE GRAM...
Más práctica

1.1 The present tens...
p. A4
1.2 **Ser** and **estar**, ...
1.3 Progressive form...
p. A6
Más gramática

1.4 Nouns and artic...
p. A7
1.5 Adjectives, p. A8...

¡ATENCIÓ...

Subject pronouns a...
normally omitted i...
Spanish. They are u...
to emphasize or cl...
the subject.

¿**Viven** en Californ...

Sí, ella vive en Lo...
Ángeles y él vive ...
San Francisco.

¡ATENCIÓ...

Jugar changes its ...
vowel from *u* to **ue...**
with other stem-ch...
verbs, the **nosotro...**
and **vosotros/as** fo...
do not change.

Jugar
juego, juegas, jue...
jugamos, jugáis, j...

· · · · ·

Construir, destrui...
and **influir** have a ...
change and add a ...
the personal endin...
(except the **nosotro...**
and **vosotros/as** fo...

incluir
incluyo, incluyes, ...
incluye, incluimos...
incluís, incluyen

14 *catorce*

1.3 Progressive forms

The present progressive

- The present progressive (**el presente progresivo**) narrates an action in progress. It is formed with the present tense of **estar** and the present participle (**el gerundio**) of the main verb.

  Éric **está cantando**.   Aguayo **está bebiendo** café.   Fabiola **está escribiendo**.
  Éric is singing.   *Aguayo is drinking coffee.*   *Fabiola is writing.*

¡Te estoy hablando de Mariela! ¿Qué te pareció?

¡ATENCIÓN!

When progressive forms are used with reflexive verbs or object pronouns, the pronouns may either be attached to the present participle (in which case an accent mark is added to maintain the proper stress) or placed before the conjugated verb. See **2.1 Object pronouns**, pp. 54–55, and **2.3 Reflexive verbs**, pp. 62–63, for more information.

Se están enamorando.
Están enamorándose.
They are falling in love.

Te estoy hablando.
Estoy hablándote.
I am talking to you.

· · · · ·

Note that the present participle of **ser** is **siendo**.

- The present participle of regular **–ar**, **–er**, and **–ir** verbs is formed as follows:

INFINITIVE	STEM	ENDING	PRESENT PARTICIPLE
bailar	bail–	–ando	bailando
comer	com–	–iendo	comiendo
aplaudir	aplaud–	–iendo	aplaudiendo

- Stem-changing verbs that end in **–ir** also change their stem vowel when they form the present participle.

–ir stem-changing verbs

Infinitive	Present participle
decir	diciendo
dormir	durmiendo
mentir	mintiendo
morir	muriendo
pedir	pidiendo
sentir	sintiendo
sugerir	sugiriendo

- **Ir**, **poder**, **reír**, and **sonreír** have irregular present participles (**yendo**, **pudiendo**, **riendo**, **sonriendo**). **Ir** and **poder** are seldom used in the present progressive.

  Marisa **está sonriendo** todo el tiempo.   Maribel no está **yendo** a clase últimamente.
  Marisa is smiling all the time.   *Maribel isn't going to class lately.*

22 *veintidós*   Lección 1

- When the stem of an **–er** or **–ir** verb ends in a vowel, the **–i–** of the present participle ending changes to **–y–**.

INFINITIVE	STEM	ENDING	PRESENT PARTICIPLE
construir	constru–	–yendo	construyendo
leer	le–	–yendo	leyendo
oír	o–	–yendo	oyendo
traer	tra–	–yendo	trayendo

- Progressive forms are used less frequently in Spanish than in English, and only when emphasizing that an action is *in progress* at the moment described. To refer to actions that occur over a period of time or in the near future, Spanish uses the present tense instead.

PRESENT TENSE	PRESENT PROGRESSIVE
Lourdes **estudia** economía en la UNAM.	Ahora mismo, Lourdes **está tomando** un examen.
Lourdes is studying economics at UNAM.	*Right now, Lourdes is taking an exam.*
¿**Vienes** con nosotros al Café Pamplona?	No, no puedo. Ya **estoy cocinando**.
Are you coming with us to Café Pamplona?	*No, I can't go. I'm already cooking.*

Other verbs with the present participle

- Spanish expresses various shades of progressive action by using verbs such as **seguir**, **continuar**, **ir**, **venir**, **llevar**, and **andar** with the present participle.

- **Seguir** and **continuar** with the present participle express the idea of *to keep doing something.*

  Emilio **sigue hablando**.   Mercedes **continúa quejándose**.
  Emilio keeps on talking.   *Mercedes keeps complaining.*

- **Ir** with the present participle indicates a gradual or repeated process. It often conveys the English idea of *more and more.*

  Cada día que pasa **voy disfrutando** más de esta clase.   Ana y Juan **van acostumbrándose** al horario de clase.
  I'm enjoying this class more and more every day.   *Ana and Juan are getting more and more used to the class schedule.*

- **Venir** and **llevar** with the present participle indicates a gradual action that accumulates or increases over time.

  Hace años que **viene diciendo** cuánto le gusta el béisbol.   **Llevo insistiendo** en lo mismo desde el principio.
  He's been saying how much he likes baseball for years.   *I have been insisting on the same thing from the beginning.*

- **Andar** with the present participle conveys the idea of *going around doing something* or of *always doing something.*

  José siempre **anda quejándose** de eso.   Román **anda diciendo** mentiras.
  José is always complaining about that.   *Román is going around telling lies.*

¡ATENCIÓN!

Other tenses may have progressive forms as well. These tenses emphasize that an action was/will be in progress.

PAST (pp. 94–105)
Estaba marcando su número justo cuando él me llamó.
I was dialing his number right when he called me.

FUTURE (pp. 220–223)
No vengas a las cuatro; todavía estaremos trabajando.
Don't come at four o'clock; we will still be working.

Las relaciones personales   *veintitrés* 23

Charts and Diagrams Colorful, easy-to-understand charts and diagrams highlight key grammatical structures and forms, as well as important related vocabulary.

Graphics-intensive Design Photos from the video link the lesson's video episode and **Fotonovela** section with the grammar explanations.

Grammar Explanations Explanations are written in clear, concise language for comprehensibility.

Scope and Sequence A balanced grammar scope and sequence presents three grammar points per lesson.

Manual de gramática References to pages in the appendix lead you to **Más gramática.** Here, passive grammar points provide you with more practice for review and/or expansion purposes.

ESTRUCTURA
provides activities for controlled practice and communication.

Práctica

TALLER DE CONSULTA

MANUAL DE GRAMÁTICA
Más práctica
1.1 The present tense, p. A4

1 **Un apartamento infernal** Miguel tiene quejas (*complaints*) de su apartamento. Completa la descripción de su apartamento. Puedes usar los verbos más de una vez.

caber	hacer	oír
dar	ir	tener

Mi apartamento está en el quinto piso. El edificio no (1) _____ ascensor y para llegar al apartamento, (2) _____ que subir por la escalera. El apartamento es tan pequeño que mis cosas no (3) _____. Las paredes (*walls*) son muy finas (*thin*). A todas horas (4) _____ la radio o la televisión de algún vecino. El apartamento sólo (5) _____ una ventana pequeña y, por eso, siempre está oscuro. ¡(6) _____ a buscar otro apartamento!

2 **¿Qué hacen los amigos?** Escribe cinco oraciones usando los sujetos y los verbos de las columnas.

Sujetos	Verbos	
yo	apreciar	exigir
tú	compartir	hacer
un(a) buen(a) amigo/a	creer	pedir
nosotros/as	defender	prestar
los malos amigos	discutir	recordar

1. _____
2. _____
3. _____
4. _____
5. _____

3 **La verdad** En parejas, túrnense (*take turns*) para hacerse las preguntas.

MODELO **Luis: llegar temprano a la oficina / dormir hasta las nueve**
—¿Luis llega temprano a la oficina?
—¡Qué va! (*Are you kidding?*) Luis duerme hasta las nueve.

1. Ana: jugar al tenis con Daniel / preferir pasar la tarde charlando con Sergio
2. Felipe: salir a bailar todas las noches / tener clase de química a las ocho de la mañana
3. Jorge y Begoña: ir a la playa / querer viajar a Arizona
4. Dolores y Tony: comer muchas hamburguesas / ser vegetarianos
5. Fermín: estar harto de Julia / pensar proponerle matrimonio

Practice more at facetas.vhlcentral.com.

Comunicación

4 **¿Qué sabes de tus compañeros?** En parejas, háganse preguntas basadas en las opciones y contesten con una explicación.

MODELO **soñar con / hacer algo especial este mes**
—¿Sueñas con hacer algo especial este mes?
—Sí, sueño con ir al concierto de Wisin & Yandel.

1. pensar / realizar este año algún proyecto
2. decir / mentiras
3. acordarse / del primer beso
4. conducir / cuando / estar muy cansado/a
5. reír / mucho con tu familia
6. dar / consejos (*advice*) sobre asuntos que / no conocer bien
7. venir / a clase tarde con frecuencia
8. escoger / el regalo perfecto para el cumpleaños de tu novio/a
9. corregir / los errores en las composiciones de los compañeros
10. traer / un diccionario a la clase de español

5 **Discusión matrimonial** Trabajen en parejas para representar una discusión matrimonial. Preparen la discusión con las frases de la lista.

no acordarse de los cumpleaños	querer discutir todos los días
ya no sentir lo mismo de antes	contar mentiras siempre
preferir estar con los amigos	dormir en el sofá

6 **¿Cómo son tus amigos?**

A. Escribe una descripción de un(a) buen(a) amigo/a tuyo/a. ¿Cómo es? ¿Está de acuerdo contigo en todo? ¿Discuten algunas veces? ¿Se divierten ustedes cuando están juntos/as? ¿Siempre sigue tus consejos? ¿Te miente a veces?

B. Ahora, comparte tu descripción con tres compañeros/as. Juntos/as, escriban una lista de cinco cosas que los buenos amigos hacen con frecuencia y cinco cosas que no hacen casi nunca. ¿Coincidieron los grupos en las acciones que eligieron?

Práctica The first set of activities provides directed exercises in contexts that combine current and previously learned vocabulary with the grammar point you are studying.

Comunicación The second set of activities prompts personalized communication using the lesson's grammar and vocabulary. These activities take place with a partner, in small groups, or with the entire class.

Supersite Icons let you know exactly what material is available online: activities from the book, additional resources, and extra practice. See page xxvi for more information.

Manual de gramática References to pages in the appendix lead you to **Más práctica,** additional directed and open-ended practice for every grammar point in the book.

CINEMATECA

appears in every lesson, integrating pre-, while-, and post-viewing activities for an authentic short film.

Escenas Video stills with excerpts of the dialogue help you to focus on key events and ideas as you watch the film.

Cortometrajes Six dramatic short films from the Spanish-speaking world provide authentic language input with four pages of support. All films are available for viewing on the Supersite.

Antes de ver... Pre-viewing activities prepare you to view the film.
Vocabulario calls out vocabulary key to understanding the film.

Después de ver... Post-viewing activities check your comprehension and guide you through interpreting the film and reacting to it.

LECTURAS
opens in a visually dramatic way.

1 **LECTURAS**

Los enamorados, 1923
Pablo Picasso, España

"La única fuerza y la única verdad que
hay en esta vida es el amor."

— José Martí

Fine Art A fine art piece by a Spanish-speaking artist illustrates an aspect of the lesson's theme and exposes you to a broad spectrum of works created by male and female artists from different areas of the Spanish-speaking world.

Quotation Quotations by Spanish speakers from around the world and across the ages provide thought-provoking insights into the lesson's theme.

LECTURAS
presents a literary selection that expands on the lesson's theme.

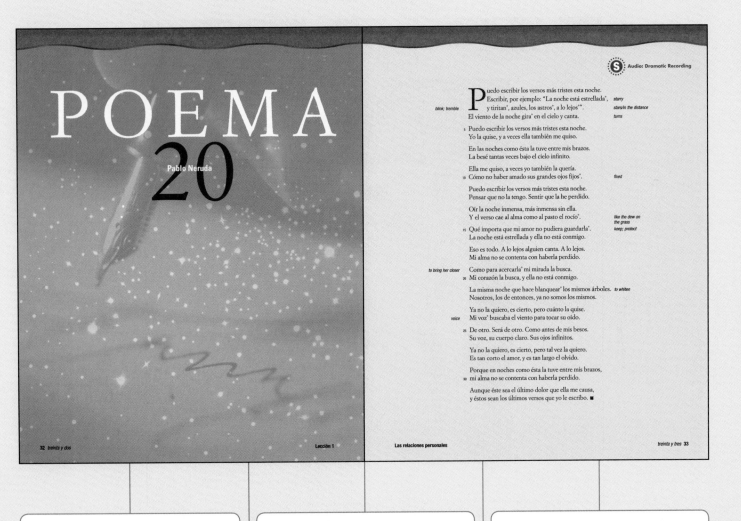

Sobre el autor Biographical information focuses your attention on important information about the authors and their works.

Diverse Texts Theme-related texts from high-profile male and female authors from all over the Spanish-speaking world expose you to a variety of genres, such as poetry, short stories, and novels.

Open Design The type size, open space, numbered lines, and marginal glosses were specially designed to make the readings inviting and highly accessible to you.

Análisis literario Explanations and practice of literary techniques central to the reading give you the support you need to analyze literature in Spanish.

Conexión personal Personalized questions prompt you to think about the theme of the reading as it relates to your own life and experiences.

LECTURAS
also features an article on
cultural topics related to the lesson theme.

Sonia Sotomayor: la niña que soñaba

Sonia Sotomayor era una niña que soñaba. Y, según cuenta, lo que soñaba era convertirse en detective, igual que su heroína favorita, Nancy Drew. Sin embargo, a los ocho años, tras un diagnóstico de diabetes, sus médicos le recomendaron que pensara en una carrera menos agitada. Entonces, sin recortar sus aspiraciones ni resignarse a menos, encontró un nuevo modelo en otro héroe de ficción: Perry Mason, el abogado encarnado° en televisión por Raymond Burr. "Iba a ir a la universidad e iba a convertirme en abogada: y supe esto cuando tenía diez años. Y no es una broma", declaró ella en 1998.

played by

Robin Kar, secretario de Sonia Sotomayor en 1988–1989, afirma que la jueza no sólo tiene una historia asombrosa°, sino que además es una persona asombrosa. Y cuenta que, en la corte, ella no solamente conocía a sus pares°, como los otros jueces y políticos, sino que también se preocupaba por conocer a todos los porteros, los empleados de la cafetería y los conserjes°, y todos la apreciaban mucho.

amazing
peers
janitors

En su discurso de aceptación de la nominación a la Corte Suprema, Sonia Sotomayor explicó su propia visión de sí misma: "Soy una persona nada extraordinaria que ha tenido la dicha de tener oportunidades y experiencias extraordinarias." Pero ni siquiera sus sueños más descabellados° podían prepararla para lo que ocurrió en mayo de 2009, cuando Barack Obama la nominó como candidata a la Corte Suprema de Justicia de Estados Unidos. En su discurso, el presidente destacó el "viaje extraordinario" de la jueza, desde sus modestos comienzos hasta la cima° del sistema judicial. Para él, los sueños son importantes y Sonia Sotomayor es la encarnación del sueño americano.

wildest
height

Nació en el Bronx, en Nueva York, el 25 de junio de 1954, y creció en un barrio de viviendas subsidiadas°. Sus padres, puertorriqueños, habían llegado a Estados Unidos durante la Segunda Guerra Mundial. Su padre, que había estudiado sólo hasta tercer grado y no hablaba inglés, murió cuando Sonia tenía nueve años, y su madre, Celina, tuvo que trabajar seis días a la semana como enfermera para criarlos° a ella y a su hermano menor. Como la señora Sotomayor consideraba que una buena educación era fundamental, les compró a sus hijos la Enciclopedia Británica y los envió a una escuela católica para que recibieran la mejor instrucción posible. Seguramente los resultados superaron también sus expectativas: Sonia estudió en las universidades de Princeton y Yale, y su hermano Juan estudió en la Universidad de

housing project
raise them

Nueva York, y ahora es médico y profesor en la Universidad de Siracusa.

Sonia Sotomayor trabajó durante cinco años como asistente del fiscal de Manhattan, Robert Morgenthau (quien inspiró el personaje del fiscal del distrito Adam Schiff en la serie de televisión *Law and Order*). Luego se dedicó al derecho corporativo y más tarde fue jueza de primera instancia de la Corte Federal de Distrito antes de ser nombrada jueza de Distrito de la Corte Federal de Apelaciones. En 2009 se convirtió en la primera hispana —y la tercera mujer en toda la historia— en llegar a la Corte Suprema de Justicia de Estados Unidos, donde suelen tratarse cuestiones tan controvertidas como el aborto, la pena de muerte, el derecho a la posesión de armas, etc.

Cuando el presidente Obama nominó a la jueza Sotomayor para su nuevo cargo, Celina Sotomayor escuchaba desde la primera fila° con los ojos llenos de lágrimas. En su discurso de aceptación, Sonia la señaló como "la inspiración de toda mi vida". Tal vez, en el fondo, lo que soñaba realmente la niña del Bronx era ser, como su madre, una "sabia mujer latina".

front row

Audio: Reading

Cómo Sotomayor salvó al béisbol

En 1994, de manera unilateral, los propietarios de los equipos de las Grandes Ligas de béisbol implantaron un tope (*limit*) salarial; esto fue rechazado por los jugadores y su sindicato, que declararon una huelga (*strike*). El caso llegó a Sonia Sotomayor, en ese entonces la jueza más joven del Distrito Sur de Nueva York, en 1995. Ella escuchó los argumentos de las dos partes y anunció su dictamen (*ruling*) a favor de los jugadores. Logró acabar así con la huelga que llevaba ya 232 días y, además, ganarse el título de "salvadora del béisbol".

36 treinta y seis — Lección 1 — Las relaciones personales — treinta y siete 37

Appealing Topics The **Cultura** readings present a unique range of topics that expose you to the people, traditions, and accomplishments of the different cultures of the Spanish-speaking world.

Open Design The same open design used in the first selection, including numbered lines and marginal glosses, helps make the **Cultura** readings accessible to you.

Vocabulario A vocabulary box lists words and expressions key to the reading.

Contexto cultural The selection is introduced by culturally relevant background information about the theme of the reading.

Post-reading Activities These exercises check your understanding of key ideas and guide you in analyzing, interpreting, and reacting to the content.

Atando cabos
develops your speaking and writing skills.

Atando cabos

¡A conversar!

Citas rápidas Usa la técnica de las "citas rápidas" (*speed dating*) para conocer a tus compañeros/as de clase, hacer nuevos amigos y buscar compañeros para proyectos. Comparte los resultados con la clase.

Cómo funcionan las "citas rápidas"

- Reúnete con un(a) compañero/a durante cinco minutos. Hablen sobre quiénes son, cómo son, qué buscan, etc.
- Toma notas acerca del encuentro.
- Repite la actividad con otros compañeros.

	Nombre	Nombre
¿De dónde eres?		
¿Cómo eres?		
¿Qué cualidades buscas en un(a) amigo/a?		
¿Qué tipo de proyectos te gusta hacer?		

¡A escribir!

Consejos Lee la carta que envió Alonso a la sección de consejos sentimentales de una revista y usa las frases del recuadro para responderla.

Expresar tu opinión

Estas frases pueden ayudarte a presentar tu opinión:
- En mi opinión,…
- Creo que…
- Me parece que…

Me llamo Alonso. Tengo 23 años y soy de Colombia. Vine a Boston para estudiar en la universidad. Allí conocí a mi novia Kristen, quien tomaba clases de español. Todo iba muy bien mientras estábamos en la universidad: teníamos amigos estadounidenses y latinoamericanos, a mí me interesaba mucho aprender sobre su país y a ella sobre el mío.

El problema comenzó después de la universidad. Cuando salimos con los compañeros de trabajo de Kristen, siento que a nadie le interesa charlar conmigo, y a mí tampoco me interesa hablar con ellos de béisbol y esas cosas. Cuando vamos a visitar a la familia de Kristen en Chicago y decido cocinar, siempre miran con desconfianza los platos tradicionales que preparo. Además, Kristen está muy ocupada con su trabajo para seguir estudiando español. Cuando quiere practicar comete unos errores horribles y entonces yo prefiero hablar inglés con ella. Discutimos mucho por todas estas cosas. A veces pienso que sería más fácil estar con alguien de mi cultura… pero quiero mucho a Kristen. ¿Qué puedo hacer para que mi relación funcione?

Las relaciones personales

treinta y nueve **39**

¡A conversar! Step-by-step tasks and problem-solving situations engage you in discussion in pairs, small groups, or with the entire class.

Thematic Readings and Realia These texts serve as springboards for discussion and writing while providing frameworks to help you use language creatively.

¡A escribir! This section provides an engaging, real-life writing task—letters, e-mails, anecdotes, etc.—spun off from the lesson theme.

VOCABULARIO
summarizes the active vocabulary in each lesson.

1 VOCABULARIO

Audio: Vocabulary Flashcards

La personalidad

autoritario/a	strict; authoritarian
cariñoso/a	affectionate
celoso/a	jealous
cuidadoso/a	careful
falso/a	insincere
gracioso/a	funny; pleasant
inseguro/a	insecure
(in)maduro/a	(im)mature
mentiroso/a	lying
orgulloso/a	proud
permisivo/a	permissive; easy-going
seguro/a	sure; confident
sensato/a	sensible
sensible	sensitive
tacaño/a	cheap; stingy
tímido/a	shy
tradicional	traditional

Los estados emocionales

agobiado/a	overwhelmed
ansioso/a	anxious
deprimido/a	depressed
disgustado/a	upset
emocionado/a	excited
preocupado/a (por)	worried (about)
solo/a	alone; lonely
tranquilo/a	calm

Los sentimientos

adorar	to adore
apreciar	to appreciate; to be fond of
enamorarse (de)	to fall in love (with)
estar harto/a (de)	to be fed up (with); to be sick (of)
odiar	to hate
sentirse (e:ie)	to feel
soñar (o:ue) (con)	to dream (about)
tener celos (de)	to be jealous (of)
tener vergüenza (de)	to be ashamed/ embarrassed (of)

Las relaciones personales

el/la amado/a	loved one; sweetheart
el ánimo	spirit
el cariño	affection
la cita (a ciegas)	(blind) date
el compromiso	commitment; responsibility
la confianza	trust; confidence
el desánimo	the state of being discouraged
el divorcio	divorce
la pareja	couple; partner
el sentimiento	feeling; emotion
atraer	to attract
coquetear	to flirt
cuidar	to take care of
dejar a alguien	to leave someone
discutir	to argue
educar	to raise; to bring up
hacerle caso a alguien	to pay attention to someone
impresionar	to impress
llevar... años de (casados)	to be (married) for... years
llevarse bien/mal/ fatal	to get along well/ badly/terribly
mantenerse en contacto	to keep in touch
pasarlo bien/mal/ fatal	to have a good/bad/ terrible time
proponer matrimonio	to propose (marriage)
romper (con)	to break up (with)
salir (con)	to go out (with)
soportar a alguien	to put up with someone
casado/a	married
divorciado/a	divorced
separado/a	separated
soltero/a	single
viudo/a	widowed

Más vocabulario

Expresiones útiles	Ver p. 7
Estructura	Ver pp. 14–15, 18–19 y 22–23

Cinemateca

la cinta	tape
la luz	light
alargar	to drag out
enterarse	to find out
entretenerse	to be held up
respirar	to breathe
pesado/a	annoying
precioso/a	lovely
turbio/a	murky
a lo mejor	maybe

Literatura

el alma	soul
el corazón	heart
la mirada	gaze
el olvido	forgetfulness; oblivion
amar	to love
besar	to kiss
contentarse con	to be contented/ satisfied with
querer (e:ie)	to love; to want

Cultura

el cargo	position
la cima	height
el sueño	dream
convertirse (e:ie) en	to become
rechazar	to turn down
superar	to exceed
tomar en cuenta	to take into consideration
propio/a	own
sabio/a	wise
en contra	against

FACETAS, Third Edition, Video Programs

Fotonovela Video

An episode in the format of a sitcom accompanies each lesson in **FACETAS**. These episodes portray the everyday lives and adventures of the staff working at the lifestyle magazine *Facetas,* based in Mexico City.

The **Fotonovela** section in each textbook lesson is actually an abbreviated version of the dramatic episode featured in the video. Therefore, each **Fotonovela** section can be done before you see the corresponding video episode, after it, or as a stand-alone section.

Besides providing entertainment, the video serves as a useful learning tool. As you watch the episodes, you will observe the characters interacting in various situations and using real-world language that reflects the vocabulary and grammar you are studying. In addition, because language learning is an ongoing, cumulative process, you will find that the dramatic segments carefully combine new vocabulary and grammar with previously taught language as the video progresses.

Flash Cultura

The overwhelmingly popular **Flash Cultura** video provides an entertaining and authentic complement to the **Enfoques** section of each lesson. Correspondents from various Spanish-speaking countries report on aspects of life in their countries, conducting street interviews with residents along the way. These episodes draw attention to similarities and differences between Spanish-speaking countries and the U.S., while highlighting fascinating aspects of the target culture.

The Cast

Here are the main characters you will meet when you watch the **Fotonovela Video**:

Mariela Burgos

José Raúl Aguayo

Diana González

Éric Vargas

Juan (Johnny) Medina

Fabiola Ledesma

Film Collection

The **FACETAS** Film Collection contains the short films by Hispanic filmmakers that are the basis for the **Cinemateca** section of every lesson. These award-winning films offer entertaining and thought-provoking opportunities to build your listening comprehension skills and your cultural knowledge of the Spanish-speaking world.

Film Synopses

NEW! Lección 1 *Di algo* (Spain) A young blind woman falls in love with a man based on his voice. The only problem is that she has never heard him in person... just on a recording.

Lección 2 *Espíritu deportivo* (México) At the funeral of a deceased soccer star, his teammates argue the lineup of their famous match against Brazil.

Lección 3 *Adiós mamá* (México) A man is grocery shopping alone on an ordinary day when a chance meeting makes him the focus of an elderly woman's existential conflict, with a surprising result.

Lección 4 *Éramos pocos* (España) **Oscar nominated!** After being abandoned by his wife, a father and son enlist the help of her mother to keep house.

Lección 5 *El anillo* (Puerto Rico) Every object has its own story to tell.

Lección 6 *El día menos pensado* (México) A city ends up without potable water; people must decide whether to flee or stand and guard what little water they have left.

Icons

Familiarize yourself with these icons that appear throughout **FACETAS.**

(S) Supersite content available   👫 Pair activity

Activity available on Supersite   👪 Group activity

🎧 Audio activity

Text next to the Supersite icon will let you know exactly what type of content is available online. Additional practice on the Supersite, not included in the textbook, is indicated with this icon feature: Practice more at **facetas.vhlcentral.com.**

Student Ancillaries

Student Activities Manual

The Student Activities Manual consists of the Workbook, the Lab Manual, and the Video Manual. The Workbook activities provide additional practice of the vocabulary and grammar for each textbook lesson. The Lab Manual activities for each textbook lesson focus on building your listening comprehension skills in Spanish. The Video Manual includes pre-, while-, and post-viewing activities for the **FACETAS Fotonovela Video.**

Lab Audio Program

The Lab Audio Program, available as MP3 files on the **FACETAS** Supersite, contains the recordings to be used with the activities of the Lab Manual.

Textbook Audio Program

The Textbook Audio Program comprises all of the audio recordings that correspond to the audio icons and activities in your text. These MP3 files are available on the **FACETAS** Supersite.

FACETAS Fotonovela Video DVD

This DVD includes the complete **Fotonovela** Video in six dramatic episodes done in the style of a situational comedy.

Supersite (facetas.vhlcentral.com) (S)

Free with each purchase of a new student text, the **FACETAS, Third Edition,** Supersite Access Code delivers a wide range of online resources to you. Audio, video, and auto-graded practice directly correlate to your textbook and go beyond it. See page xxvi for more information.

Supersite Plus

In addition to the resources on the **FACETAS** Supersite, this option offers a WebSAM and Wimba Pronto. See p. xxvi.

Instructor Ancillaries

In addition to the student ancillaries, all of which are available to the instructor, these supplements are also available.

Instructor's Annotated Edition

The Instructor's Annotated Edition (IAE) provides a wealth of information designed to support classroom teaching. The IAE contains answers to exercises overprinted on the page, cultural information, suggestions for implementing and extending student activities, supplemental activities, and cross-references to student and instructor ancillaries.

Supersite (facetas.vhlcentral.com)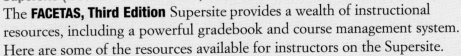

The **FACETAS, Third Edition** Supersite provides a wealth of instructional resources, including a powerful gradebook and course management system. Here are some of the resources available for instructors on the Supersite.

- **Instructor's Resource Manual**
  The Instructor's Resource Manual contains teaching suggestions, textbook and lab audioscripts, scripts and translations for all three video programs, plus textbook and SAM answer keys.

- **Testing Program with Audio**
  The Testing Program contains four quizzes for each of the textbook's six lessons and exams for Lessons 1–3 and 4–6. All assessments include sections on listening comprehension, vocabulary, grammar, and communication. Optional reading sections are also provided. Listening scripts, answer keys, and audio files are also included. The Testing Program is available in three formats: ready-to-print PDFs, editable word-processing files, and in a powerful Test Generator.

- **Overheads**
  Overhead materials include selected illustrations and **Estructura** charts from the textbook, as well as maps of all Spanish-speaking countries.

- **Student Activities Manual Answer Key**
  This component includes answer keys for all discrete-answer activities in the Student Activities Manual. A print version is available to students upon instructor request.

Supersite Plus

In addition to the resources on the **FACETAS** Supersite, this option offers a WebSAM and Wimba Pronto. See p. xxvi.

Instructor's DVD Set

This DVD set contains the **Fotonovela** DVD, the Film Collection DVD, and the **Flash Cultura** DVD. All video content has subtitles and is also available online.

Supersite

The **FACETAS** Supersite provides a wealth of resources for both students and instructors. Icons indicate exactly which resources are available on the Supersite for each strand of every lesson.

For Students

Student resources, available through a Supersite code, are provided free-of-charge with the purchase of a new student text. Here is an example of what you will find at **facetas.vhlcentral.com:**

- Activities from the student text, with auto-grading
- Additional practice for each and every textbook section

  Practice more at **facetas.vhlcentral.com.**
- Record & Submit oral assessment activities
- Three video programs—**Fotonovela, Flash Cultura**, and the **FACETAS Film Collection**—in streaming video
- MP3 files for the complete **FACETAS** Textbook, Lab, and Testing Programs
- **NEW!** Oxford Spanish Mini Dictionary
- **NEW!** Flashcards with audio
- **NEW!** Wimba Voice Board

For Instructors

Instructors have access to the entire student site, as well as these key resources:

- The entire Instructor Ancillary package, Testing Program, and Instructor Resources, in downloadable and printable formats
- A robust course management system
- Voice Board capabilities for you to create additional activities
- And much, much more…

Supersiteplus

In addition to the resources already listed, Supersite Plus offers:

- **WebSAM** The online, interactive Student Activities Manual includes audio record-submit activities, auto-grading for select activities, and a single gradebook for Supersite and WebSAM activities.
- **Wimba Pronto** Extend communication beyond the classroom with this powerful tool that features synchronous chat, online tutoring, online office hour capabilities, and more.

Reviewers

On behalf of its writers and editors, Vista Higher Learning expresses its sincere appreciation to the many professors nationwide who reviewed **FACETAS, Second Edition**. Their insights, ideas, and detailed comments were invaluable to the final product.

Carmen Albaladejo
Michigan State
  University, MI

Jose Alonzo
East Texas Baptist
  University, TX

Priscilla Archibald
Roosevelt University, IL

Wendy Bennett-Turner
Pellissippi State Community College, TN

Amanda Boomershine
University of North Carolina Wilmington, NC

James Buckwalter
Hanover College, IN

Fernando Burgos
University of Memphis, TN

Deborah Cutler
Pima Community College, AZ

Alice Edwards
Mercyhurst College, PA

Margaret Eomurian
Houston Community
  College, TX

Enrique Fernandez
University of Manitoba, Canada

Amy George-Hirons
Tulane University, LA

Gordon Hinners
Mars Hill College, NC

Cheryll Javaherian
Southeastern Louisiana University, LA

Richard Keenan
University of Idaho, Canada

Frauke Loewensen
California State University Monterey Bay, CA

Leonor Lundy
Pellissippi State Technical Community
  College, TN

Maria Ines Martinez
University of Manitoba, Canada

Verónica Méndez
Western State College of Colorado, CO

William Miller
University of Akron, OH

Jayne Reino
University of Massachusetts, MA

Caterina Reitano
University of Manitoba, Canada

Catherine Scholer
Alexandria Technical College, MN

Iñigo Serna
Washington State University, WA

James Sutherland
Assumption High School, KY

Matthew A. Wyszynski
University of Akron, OH

Fernanda Zullo
Hanover College, IN

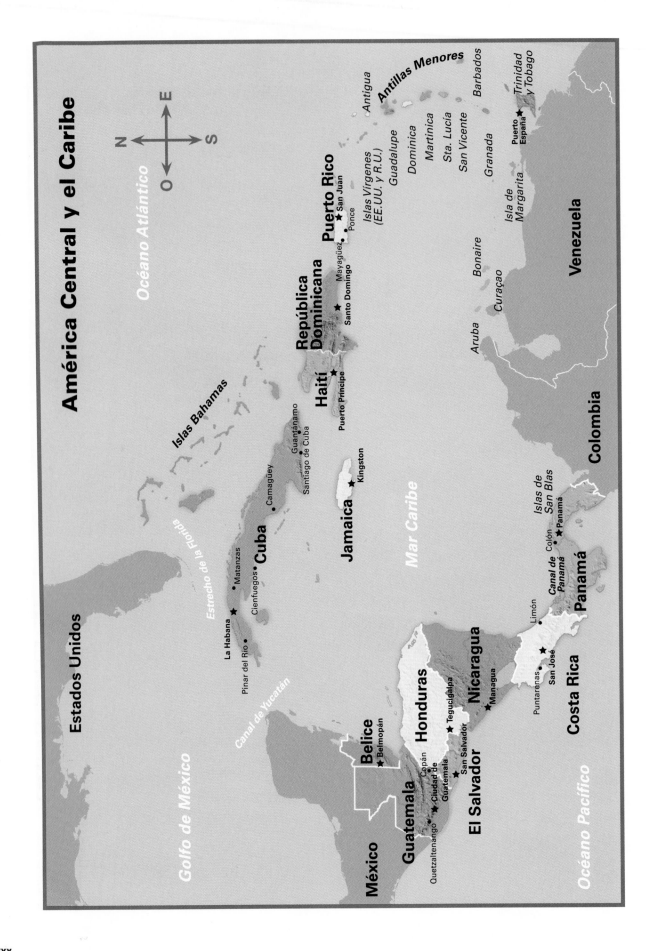

América Central y el Caribe

Estados Unidos

Golfo de México

Océano Atlántico

Océano Pacífico

México

Guatemala

Quetzaltenango
Ciudad de Guatemala
Copán

Belice
● Belmopán

Honduras
★ Tegucigalpa

El Salvador
★ San Salvador

Nicaragua
★ Managua

Costa Rica
Puntarenas ● ● San José

Panamá
Limón ●
Colón ●
★ Panamá
Canal de Panamá

Islas de San Blas

Colombia

Venezuela

Canal de Yucatán

Estrecho de la Florida

Islas Bahamas

Cuba
La Habana ★
Pinar del Río ●
● Matanzas
Cienfuegos ●
● Camagüey
Santiago de Cuba ●
● Guantánamo

Mar Caribe

Jamaica
★ Kingston

Haití
★ Puerto Príncipe

República Dominicana
★ Santo Domingo

Puerto Rico
Mayagüez ● ★ San Juan
Ponce ●

Islas Vírgenes (EE.UU. y R.U.)

Antillas Menores

Antigua
Guadalupe
Dominica
Martinica
Sta. Lucía
San Vicente
Granada
Barbados

Puerto España ★
Trinidad y Tobago

Isla de Margarita

Aruba
Curaçao
Bonaire

N
E
S
O

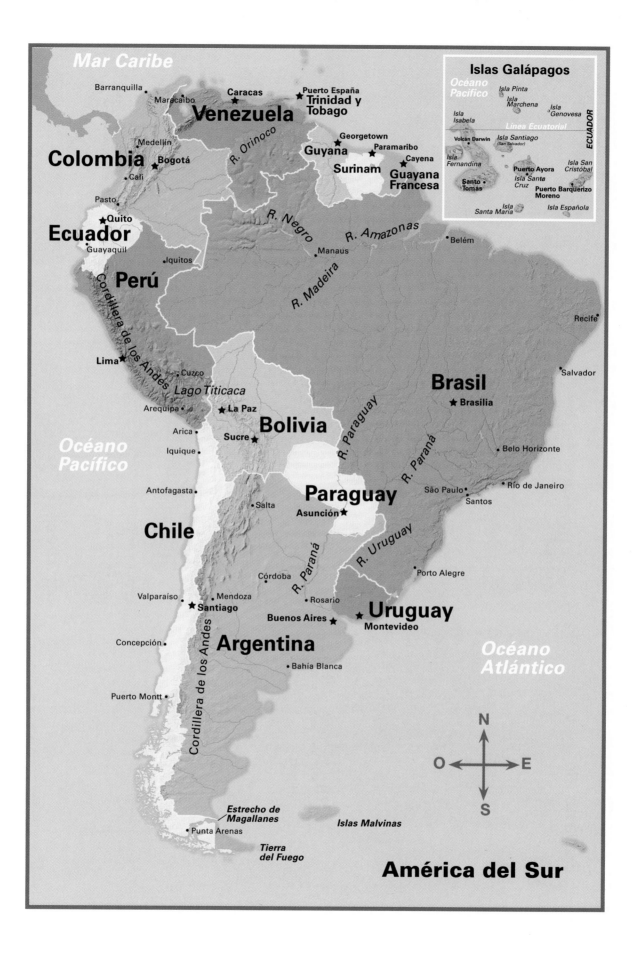

Mar Caribe

Barranquilla
Maracaibo
Caracas
Puerto España
Trinidad y Tobago
Venezuela
Medellín
Colombia
Bogotá
Cali
R. Orinoco
Georgetown
Guyana
Paramaribo
Surinam
Cayena
Guayana Francesa
Pasto
Quito
Ecuador
Guayaquil
Iquitos
R. Negro
R. Amazonas
Manaus
Belém
Perú
Cordillera de los Andes
R. Madeira
Recife
Lima
Cuzco
Lago Titicaca
Brasil
Salvador
Arequipa
La Paz
Brasilia
Bolivia
Arica
Sucre
Paraguay
R. Paraguay
R. Paraná
Belo Horizonte
Iquique
Océano Pacífico
Paraguay
São Paulo
Río de Janeiro
Santos
Antofagasta
Salta
Asunción
Chile
R. Uruguay
Porto Alegre
Córdoba
R. Paraná
Valparaíso
Mendoza
Rosario
Santiago
Buenos Aires
Uruguay
Montevideo
Concepción
Argentina
Océano Atlántico
Bahía Blanca
Puerto Montt
Cordillera de los Andes
Estrecho de Magallanes
Islas Malvinas
Punta Arenas
Tierra del Fuego
N
O   E
S
América del Sur

Islas Galápagos

Océano Pacífico
Isla Pinta
Isla Marchena
Isla Genovesa
Isla Isabela
Línea Ecuatorial
ECUADOR
Volcán Darwin
Isla Santiago (San Salvador)
Isla Fernandina
Puerto Ayora
Isla San Cristóbal
Isla Santa Cruz
Santo Tomás
Puerto Barquerizo Moreno
Isla Santa María
Isla Española

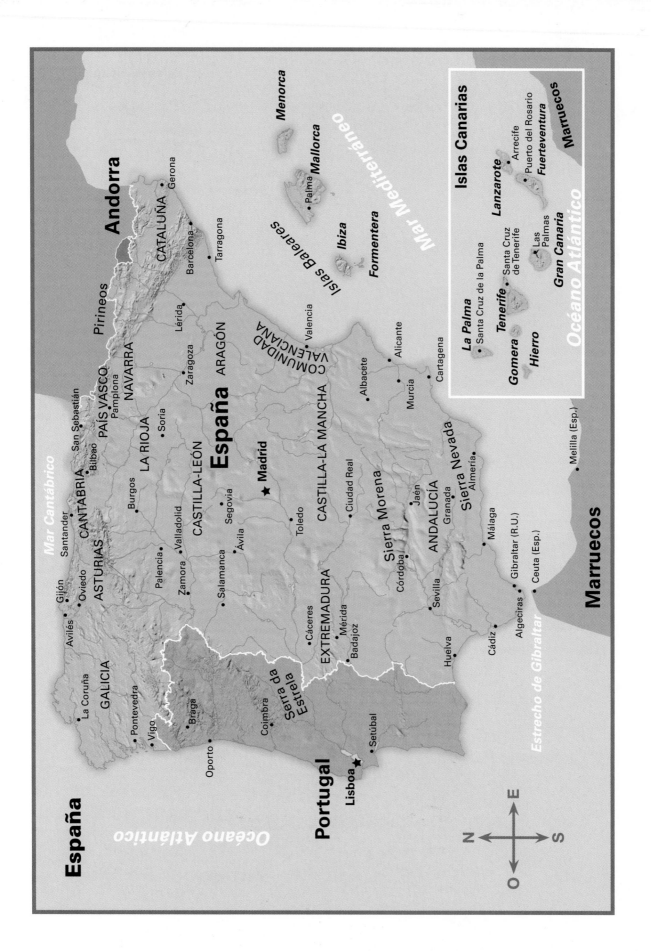

España

Las relaciones personales

Communicative Goals
You will expand your ability to…
- describe in the present
- narrate in the present
- express personal relationships

S Audio: Vocabulary Activities

Las relaciones personales

La personalidad

autoritario/a *strict; authoritarian*
cariñoso/a *affectionate*

celoso/a *jealous*
cuidadoso/a *careful*
falso/a *insincere*
gracioso/a *funny; pleasant*

inseguro/a *insecure*
(in)maduro/a *(im)mature*
mentiroso/a *lying*
orgulloso/a *proud*
permisivo/a *permissive; easy-going*
seguro/a *sure; confident*
sensato/a *sensible*
sensible *sensitive*
tacaño/a *cheap; stingy*
tímido/a *shy*
tradicional *traditional*

Los estados emocionales

agobiado/a *overwhelmed*
ansioso/a *anxious*
deprimido/a *depressed*
disgustado/a *upset*

emocionado/a *excited*
preocupado/a (por) *worried (about)*
solo/a *alone; lonely*
tranquilo/a *calm*

Los sentimientos

Carlos **se está enamorando** de Marisa, pero **tiene vergüenza de** decírselo. Marisa también **sueña con** él y hoy ha decidido decirle cómo **se siente**.

adorar *to adore*
apreciar *to appreciate; to be fond of*
enamorarse (de) *to fall in love (with)*
estar harto/a (de) *to be fed up (with); to be sick (of)*
odiar *to hate*
sentirse (e:ie) *to feel*
soñar (o:ue) (con) *to dream (about)*
tener celos (de) *to be jealous (of)*
tener vergüenza (de) *to be ashamed/ embarrassed (of)*

Llevan más de cincuenta años de casados. Dicen que los secretos de un buen **matrimonio** son **la confianza** y **el cariño**.

el/la amado/a *loved one; sweetheart*
el ánimo *spirit*
el cariño *affection*
la cita (a ciegas) *(blind) date*
el compromiso *commitment; responsibility*
la confianza *trust; confidence*
el desánimo *the state of being discouraged*
el divorcio *divorce*
la pareja *couple; partner*
el sentimiento *feeling; emotion*

atraer *to attract*
coquetear *to flirt*
cuidar *to take care of*
dejar a alguien *to leave someone*
discutir *to argue*
educar *to raise; to bring up*
hacerle caso a alguien *to pay attention to someone*
impresionar *to impress*
llevar… años de (casados) *to be (married) for… years*
llevarse bien/mal/fatal *to get along well/ badly/terribly*
mantenerse en contacto *to keep in touch*
pasarlo bien/mal/fatal *to have a good/bad/ terrible time*
proponer matrimonio *to propose (marriage)*
romper (con) *to break up (with)*
salir (con) *to go out (with)*
soportar a alguien *to put up with someone*

casado/a *married*
divorciado/a *divorced*
separado/a *separated*
soltero/a *single*
viudo/a *widowed*

Práctica

(1) Escuchar

A. Después de una cita con Andrés, Paula le cuenta todo a su mejor amiga, Isabel. Escucha la conversación y decide si las oraciones son **ciertas** o **falsas**. Corrige las falsas.

1. Después de la cita con Andrés, Paula está muy emocionada.
2. Según Paula, los dos se llevan mal.
3. Paula dice que Andrés es feo e inseguro.
4. Paula quiere salir otra vez con Andrés.

B. Ahora escucha la conversación entre Andrés y su mejor amigo, José Luis, y decide si las oraciones son **ciertas** o **falsas**. Corrige las falsas.

1. Según Andrés, Paula y él lo pasaron bien.
2. Andrés piensa que Paula es demasiado tímida.
3. Andrés quiere salir otra vez con Paula.
4. Andrés tiene celos porque José Luis quiere salir con Paula.

C. En parejas, imaginen que José Luis decide llamar a Paula y que Andrés decide llamar a Isabel. Inventen el diálogo de una de estas dos conversaciones telefónicas y compártanlo con la clase.

(2) Analogías Completa cada analogía con la palabra apropiada.

autoritario	cuidadoso	mentiroso
casados	discutir	romper con
cita	gracioso	tranquilo

1. estresado : ansioso :: falso : _____
2. generoso : tacaño :: permisivo : _____
3. divorcio : divorciados :: matrimonio : _____
4. amar : odiar :: salir con : _____
5. cariño : cariñoso :: cuidado : _____
6. disgustado : contento :: emocionado : _____
7. casados : boda :: novios : _____
8. casados : divorciados :: llevarse bien : _____

Práctica

(3) Definiciones Indica qué palabras corresponden a cada definición.

_____ 1. Compromiso entre dos o más personas sobre el lugar, la fecha y la hora para encontrarse.

_____ 2. Que sufre de tristeza o desánimo.

_____ 3. Enseñar a una persona a comportarse según ciertas normas.

_____ 4. Prestarle atención a alguien.

_____ 5. Conjunto formado por dos personas o cosas que se complementan o son semejantes, como, por ejemplo, hombre y mujer.

_____ 6. Estimar o reconocer el valor de algo o de alguien.

a. apreciar
b. cita
c. cuidar
d. deprimido/a
e. discutir
f. educar
g. hacerle caso
h. pareja
i. viudo/a

(4) Contrarios Mauricio y Lucía son gemelos (*twins*), pero tienen personalidades muy distintas. Completa las descripciones con los adjetivos adecuados.

MODELO **Mauricio siempre es muy seguro, pero Lucía es…** insegura.

1. Mauricio es un hombre sincero, pero Lucía es…

2. Mauricio es muy generoso con su dinero, pero Lucía es…

3. No sabes lo sociable que es Mauricio, pero Lucía es muy…

4. Mauricio es permisivo con sus hijos, pero Lucía es…

5. A Mauricio le gusta estar con gente, pero Lucía prefiere estar…

6. Todos piensan que Mauricio es moderno, pero que Lucía es…

7. Mauricio se porta (*behaves*) como un adulto, pero Lucía es muy…

8. Mauricio es muy modesto, pero Lucía es muy…

9. Mauricio es muy…, pero Lucía es muy…

10. A Mauricio le gusta…, pero Lucía prefiere…

:Ｐ: Practice more at **facetas.vhlcentral.com**.

Comunicación

5 **¿Cómo eres?** Trabaja con un(a) compañero/a.

A. Contesta las preguntas del test.

					Clave	
Sí					**Sí** = 0 puntos	
	A veces				**A veces** = 1 punto	
		No			**No** = 2 puntos	

1. ¿Te pones ansioso/a cuando estás con gente?
2. ¿Te molesta mostrar tus emociones?
3. ¿Tienes miedo de iniciar una conversación?
4. ¿Te pone nervioso/a la idea de tener una cita a ciegas?
5. ¿Te intimida coquetear con una persona que no conoces?
6. ¿Tienes vergüenza de hablar en público?
7. ¿Piensas mucho antes de tomar una decisión?
8. ¿Te gusta estar solo/a?
9. ¿Piensas que tus sentimientos están bien controlados?
10. ¿Te llevas bien con personas muy tímidas?

Resultados

0 a 3	Eres muy introvertido/a.
4 a 7	Tiendes a ser introvertido/a.
8 a 11	No eres ni introvertido/a ni extrovertido/a.
12 a 16	Tiendes a ser extrovertido/a.
17 a 20	Eres muy extrovertido/a.

B. Ahora suma (*add up*) los puntos. ¿Cuál es el resultado del test? ¿Estás de acuerdo? Comenta tu resultado y tu opinión con tu compañero/a.

6 **Problemas y consejos**

A. En grupos de cuatro, elijan una de estas situaciones. Inventen más detalles para describir la situación. Básense en estas preguntas.

> ¿Quiénes son los personajes?
>
> ¿Cuánto tiempo llevan juntos?
>
> ¿Cuál es su relación?
>
> ¿Cómo empezó la situación?

1. Intercambian miradas (*glances*). Él se pregunta si ella está coqueteando con él.
2. Quiere mucho a su esposo/a, pero él/ella tiene celos de todo el mundo. Él/Ella no soporta que su pareja sea tan celosa.
3. Hacen una buena pareja, pero él nunca le va a proponer matrimonio.
4. Se conocieron en una cita a ciegas y se llevaron fatal.
5. Se quieren, pero siempre están discutiendo por cualquier cosa.

B. Ahora, escriban un breve correo electrónico en el que uno de los personajes describe su problema y le pide consejos a un(a) amigo/a. Lean el mensaje a la clase para que sus compañeros ofrezcan sus consejos. Después, decidan quién tiene los mejores consejos para cada situación.

Video: *Fotonovela*

Los empleados de *Facetas* hablan de cómo recibir a un cliente.
Mariela, una nueva empleada, llega a la oficina.

1

JOHNNY (*al teléfono*) Revista *Facetas*…
(*dirigiéndose a Diana*) Es para Aguayo.

FABIOLA Está en el baño.

JOHNNY (*al teléfono*) En estos
momentos está en el baño.

DIANA ¡No! Di que está reunido con
un cliente.

JOHNNY (*al teléfono*) Disculpe, está en
el baño reunido con un cliente.

2

JOHNNY Jefe, tiene un mensaje de
Mariela Burgos.

AGUAYO Gracias… Es la nueva artista
gráfica. Viene a reunirse con nosotros.

Aguayo se marcha a su oficina.

FABIOLA No creo que quepamos todos
en el baño.

3

DIANA (*repartiendo libretas*) Éste es el
manual de conducta profesional.

FABIOLA Página tres: "Cómo recibir a
un cliente".

ÉRIC (*se levanta*) ¿Quieren una
demostración? Johnny, tú eres el cliente.

JOHNNY Quizás no soy un cliente. Podría
ser un supermodelo o algo así.

FABIOLA Mejor un cliente.

6

*En la oficina central… Entra el
muchacho de la pizza.*

JOHNNY ¿Alguien ordenó pizza?

MUCHACHO ¿Éste es el 714 de la
avenida Juárez…?

MARIELA (*interrumpe*) ¿Oficina uno,
revista *Facetas*?… Soy Mariela. No
sabía llegar, así que ordené una pizza
y seguí al muchacho.

JOHNNY ¡Bienvenida!

7

En la sala de reuniones…

AGUAYO Mariela, te quiero presentar al
equipo de *Facetas*. Él es Éric, nuestro
fotógrafo.

ÉRIC ¿Qué tal?

AGUAYO Ella es Fabiola. Se encarga de
las secciones de viajes, economía,
turismo y farándula.

FABIOLA Mucho gusto.

8

AGUAYO Él es Johnny. Escribe las
secciones de arte, comida, bienestar
y política.

JOHNNY Hola.

AGUAYO Y ella es Diana. Está a cargo de
las ventas y el mercadeo.

Personajes

AGUAYO

DIANA

ÉRIC

FABIOLA

JOHNNY

MARIELA

MUCHACHO DE LA PIZZA

ÉRIC Ya sé. Eres un millonario que viene a comprar la revista.

JOHNNY Perfecto. Soy el magnate Juan Medina.

ÉRIC Bienvenido a *Facetas*, señor Medina. Bienvenido.

Se abrazan.

Luego, en la cocina…

AGUAYO Hay que ser cuidadoso al contestar el teléfono.

JOHNNY Querrás decir mentiroso.

DIANA Es una formalidad.

ÉRIC Odio ser formal.

FABIOLA Es lindo abrazar a la gente, Éric, pero esto es una oficina, no un partido de fútbol.

DIANA Me han hablado tanto de ti, que estoy ansiosa por conocer tu propia versión.

MARIELA Tengo veintidós años, soy de Monterrey, estudio en la UNAM y vengo de una familia grande.

JOHNNY ¿Muy grande?

MARIELA En cincuenta años de matrimonio mis padres han criado a nueve hijos y veinte nietos.

FABIOLA ¿Qué te pareció?

ÉRIC Está buenísima.

FABIOLA ¿Eso es todo lo que tienes que decir?

ÉRIC ¿Qué más se puede decir de una pizza?

FABIOLA ¡Te estoy hablando de Mariela!

ÉRIC Creo que es bella, talentosa e inteligente. Más allá de eso, no me impresiona para nada.

Expresiones útiles

Talking about responsibilities

Fabiola se encarga de…
Fabiola is in charge of…

Diana está a cargo de…
Diana is in charge of…

Estoy a cargo de…
I'm in charge of…

Soy el/la encargado/a de…
I'm the person in charge of…

Talking about your impressions

¿Qué te pareció Mariela?
What did you think of Mariela?

Me pareció…
I thought…

Creo que es bella, talentosa e inteligente.
I think she's beautiful, talented, and intelligent.

Más allá de eso, no me impresiona para nada.
Beyond that, she doesn't impress me at all.

Additional vocabulary

la ansiedad *anxiety*
el cuidado *care*
cuidadoso/a *careful*
la farándula *entertainment*
han criado *have raised*
la mentira *lie*
mentiroso/a *lying*
el mercadeo *marketing*
quepamos *(form of* **caber***) we fit*
querrás *you will want*
el talento *talent*
talentoso/a *talented*

Comprensión

1 La trama Primero, indica con una **X** los hechos (*events*) que no ocurrieron en este episodio. Después, indica con números el orden en el que ocurrieron los restantes (*the remaining ones*).

____ a. Diana llega con el manual de conducta profesional.

____ b. Éric pide una pizza con anchoas.

____ c. Mariela deja un mensaje para Aguayo.

____ d. Un muchacho llega a la oficina con una pizza.

____ e. Aguayo presenta a Mariela al grupo.

____ f. Johnny gana la lotería.

____ g. Fabiola le pregunta a Éric su opinión sobre Mariela.

____ h. Johnny contesta el teléfono.

____ i. Mariela llega a la oficina.

____ j. Aguayo paga la pizza.

____ k. Éric y Johnny practican la forma correcta de recibir a un cliente.

____ l. Los empleados de *Facetas* celebran el cumpleaños de Mariela.

2 ¿Quién lo haría? ¿Quién estaría a cargo de estas actividades?

Aguayo   Diana   Éric

Fabiola   Johnny   Mariela

1. Sacar fotos para la revista.
2. Escribir un artículo sobre un concierto de música pop.
3. Hablar con las personas que quieren poner anuncios (*ads*) en la revista.
4. Escribir un artículo sobre las pirámides de Egipto.
5. Entrevistar a un ministro del gobierno mexicano para hablar de la inflación.
6. Escribir un artículo sobre la corrupción política.
7. Escribir la reseña (*review*) de un nuevo restaurante.
8. Preparar dibujos para los artículos de la revista.
9. Conseguir más lectores (*readers*).
10. Seleccionar al personal (*staff*).

Practice more at **facetas.vhlcentral.com**.

Ampliación

(3) Preguntas En parejas, contesten las preguntas.

1. ¿Qué te parecen los empleados de la revista *Facetas*? ¿Cómo son?
2. ¿De qué se encarga cada empleado? En tu opinión, ¿cuál de ellos tiene más responsabilidad? Explica tu respuesta.
3. ¿Crees que a Mariela le va a gustar su nuevo trabajo? ¿Por qué?
4. ¿Te perdiste alguna vez en una ciudad grande? ¿Qué hiciste?
5. ¿Cómo son los empleados donde tú trabajas? ¿Son parecidos (*similar*) a los empleados de *Facetas*?

(4) Apuntes culturales En parejas, lean los párrafos y contesten las preguntas.

A larga distancia

Mariela, la nueva artista gráfica de *Facetas*, es de Monterrey, pero se ha mudado a México D.F. para trabajar. En Latinoamérica las personas se mudan con menos frecuencia que en los EE.UU. y mantienen el contacto con los amigos de la infancia y toda la familia. ¡Con todos los sobrinos que tiene, Mariela va a necesitar un buen plan de telefonía celular!

¿Un mapa o una pizza?

Mariela descubre una forma creativa de manejarse en la ciudad más grande del mundo. Sin embargo, algunas ciudades de Latinoamérica presentan sus propios desafíos (*challenges*). Si *Facetas* se publicara en Costa Rica, la dirección de la oficina podría ser: del Parque la Sabana, 100 metros al norte del antiguo (*former*) Banco Nacional, portón (*gate*) rojo, San José.

México D.F.

La Universidad Nacional Autónoma de México

Mariela estudia en la UNAM, una de las universidades más grandes y prestigiosas de Latinoamérica. Establecida en 1551, hoy en día la UNAM cuenta con más de 300.000 estudiantes. El campus más grande está en México D.F., pero tiene otros en el resto del país y también en Texas, Illinois y Canadá.

1. ¿Te has mudado tú para asistir a la universidad o por motivos de trabajo? ¿Cuáles son las ventajas (*advantages*) y desventajas de vivir lejos del lugar donde creciste?
2. ¿Cuántos amigos/as o parientes (*relatives*) tuyos se han mudado a otra ciudad? ¿Qué hacen ustedes para mantenerse en contacto?
3. ¿Cómo te manejas (*get around*) en tu propia ciudad? ¿Consultas mapas en Internet? ¿Qué haces si te pierdes? ¿Le pides ayuda a alguien o prefieres usar un navegador satelital?
4. ¿De qué tamaño es tu universidad? ¿Cuáles son las diferencias entre las universidades grandes y las pequeñas? ¿Qué tipo de ambiente prefieres tú?

En detalle

ESTADOS UNIDOS

S Additional Reading

PAREJAS SIN FRONTERAS

Es el año 2007. Ana Villegas está frente a su computadora en México jugando *online* un juego de cartas. Del otro lado está Frank Petersen, de Fairhaven, Massachusetts, también aficionado al mismo juego. Este simple juego los lleva a una amistad que luego se convierte en amor. A pesar de los temores y del escepticismo familiar, dos años después, Ana deja México y se muda a los Estados Unidos, donde hoy vive junto a su esposo Frank.

La historia de Ana no es un caso aislado°. El número de parejas interculturales está en marcado aumento°. Entre las causas más importantes están la globalización, la asimilación de los hijos de inmigrantes a la cultura estadounidense y el aumento en la edad promedio° de las parejas al casarse. En 1960, en los Estados Unidos, el promedio de edad al casarse era veintitrés para los hombres y veinte para las mujeres. Actualmente es veintisiete y veinticinco respectivamente.

¿Qué tiene que ver° este cambio con el aumento de las parejas interculturales? Antes, los jóvenes solían° casarse con personas de su comunidad. Ahora, muchos tienen la oportunidad de viajar, vivir solos o irse a vivir a otro país. Esta nueva independencia los expone° a otras culturas. Por lo tanto, es más común que formen parejas con personas de culturas diferentes.

Las parejas interculturales se enfrentan a° muchos desafíos° —problemas de comunicación, diferencias en valores y formas de pensar, falta de aceptación de algunos familiares— pero

también tienen una oportunidad única de crecimiento° personal; además, la exposición a otras maneras de pensar nos ayuda a echar una mirada° crítica a nuestra propia cultura. ∎

Matrimonios interculturales

De acuerdo con la Oficina del Censo, el número de parejas interraciales se cuadruplicó entre 1970 y 1995.

18% de las mujeres latinas casadas tienen un esposo no latino.

15% de los hombres latinos casados tienen una esposa no latina.

Fuente: Censo estadounidense – Año 2000

Consejos de Ana

- Esfuérzate° por conocer la cultura de tu pareja.
- Evita perpetuar los estereotipos.
- Pon énfasis en lo que los une y no en lo que los separa.
- Educa a tu familia y a tus amigos acerca de la cultura de tu pareja.
- Aprende a no dejarte llevar° por los comentarios y las miradas de las personas que no están a favor de las relaciones interculturales.

aislado *isolated* **marcado aumento** *marked increase* **promedio** *average* **Qué tiene que ver** *What does (it) have to do* **solían** *used to* **expone** *exposes* **se enfrentan a** *face* **desafíos** *challenges* **crecimiento** *growth* **echar una mirada** *take a look* **Esfuérzate** *Make an effort* **dejarte llevar** *allow yourself to be influenced*

ASÍ LO DECIMOS

Las relaciones

chavo/a (Méx.)   *boyfriend/girlfriend*
enamorado/a (Pe.)   *boyfriend/girlfriend*

amorcito   *dear, honey*
cariño   *dear, honey*
cielo   *dear, honey*

estar de novio(s)   *to be dating someone*
estar en pareja con (Esp.)   *to be dating someone*
ponerse de novio/a (con)   *to start dating someone*

estar bueno/a   *to be attractive*
estar padre (Méx.)   *to be attractive*

EL MUNDO HISPANOHABLANTE

Las relaciones

Tendencias

Aunque en la mayoría de los países hispanos ya no hay reglas fijas, es costumbre que el hombre invite° en los primeros encuentros.

En los Estados Unidos, cada vez más latinos participan en citas rápidas° para encontrar pareja.

Costumbres

Cada 23 de abril se celebra en Cataluña y otras comunidades de España el Día de San Jorge, en conmemoración a la leyenda del héroe que mató a un dragón para rescatar a una princesa. En este día el hombre regala una rosa a su persona querida, y ésta le regala un libro.

En algunos pueblos de México, como Zacatecas, es costumbre que las mujeres y los hombres solteros vayan a caminar solos o en grupos alrededor de la plaza los domingos. Las mujeres y los hombres caminan en dirección contraria para poder observarse mutuamente.

PERFIL

ISABEL Y WILLIE

La escritora chilena Isabel Allende y el abogado estadounidense Willie Gordon comparten el amor por el arte y la compañía de buenos amigos. Allende conoció a su esposo durante la presentación de su novela *De amor y de sombra* en California en 1988. Gordon admiraba la obra y el talento de esta escritora latinoamericana, y Allende no tardó° en enamorarse de él. Una vez, Gordon hizo un chiste° sobre el matrimonio en una cena con un grupo de personas. Dijo que nunca se volvería a casar a menos que no le quedara otro remedio. Allende se enojó y le dijo que ella había dejado todo por él —su cultura y su gente—, y que éste no le ofrecía ningún compromiso. Así, al día siguiente, Gordon le respondió: "Vale°, me caso." Isabel Allende y Willie Gordon se casaron ese mismo año y, desde entonces, viven en un tranquilo barrio californiano.

❝ Echo de menos la familia y el idioma, el sentido del humor, porque nadie me tiene que explicar un chiste en Chile, mientras que acá no los entiendo. ❞ (Isabel Allende)

⊗ Conexión Internet

| ¿Qué otras parejas interculturales famosas conoces? | To research this topic, go to **facetas.vhlcentral.com.** |

no tardó *didn't take long* **chiste** *joke* **Vale** *OK* **invite** *pays* **citas rápidas** *speed dating*

¿Qué aprendiste?

(1) ¿Cierto o falso? Indica si estas afirmaciones son **ciertas** o **falsas**. Corrige las falsas.

1. Al principio, las familias de Ana y Frank no confiaban en el éxito de la relación.

2. El número de parejas interculturales está aumentando poco a poco.

3. Actualmente, la edad promedio al casarse es veinticinco para los hombres y veintisiete para las mujeres.

4. En el pasado, era común entre los jóvenes casarse con gente de otras culturas.

5. Oportunidades como viajar, vivir solos, estudiar o vivir lejos de casa permiten que los jóvenes expandan su círculo y conozcan a gente de otras culturas.

6. La exposición a otras culturas puede afectar nuestra forma de pensar sobre nuestra propia cultura.

7. El número de parejas interraciales se triplicó entre 1970 y 1995.

8. Ana aconseja prestar mucha atención a las diferencias en la pareja.

9. Según Ana, es importante que tu familia y tus amigos aprendan acerca de la cultura de tu pareja.

10. Ana recomienda no dejarse llevar por las opiniones de las personas con prejuicios (*prejudiced*).

(2) Completar Completa las oraciones.

1. Willie Gordon sentía _____ por las obras de Isabel Allende.
   a. cariño   b. indiferencia   c. fascinación

2. Allende _____ por una broma que Gordon hizo sobre el casamiento.
   a. se sintió feliz   b. se enojó   c. se rio

3. En México, también se utiliza la palabra _____ para decir *novia*.
   a. enamorada   b. chiquilla   c. chava

4. Actualmente, es popular para los latinos en los EE.UU. participar en _____.
   a. citas rápidas   b. citas a ciegas
   c. citas en Internet

(3) Preguntas Contesta las preguntas.

1. ¿Crees que el Día de San Valentín es importante para celebrar la amistad y el amor o es una excusa para gastar dinero?

2. ¿Es fácil conocer gente *online*? ¿Por qué?

3. ¿Cuáles son otros de los desafíos a los que se enfrentan las parejas interculturales?

4. ¿Cuál es el consejo más importante que da Ana? ¿Por qué?

(4) Opiniones En parejas, escriban cuatro beneficios y cuatro desafíos (*challenges*) de las relaciones interculturales. Traten de no repetir los del artículo.

Practice more at **facetas.vhlcentral.com.**

PROYECTO

Buscar pareja en Internet

Imagina que decides buscar pareja por Internet. Siempre te interesó salir con alguien de otra cultura. Escribe tu perfil para un sitio de citas por Internet. En tus descripciones, usa el vocabulario de la sección **Contextos** y el vocabulario aprendido en esta sección. Tu perfil debe incluir como mínimo:

- una descripción de cómo eres

- una descripción de lo que buscas

- una explicación de por qué te interesa conocer a alguien de otra cultura

- otra información que consideres importante

Las relaciones personales

Video: *Flash Cultura*

¿No es ideal utilizar el tiempo libre para encontrarse con amigos, familiares, parejas…? Los lugares donde puedes reunirte a hablar o comer se vuelven especiales porque forman parte del placer de compartir el tiempo con tu gente. En este episodio de **Flash Cultura**, te llevamos a visitar los lugares de encuentro de Madrid.

Corresponsal: Miguel Ángel Lagasca
País: España

(En la Plaza Mayor) los niños juegan, las madres conversan°, los padres hablan de fútbol y política, los jóvenes se juntan, las parejas se miran a los ojos y los turistas admiran el espectáculo°.

VOCABULARIO ÚTIL

el amor a primera vista *love at first sight*

el callejón *alley*

la campanada *tolling of the bell*

datar de *to date from*

el pasacalles *marching parade*

el pendiente *earring*

el punto de encuentro *meeting point*

la uva *grape*

Preparación Cuando tienes tiempo libre, ¿te reúnes con tus amigos? ¿Cuáles son los lugares donde te encuentras habitualmente con ellos? ¿En qué momentos del día y la semana pueden verse? ¿Por qué?

Comprensión Indica si estas afirmaciones son ciertas o falsas. Después, en parejas, corrijan las falsas.

1. Es tradición tomar doce uvas el 31 de diciembre mientras suena el famoso reloj de la Puerta del Sol en el corazón de Madrid.

2. La Plaza Mayor es la plaza más conocida y se encuentra en el Madrid Moderno.

3. En la confluencia actual de las calles Toledo y Atocha, se celebraban antiguamente partidos de fútbol.

4. El barrio de La Latina se caracteriza por callejones estrechos, plazoletas, cafés y bares de ambiente muy dinámico.

5. Ninguno de los entrevistados cree en el amor a primera vista.

6. En El Rastro puedes comprar ropa, pendientes, cuadros, etc.

Expansión En parejas, contesten estas preguntas.

- Imagina que estás en Madrid. ¿Cuál de los lugares mostrados prefieres para comer algo o pasear? ¿Por qué?

- ¿Estás de acuerdo con las personas que creen en el amor a primera vista o con las que no creen? Justifica tu respuesta.

- ¿Te gustan los domingos en Madrid: levantarse tarde, comer en un bar de La Latina con amigos y pasear por El Rastro? ¿Cómo son tus domingos?

La Latina, así como la Plaza Mayor y Puerta del Sol, pertenecen al llamado Madrid Antiguo.

Siempre los celos son una parte importante de la relación, sobre todo cuando se está empezando.

conversan *chat* **espectáculo** *show*

Practice more at **facetas.vhlcentral.com.**

1.1 The present tense

Regular –ar, –er, and –ir verbs

- The present tense (**el presente**) of regular verbs is formed by dropping the infinitive ending (**–ar**, **–er**, or **–ir**) and adding personal endings.

The present tense of regular verbs			
	hablar *to speak*	**beber** *to drink*	**vivir** *to live*
yo	hablo	bebo	vivo
tú	hablas	bebes	vives
Ud./él/ella	habla	bebe	vive
nosotros/as	hablamos	bebemos	vivimos
vosotros/as	habláis	bebéis	vivís
Uds./ellos/ellas	hablan	beben	viven

- The present tense is used to express actions or situations that are going on at the present time and to express general truths.

¿Por qué **rompes** conmigo?
Why are you breaking up with me?

Porque no te **amo**.
Because I don't love you.

- The present tense is also used to express habitual actions or actions that will take place in the near future.

Mis padres me **escriben** con frecuencia.
My parents write to me often.

Mañana les **mando** una carta larga.
Tomorrow I'm sending them a long letter.

Stem-changing verbs

- Some verbs have stem changes in the present tense. In many **–ar** and **–er** verbs, **e** changes to **ie**, and **o** changes to **ue**. In some **–ir** verbs, **e** changes to **i**. The **nosotros/as** and **vosotros/as** forms never have a stem change in the present tense.

Stem-changing verbs		
e:ie	o:ue	e:i
pensar *to think*	**poder** *to be able to; can*	**pedir** *to ask for*
pienso	puedo	pido
piensas	puedes	pides
piensa	puede	pide
pensamos	podemos	pedimos
pensáis	podéis	pedís
piensan	pueden	piden

TALLER DE CONSULTA

MANUAL DE GRAMÁTICA
Más práctica

1.1 The present tense, p. A4
1.2 **Ser** and **estar**, p. A5
1.3 Progressive forms, p. A6

Más gramática

1.4 Nouns and articles, p. A7
1.5 Adjectives, p. A9

¡ATENCIÓN!

Subject pronouns are normally omitted in Spanish. They are used to emphasize or clarify the subject.

¿Viven en California?

Sí, ella vive en Los Ángeles y él vive en San Francisco.

¡ATENCIÓN!

Jugar changes its stem vowel from **u** to **ue**. As with other stem-changing verbs, the **nosotros/as** and **vosotros/as** forms do not change.

Jugar
juego, juegas, juega, jugamos, jugáis, juegan

• • • •

Construir, destruir, incluir, and **influir** have a spelling change and add a **y** before the personal endings (except the **nosotros/as** and **vosotros/as** forms).

incluir
incluyo, incluyes, incluye, incluimos, incluís, incluyen

Irregular *yo* forms

- Many **–er** and **–ir** verbs have irregular **yo** forms in the present tense. Verbs ending in **–cer** or **–cir** change to **–zco** in the **yo** form; those ending in **–ger** or **–gir** change to **–jo**. Several verbs have irregular **–go** endings, and a few have individual irregularities.

<table>
<tr><td colspan="2">Ending in -go</td><td colspan="2">Ending in -zco</td></tr>
<tr><td>caer to fall</td><td>yo caigo</td><td>conducir to drive</td><td>yo conduzco</td></tr>
<tr><td>distinguir to distinguish</td><td>yo distingo</td><td>conocer to know</td><td>yo conozco</td></tr>
<tr><td>hacer to do; to make</td><td>yo hago</td><td>crecer to grow</td><td>yo crezco</td></tr>
<tr><td>poner to put; to place</td><td>yo pongo</td><td>obedecer to obey</td><td>yo obedezco</td></tr>
<tr><td>salir to leave; to go out</td><td>yo salgo</td><td>parecer to seem</td><td>yo parezco</td></tr>
<tr><td>traer to bring</td><td>yo traigo</td><td>producir to produce</td><td>yo produzco</td></tr>
<tr><td>valer to be worth</td><td>yo valgo</td><td>traducir to translate</td><td>yo traduzco</td></tr>
<tr><td colspan="2">Ending in -jo</td><td colspan="2">Other verbs</td></tr>
<tr><td>dirigir to direct; to manage</td><td>yo dirijo</td><td>caber to fit</td><td>yo quepo</td></tr>
<tr><td>escoger to choose</td><td>yo escojo</td><td>saber to know</td><td>yo sé</td></tr>
<tr><td>exigir to demand</td><td>yo exijo</td><td>ver to see</td><td>yo veo</td></tr>
<tr><td>proteger to protect</td><td>yo protejo</td><td></td><td></td></tr>
</table>

¡ATENCIÓN!

Some verbs with irregular **yo** forms have stem changes as well.

conseguir (e:i) → consigo
to obtain

corregir (e:i) → corrijo
to correct

elegir (e:i) → elijo
to choose

seguir (e:i) → sigo
to follow

torcer (o:ue) → tuerzo
to twist

- Verbs with prefixes follow these same patterns.

<table>
<tr><td>reconocer to recognize</td><td>yo reconozco</td><td>oponer to oppose</td><td>yo opongo</td></tr>
<tr><td>deshacer to undo</td><td>yo deshago</td><td>proponer to propose</td><td>yo propongo</td></tr>
<tr><td>rehacer to re-make; to re-do</td><td>yo rehago</td><td>suponer to suppose</td><td>yo supongo</td></tr>
<tr><td>aparecer to appear</td><td>yo aparezco</td><td>atraer to attract</td><td>yo atraigo</td></tr>
<tr><td>desaparecer to disappear</td><td>yo desaparezco</td><td>contraer to contract</td><td>yo contraigo</td></tr>
<tr><td>componer to make up</td><td>yo compongo</td><td>distraer to distract</td><td>yo distraigo</td></tr>
</table>

Irregular verbs

- Other commonly used verbs in Spanish are irregular in the present tense or combine a stem change with an irregular **yo** form or other spelling change.

dar *to give*	decir *to say*	estar *to be*	ir *to go*	oír *to hear*	ser *to be*	tener *to have*	venir *to come*
doy	digo	estoy	voy	oigo	soy	tengo	vengo
das	dices	estás	vas	oyes	eres	tienes	vienes
da	dice	está	va	oye	es	tiene	viene
damos	decimos	estamos	vamos	oímos	somos	tenemos	venimos
dais	decís	estáis	vais	oís	sois	tenéis	venís
dan	dicen	están	van	oyen	son	tienen	vienen

Práctica

TALLER DE CONSULTA

MANUAL DE GRAMÁTICA
Más práctica
1.1 The present tense, p. A4

1 **Un apartamento infernal** Miguel tiene quejas (*complaints*) de su apartamento. Completa la descripción de su apartamento. Puedes usar los verbos más de una vez.

caber	hacer	oír
dar	ir	tener

Mi apartamento está en el quinto piso. El edificio no (1) _____ ascensor y para llegar al apartamento, (2) _____ que subir por la escalera. El apartamento es tan pequeño que mis cosas no (3) _____. Las paredes (*walls*) son muy finas (*thin*). A todas horas (4) _____ la radio o la televisión de algún vecino. El apartamento sólo (5) _____ una ventana pequeña y, por eso, siempre está oscuro. ¡(6) _____ a buscar otro apartamento!

2 **¿Qué hacen los amigos?** Escribe cinco oraciones usando los sujetos y los verbos de las columnas.

Sujetos	Verbos	
yo	apreciar	exigir
tú	compartir	hacer
un(a) buen(a) amigo/a	creer	pedir
nosotros/as	defender	prestar
los malos amigos	discutir	recordar

1. _____
2. _____
3. _____
4. _____
5. _____

3 **La verdad** En parejas, túrnense (*take turns*) para hacerse las preguntas.

> **MODELO** **Luis: llegar temprano a la oficina / dormir hasta las nueve**
> —¿Luis llega temprano a la oficina?
> —¡Qué va! (*Are you kidding?*) Luis duerme hasta las nueve.

1. Ana: jugar al tenis con Daniel / preferir pasar la tarde charlando con Sergio
2. Felipe: salir a bailar todas las noches / tener clase de química a las ocho de la mañana
3. Jorge y Begoña: ir a la playa / querer viajar a Arizona
4. Dolores y Tony: comer muchas hamburguesas / ser vegetarianos
5. Fermín: estar harto de Julia / pensar proponerle matrimonio

: Practice more at **facetas.vhlcentral.com**.

Comunicación

4 **¿Qué sabes de tus compañeros?** En parejas, háganse preguntas basadas en las opciones y contesten con una explicación.

> **MODELO** **soñar con / hacer algo especial este mes**
> —¿Sueñas con hacer algo especial este mes?
> —Sí, sueño con ir al concierto de Wisin & Yandel.

1. pensar / realizar este año algún proyecto
2. decir / mentiras
3. acordarse / del primer beso
4. conducir / cuando / estar muy cansado/a
5. reír / mucho con tu familia
6. dar / consejos (*advice*) sobre asuntos que / no conocer bien
7. venir / a clase tarde con frecuencia
8. escoger / el regalo perfecto para el cumpleaños de tu novio/a
9. corregir / los errores en las composiciones de los compañeros
10. traer / un diccionario a la clase de español

5 **Discusión matrimonial** Trabajen en parejas para representar una discusión matrimonial. Preparen la discusión con las frases de la lista.

no acordarse de los cumpleaños	querer discutir todos los días
ya no sentir lo mismo de antes	contar mentiras siempre
preferir estar con los amigos	dormir en el sofá

6 **¿Cómo son tus amigos?**

A. Escribe una descripción de un(a) buen(a) amigo/a tuyo/a. ¿Cómo es? ¿Está de acuerdo contigo en todo? ¿Discuten algunas veces? ¿Se divierten ustedes cuando están juntos/as? ¿Siempre sigue tus consejos? ¿Te miente a veces?

B. Ahora, comparte tu descripción con tres compañeros/as. Juntos/as, escriban una lista de cinco cosas que los buenos amigos hacen con frecuencia y cinco cosas que no hacen casi nunca. ¿Coincidieron los grupos en las acciones que eligieron?

1.2 *Ser* and *estar*

Revista Facetas...
Es para Aguayo.

En estos
momentos está
en el baño.

Uses of *ser*

Nationality and place of origin	Mis padres **son** argentinos, pero yo **soy** de Florida.
Profession or occupation	El señor López **es** periodista.
Characteristics of people, animals, and things	El clima de Miami **es** caluroso.
Generalizations	Las relaciones personales **son** complejas.
Possession	La guitarra **es** del tío Guillermo.
Material of composition	El suéter **es** de pura lana.
Time, date, or season	**Son** las doce de la mañana.
Where or when an event takes place	La fiesta **es** en el apartamento de Carlos; **es** el sábado a las nueve de la noche.

Uses of *estar*

Location or spatial relationships	La clínica **está** en la próxima calle.
Health	Hoy **estoy** enfermo. ¿Cómo **estás** tú?
Physical states and conditions	Todas las ventanas **están** limpias.
Emotional states	¿Marisa **está** contenta con Javier?
Certain weather expressions	¿**Está** nublado o **está** despejado hoy en Toronto?
Ongoing actions (progressive tenses)	Paula **está** escribiendo invitaciones para su boda.
Results of actions (past participles)	La tienda **está** cerrada.

Ser and estar with adjectives

- **Ser** is used with adjectives to describe inherent, expected qualities. **Estar** is used to describe temporary or variable qualities, or a change in appearance or condition.

  ¿Cómo **son** tus padres?
  What are your parents like?

  La casa **es** muy pequeña.
  The house is very small.

  ¿Cómo **estás**, Miguel?
  How are you, Miguel?

  ¡**Están** tan enojados!
  They're so angry!

- With most descriptive adjectives, either **ser** or **estar** can be used, but the meaning of each statement is different.

  Julio **es alto**.
  Julio is tall. (that is, a tall person)

  Dolores **es alegre**.
  Dolores is cheerful. (that is, a cheerful person)

  Juan Carlos **es** un hombre **guapo**.
  Juan Carlos is a handsome man.

  ¡Ay, qué **alta estás**, Adriana!
  How tall you're getting, Adriana!

  El jefe **está alegre** hoy. ¿Qué le pasa?
  The boss is cheerful today. What's up with him?

  ¡Manuel, **estás** tan **guapo**!
  Manuel, you look so handsome!

- Some adjectives have two different meanings depending on whether they are used with **ser** or **estar**.

ser + [adjective]	estar + [adjective]
La clase de contabilidad **es aburrida**. *The accounting class is **boring**.*	**Estoy aburrida** con la clase. *I am **bored** with the class.*
Ese chico **es listo**. *That boy is **smart**.*	**Estoy listo** para todo. *I'm **ready** for anything.*
No **soy rico**, pero vivo bien. *I'm not **rich**, but I live well.*	¡El pan **está** tan **rico**! *The bread is **delicious**!*
La actriz **es buena**. *The actress is **good**.*	La actriz **está buena**. *The actress is **good-looking**.*
El coche **es seguro**. *The car is **safe**.*	Juan no **está seguro** de la noticia. *Juan isn't **sure** of the news.*
Los aguacates **son verdes**. *Avocados are **green**.*	Esta banana **está verde**. *This banana is **not ripe**.*
Javier **es** muy **vivo**. *Javier is very **sharp**.*	¿Todavía **está vivo** el autor? *Is the author still **living**?*
Pedro **es** un hombre **libre**. *Pedro is a **free** man.*	Esta noche no **estoy libre**. ¡Lo siento! *Tonight I am not **available**. Sorry!*

TALLER DE CONSULTA

Remember that adjectives must agree in gender and number with the person(s) or thing(s) that they modify. See the **Manual de gramática, 1.4**, p. A7, and **1.5**, p. A9.

¡ATENCIÓN!

Estar, not **ser**, is used with **muerto/a**.

Bécquer, el autor de las *Rimas*, está muerto.

Bécquer, the author of Rimas, *is dead.*

Práctica

TALLER DE CONSULTA

MANUAL DE GRAMÁTICA
Más práctica
1.2 **Ser** and **estar**, p. A5

1 **La boda de Emilio y Jimena** Completa cada oración de la primera columna con la terminación más lógica de la segunda columna.

_____ 1. La boda es

_____ 2. La iglesia está

_____ 3. El cielo está

_____ 4. La madre de Emilio está

_____ 5. El padre de Jimena está

_____ 6. Todos los invitados están

_____ 7. El mariachi que toca en la boda es

_____ 8. En mi opinión, las bodas son

a. de San Antonio, Texas.

b. deprimido por los gastos.

c. en la calle Zarzamora.

d. esperando a que entren la novia (*bride*) y su padre.

e. contenta con la novia.

f. a las tres de la tarde.

g. muy divertidas.

h. totalmente despejado.

2 **La luna de miel** Completa el párrafo en el que se describe la luna de miel (*honeymoon*) que van a pasar Jimena y Emilio. Usa formas de **ser** y **estar**.

Emilio y Jimena van a pasar su luna de miel en Miami, Florida. Miami (1) _____ una ciudad preciosa. (2) _____ en la costa este de Florida y tiene playas muy bonitas. El clima (3) _____ tropical. Jimena y Emilio (4) _____ interesados en visitar la Pequeña Habana. Jimena (5) _____ fanática de la música cubana. Y Emilio (6) _____ muy entusiasmado por conocer el parque Máximo Gómez, donde las personas van a jugar dominó. Los dos (7) _____ aficionados a la comida caribeña. Quieren ir a todos los restaurantes que (8) _____ en la Calle Ocho. Cada día van a probar un plato diferente. Algunos de los platos que piensan probar (9) _____ el congrí, los tostones y el bistec palomilla. Después de pasar una semana en Miami, la pareja va a (10) _____ cansada pero muy contenta.

Practice more at **facetas.vhlcentral.com.**

Comunicación

3 **Entrevistas**

A. En parejas, usen la lista como guía para entrevistarse. Usen **ser** o **estar** en las preguntas y respuestas.

origen	estudios actuales
nacionalidad	sentimientos actuales
personalidad	lugar donde vive/trabaja
personalidad de los padres	actividades actuales
salud	

B. Cambien de pareja y cuéntenle a su compañero/a lo que descubrieron (*found out*) sobre el/la compañero/a entrevistado/a.

4 **¿Dónde estamos?** En grupos de cuatro, elijan una ciudad en la que supuestamente están de viaje. Sus compañeros deberán adivinar de qué ciudad se trata. Pueden elegir una de las ciudades de las fotos u otra ciudad.

Buenos Aires, Argentina

Quito, Ecuador

Madrid, España

Lima, Perú

San José, Costa Rica

México, D.F., México

- Hagan cinco afirmaciones sobre la ciudad elegida usando **ser** o **estar** para dar pistas (*clues*) a sus compañeros.

- Si las pistas no son suficientes, sus compañeros pueden hacer preguntas con **ser** o **estar** cuya respuesta sea **sí** o **no**.

- Algunos temas para las afirmaciones o para las preguntas pueden ser: características generales de la ciudad, ubicación, comidas típicas, actividades que se pueden hacer, historia, arquitectura, etc.

1.3 Progressive forms

The present progressive

- The present progressive (**el presente progresivo**) narrates an action in progress. It is formed with the present tense of **estar** and the present participle (**el gerundio**) of the main verb.

  Éric **está cantando**.
  Éric is singing.

  Aguayo **está bebiendo** café.
  Aguayo is drinking coffee.

  Fabiola **está escribiendo**.
  Fabiola is writing.

¡Te estoy hablando
de Mariela!
¿Qué te pareció?

¡ATENCIÓN!

When progressive forms are used with reflexive verbs or object pronouns, the pronouns may either be attached to the present participle (in which case an accent mark is added to maintain the proper stress) or placed before the conjugated verb. See **2.1 Object pronouns**, pp. 54–55, and **2.3 Reflexive verbs**, pp. 62–63, for more information.

Se están enamorando.
Están enamorándose.
They are falling in love.

Te estoy hablando.
Estoy hablándote.
I am talking to you.

• • • • •

Note that the present participle of **ser** is **siendo**.

- The present participle of regular **–ar**, **–er**, and **–ir** verbs is formed as follows:

INFINITIVE	STEM	ENDING	PRESENT PARTICIPLE
bailar	**bail–**	–ando	**bail**ando
comer	**com–**	–iendo	**com**iendo
aplaudir	**aplaud–**	–iendo	**aplaud**iendo

- Stem-changing verbs that end in **–ir** also change their stem vowel when they form the present participle.

-ir stem-changing verbs	
Infinitive	**Present participle**
decir	diciendo
dormir	durmiendo
mentir	mintiendo
morir	muriendo
pedir	pidiendo
sentir	sintiendo
sugerir	sugiriendo

- **Ir**, **poder**, **reír**, and **sonreír** have irregular present participles (**yendo**, **pudiendo**, **riendo**, **sonriendo**). **Ir** and **poder** are seldom used in the present progressive.

  Marisa está **sonriendo** todo el tiempo.
  Marisa is smiling all the time.

  Maribel no está **yendo** a clase últimamente.
  Maribel isn't going to class lately.

22 *veintidós*

- When the stem of an **–er** or **–ir** verb ends in a vowel, the **–i–** of the present participle ending changes to **–y–**.

INFINITIVE	STEM	ENDING	PRESENT PARTICIPLE
construir	constru–	–yendo	construyendo
leer	le–	–yendo	leyendo
oír	o–	–yendo	oyendo
traer	tra–	–yendo	trayendo

- Progressive forms are used less frequently in Spanish than in English, and only when emphasizing that an action is *in progress* at the moment described. To refer to actions that occur over a period of time or in the near future, Spanish uses the present tense instead.

¡ATENCIÓN!

Other tenses may have progressive forms as well. These tenses emphasize that an action was/will be in progress.

PAST (pp. 94–105)
Estaba marcando su número justo cuando él me llamó.
I was dialing his number right when he called me.

FUTURE (pp. 220–223)
No vengas a las cuatro; todavía estaremos trabajando.
Don't come at four o'clock; we will still be working.

PRESENT TENSE	PRESENT PROGRESSIVE
Lourdes **estudia** economía en la UNAM. *Lourdes is studying economics at UNAM.*	Ahora mismo, Lourdes **está tomando** un examen. *Right now, Lourdes is taking an exam.*
¿**Vienes** con nosotros al Café Pamplona? *Are you coming with us to Café Pamplona?*	No, no puedo. Ya **estoy cocinando**. *No, I can't go. I'm already cooking.*

Other verbs with the present participle

- Spanish expresses various shades of progressive action by using verbs such as **seguir, continuar, ir, venir, llevar,** and **andar** with the present participle.

- **Seguir** and **continuar** with the present participle express the idea of *to keep doing something*.

Emilio **sigue hablando**. *Emilio keeps on talking.*	Mercedes **continúa quejándose**. *Mercedes keeps complaining.*

- **Ir** with the present participle indicates a gradual or repeated process. It often conveys the English idea of *more and more*.

Cada día que pasa **voy disfrutando** más de esta clase. *I'm enjoying this class more and more every day.*	Ana y Juan **van acostumbrándose** al horario de clase. *Ana and Juan are getting more and more used to the class schedule.*

- **Venir** and **llevar** with the present participle indicates a gradual action that accumulates or increases over time.

Hace años que **viene diciendo** cuánto le gusta el béisbol. *He's been saying how much he likes baseball for years.*	**Llevo insistiendo** en lo mismo desde el principio. *I have been insisting on the same thing from the beginning.*

- **Andar** with the present participle conveys the idea of *going around doing something* or of *always doing something*.

José siempre **anda quejándose** de eso. *José is always complaining about that.*	Román **anda diciendo** mentiras. *Román is going around telling lies.*

Práctica

TALLER DE CONSULTA

MANUAL DE GRAMÁTICA
Más práctica

1.3 Progressive forms, p. A6

1 **Una conversación telefónica** Daniel es nuevo en la ciudad y no sabe cómo llegar al estadio de fútbol. Decide llamar a su ex novia Alicia para que le explique cómo encontrarlo. Completa la conversación con la forma correcta del gerundio (*present participle*).

ALICIA ¿Aló?

DANIEL Hola Alicia, soy Daniel; estoy buscando el estadio de fútbol y necesito que me ayudes… Llevo (1) _____ (caminar) más de media hora por el centro y sigo perdido.

ALICIA ¿Dónde estás?

DANIEL No estoy muy seguro, no encuentro el nombre de la calle. Pero estoy (2) _____ (ver) un centro comercial a mi izquierda y más allá parece que están (3) _____ (construir) un estadio de fútbol. (4) _____ (hablar) de fútbol, ¿dónde tengo mis boletos? ¡He perdido mis entradas!

ALICIA Madre mía, ¡sigues (5) _____ (ser) un desastre! Algún día te va a pasar algo serio.

DANIEL ¡Siempre andas (6) _____ (pensar) lo peor!

ALICIA ¡Y tú siempre estás (7) _____ (olvidarse) de todo!

DANIEL ¡Ya estamos (8) _____ (discutir) otra vez!

2 **Organizar un festival** El señor Ramírez quiere organizar un festival, pero todos los artistas que quiere contratar están ocupados. Su asistente le cuenta lo que están haciendo. En parejas, dramaticen la situación utilizando el presente progresivo.

MODELO Elga Navarro / descansar
—¿Qué está haciendo Elga Navarro?
—Elga Navarro está descansando en una clínica.

1. Juliana Paredes / bailar

2. Emilio Soto / casarse

3. Aurora Gris / recoger un premio

4. Héctor Rojas / jugar a las cartas

Practice more at **facetas.vhlcentral.com.**

Comunicación

3 **Una cita** En parejas, representen una conversación en la que Alexa y Guille intentan buscar una hora del día para reunirse.

> **MODELO**
>
> **ALEXA** ¿Nos vemos a las diez de la mañana para estudiar?
>
> **GUILLE** No puedo, voy a estar durmiendo. ¿Qué te parece a las 12?

GUILLE

DOMINGO
10:00 dormir
11:00 dormir
12:00
13:00 almuerzo con Rosa
14:00
15:00 llamar por teléfono a Aurora
16:00
17:00
18:00
19:00 ver película con Ana
20:00
21:00 cenar con Marta
22:00

ALEXA

DOMINGO
10:00
11:00 gimnasio
12:00 biblioteca
13:00
14:00 comer con mamá
15:00
16:00 dormir siesta
17:00
18:00
19:00 hacer un crucigrama
20:00
21:00 ver noticiero
22:00

4 **Síntesis** Tu psicólogo utiliza la hipnosis para hacerte recordar los momentos más importantes de tu pasado. En parejas, dramaticen la conversación entre el doctor Felipe y su paciente, utilizando verbos en el presente y el presente progresivo. Elijan una situación de la lista o inventen otro tema. Sean creativos/as.

> **MODELO**
>
> **DR. FELIPE** Estás volviendo al momento de conocer a tu primer amor. ¿Qué están haciendo?
>
> **PACIENTE** Estoy caminando por la calle… una mujer preciosa me está saludando…
>
> **DR. FELIPE** Muy bien, muy bien. ¿Y qué estás pensando? ¿Cómo te sientes?
>
> **PACIENTE** Estoy pensando que esto es el amor a primera vista. Me siento… ¡Ay, no! Me estoy cayendo en medio de la calle, ¡enfrente de ella!

tu primer amor	el nacimiento de un(a) hermano/a
un viaje importante	el mejor/peor momento de tu vida

Antes de ver el corto

DI ALGO

país España

duración 15 minutos

director Luis Deltell

protagonistas Irene, Pablo, bibliotecaria

Vocabulario

a lo mejor *maybe*	**la luz** *light*
alargar *to drag out*	**pesado/a** *annoying*
la cinta *tape*	**precioso/a** *lovely*
enterarse *to find out*	**respirar** *to breathe*
entretenerse *to be held up*	**turbio/a** *murky*

---

1. **Vocabulario** Completa las oraciones.

1. Cuando hay tormenta, parece que la noche se _____ infinitamente.

2. Mucha gente le teme a la oscuridad y no puede _____ tranquila hasta que enciende la _____.

3. Finalmente hoy _____ de que fue la bibliotecaria quien se llevó las _____ con las grabaciones de las entrevistas.

4. Cerca del bosque hay un lago que antes era _____, pero ahora el agua está muy _____ porque está contaminada.

2. **Tú y las citas**

A. Completa el test sobre el mundo de las citas.

Tú y las citas

1. **Si acabas de conocer a una persona que te gusta:**
   a. La invitas a salir.
   b. La sigues secretamente durante varios días para ver cómo se comporta.
   c. Te escondes en un rincón y la admiras desde lejos.

2. **Un amigo te propone presentarte a alguien que conoce:**
   a. Aceptas enseguida.
   b. Haces muchas preguntas sobre la persona antes de decidir.
   c. Dices que no: las citas con extraños te ponen nervioso/a.

3. **Antes de una cita:**
   a. Vas a comprar ropa nueva y te arreglas bien para causar una buena impresión.
   b. Le pides a un par de amigos/as que vayan al mismo restaurante, por si acaso.
   c. Te da un ataque de nervios y casi llamas para cancelar.

4. **En la conversación:**
   a. Muestras interés por la otra persona, le cuentas acerca de ti y actúas tal como eres.
   b. Haces más preguntas de las que tú contestas.
   c. Evitas contar mucho sobre ti. Prefieres guardar información para una segunda cita.

B. En parejas, comparen sus respuestas. ¿Tienen actitudes similares o son muy diferentes? ¿Por qué?

Practice more at **facetas.vhlcentral.com**.

1er Premio
Tiflos de Cine
Corto Audesc
ONCE

Di algo

Una producción de ENIGMA FILMS/EL MEDANO PRODUCCIONES/LORELEI
Guión y Dirección LUIS DELTELL Jefe de Producción RAFAEL LINARES
Dirección de Fotografía JAVIER BILBAO Montaje JUANMA NOGALES
Dirección de Arte DAVID TEMPRANO Sonido MIGUEL ÁNGEL GALÁN
Actores VÍCTOR CLAVIJO/MARÍA BALLESTEROS/BLANCA NICOLÁS/ÁLVARO GARCÍA

Escenas

ARGUMENTO Una joven ciega se enamora de la voz de un hombre que escucha en grabaciones. Cuando se acaban las cintas, ella busca otra manera de seguir escuchando su voz.

VOZ DE PABLO "Menos tu vientre, todo es confuso, fugaz, pasado, baldío, turbio…"

IRENE Quería información sobre el lector 657… ¿No me podrías conseguir su número de teléfono?
BIBLIOTECARIA No puedo, Irene; eso está prohibido.

GUARDIA ¡Espera! ¿Estás bien?
IRENE Sí, sí, muchas gracias; es que me he entretenido.

PABLO ¿Sí? ¿Quién es? ¿Sí?
IRENE Di algo.

PABLO Todo el día esperando que me llame una chica que no conozco y que no habla… bueno, sí, que solamente dice: "Di algo."

PABLO ¿Hay alguien que esté pidiendo mis cintas?
BIBLIOTECARIA No sé, vamos a ver… Creo que un señor mayor… ¡ah!, y una chica también.

Después de ver el corto

1 **Comprensión** Indica si estas afirmaciones son **ciertas** o **falsas**. Luego, en parejas, corrijan las falsas.

1. Irene no tiene el teléfono de Pablo, pero lo conoce en persona.
2. La bibliotecaria no le da el teléfono de Pablo porque dice que está prohibido.
3. Por la noche, Irene roba de la biblioteca la información sobre Pablo.
4. Irene le dice la verdad al guardia.
5. Pablo cree que la mujer que lo llama por teléfono y no le habla se llama Silvia.
6. Pablo encuentra a Irene por casualidad en la calle.

2 **Interpretación** En parejas, contesten las preguntas.

1. En la primera escena, Pablo rodea (*circle*) las palabras "confuso" y "turbio" en el poema que lee. ¿Por qué les parece que las destaca (*highlight*)?
2. Irene pide el número de teléfono de Pablo después de que la bibliotecaria le dice que no hay más cintas de él. ¿Cuál piensan que es su intención: conocer a Pablo o solamente escucharlo?
3. ¿Cómo es Pablo? Presten atención a las cosas que hay en su casa y a su forma de hablar y actuar.
4. ¿Por qué Irene sólo le dice: "Di algo" y no le explica quién es? Imaginen sus razones y enumérenlas.
5. ¿Por qué Pablo se va cuando Irene se da cuenta de que él está sentado frente a ella? ¿Está esperando que ella haga algo o quiere escaparse?

3 **Diálogo** En el ascensor, Pablo le dice a Irene: "Eres tú la que tiene que decir algo". Imaginen el diálogo que sigue a estas palabras y escríbanlo. Después, represéntenlo frente a la clase.

4 **Escribir** Elige una de las siguientes opciones y escribe una carta.

- Imagina que te cruzas un instante por la calle con alguien y te enamoras a primera vista, pero él/ella desaparece entre la gente y ahora quieres encontrarlo/a. Escribe una carta a un periódico describiéndolo/a; cuenta por qué lo/la buscas y pide ayuda a los lectores.

- Por un error al marcar un número de teléfono, conoces a alguien, empiezan a hablar y se enamoran. Después de un tiempo tienen una cita para conocerse personalmente, pero todo resulta un desastre: él/ella no se parece nada a la idea que te formaste por su voz. Escribe una carta a un amigo o a una amiga contándole sobre la cita.

Practice more at **facetas.vhlcentral.com**.

Los enamorados, 1923
Pablo Picasso, España

"La única fuerza y la única verdad que
hay en esta vida es el amor."

— José Martí

Antes de leer

Poema 20

Sobre el autor

Ya de muy joven, el chileno Ricardo Eliecer Neftalí Reyes Basoalto —tal fue el nombre que sus padres dieron a **Pablo Neruda** (1904–1973) al nacer— mostraba inclinación por la poesía. En 1924, con tan sólo veinte años, publicó el libro que lo lanzó (*launched*) a la fama: *Veinte poemas de amor y una canción desesperada*. Además de poeta, fue diplomático y político. El amor fue sólo uno de los temas de su extensa obra: también escribió poesía surrealista y poesía con fuerte contenido histórico y político.

Su *Canto general* lleva a los lectores en un viaje por la historia de América Latina desde los tiempos precolombinos hasta el siglo XX. En 1971, recibió el Premio Nobel de Literatura.

Vocabulario

el alma *soul*
amar *to love*
besar *to kiss*
contentarse con *to be contented/satisfied with*

el corazón *heart*
la mirada *gaze*
el olvido *forgetfulness; oblivion*
querer (e:ie) *to love; to want*

Poema Completa este poema con las opciones correctas.

Quiero (1) _____ (besarte/amarte) porque te (2) _____ (quiero/olvido), pero tú te alejas y desde lejos me miras.

Mi (3) _____ (corazón/olvido) no (4) _____ (quiere/se contenta) con una (5) _____ (alma/mirada) triste.

Entonces me voy y sólo espero el (6) _____ (corazón/olvido).

Conexión personal ¿Has estado enamorado/a alguna vez? ¿Te gusta leer poesía? ¿Has escrito alguna vez una carta o un poema de amor?

Análisis literario: la personificación

La personificación es una figura retórica (*figure of speech*) que consiste en atribuir cualidades propias de los seres humanos a objetos inanimados (cosas, conceptos abstractos) o a la naturaleza. Observa estos ejemplos de personificación: *me despertó el llanto* (crying) *del violín; tu silencio habla de dolores pasados; las estrellas nos miraban mientras la ciudad sonreía.* En *Poema 20*, Pablo Neruda utiliza este recurso en varias ocasiones. Mientras lees el poema, prepara una lista de las personificaciones. ¿Qué cualidad humana atribuye el poeta al objeto?

Practice more at **facetas.vhlcentral.com**.

POEMA 20

Pablo Neruda

Puedo escribir los versos más tristes esta noche.
Escribir, por ejemplo: "La noche está estrellada°,   *starry*
blink; tremble   y tiritan°, azules, los astros°, a lo lejos°".   *stars/in the distance*
El viento de la noche gira° en el cielo y canta.   *turns*

5 Puedo escribir los versos más tristes esta noche.
Yo la quise, y a veces ella también me quiso.

En las noches como ésta la tuve entre mis brazos.
La besé tantas veces bajo el cielo infinito.

Ella me quiso, a veces yo también la quería.
10 Cómo no haber amado sus grandes ojos fijos°.   *fixed*

Puedo escribir los versos más tristes esta noche.
Pensar que no la tengo. Sentir que la he perdido.

Oír la noche inmensa, más inmensa sin ella.
Y el verso cae al alma como al pasto el rocío°.   *like the dew on the grass*

15 Qué importa que mi amor no pudiera guardarla°.   *keep; protect*
La noche está estrellada y ella no está conmigo.

Eso es todo. A lo lejos alguien canta. A lo lejos.
Mi alma no se contenta con haberla perdido.

to bring her closer   Como para acercarla° mi mirada la busca.
20 Mi corazón la busca, y ella no está conmigo.

La misma noche que hace blanquear° los mismos árboles.   *to whiten*
Nosotros, los de entonces, ya no somos los mismos.

Ya no la quiero, es cierto, pero cuánto la quise.
voice   Mi voz° buscaba el viento para tocar su oído.

25 De otro. Será de otro. Como antes de mis besos.
Su voz, su cuerpo claro. Sus ojos infinitos.

Ya no la quiero, es cierto, pero tal vez la quiero.
Es tan corto el amor, y es tan largo el olvido.

Porque en noches como ésta la tuve entre mis brazos,
30 mi alma no se contenta con haberla perdido.

Aunque éste sea el último dolor que ella me causa,
y éstos sean los últimos versos que yo le escribo. ■

Después de leer

Poema 20
Pablo Neruda

(1) Comprensión Contesta las preguntas con oraciones completas.

1. ¿Quién habla en este poema?
2. ¿De quién habla el poeta?
3. ¿Cuál es el tema del poema?
4. ¿Qué momento del día es?
5. ¿Sigue el poeta enamorado? Da un ejemplo del poema.

(2) Analizar Lee el poema otra vez para contestar las preguntas con oraciones completas.

1. ¿Qué personificaciones hay en el poema y qué efecto transmiten? Explica tu respuesta.
2. ¿Tienen importancia las repeticiones en el poema? Explica por qué.
3. La voz poética habla sobre su amada, pero no le habla directamente a ella. ¿A quién crees que le habla la voz poética en este caso?
4. ¿Qué sentimientos provoca el poema en los lectores?

(3) Interpretar Contesta las preguntas con oraciones completas.

1. ¿Cómo se siente el poeta? Da un ejemplo del poema.
2. ¿Es importante que sea de noche? Razona tu respuesta.
3. Explica con tus propias palabras este verso: "Es tan corto el amor, y es tan largo el olvido".
4. Explica el significado de estos versos y su importancia en el poema. ¿Por qué el poeta escribe una oración "entre comillas"?

> Puedo escribir los versos más tristes esta noche.
> Escribir, por ejemplo: "La noche está estrellada,
> y tiritan, azules, los astros, a lo lejos".

(4) Metaficción En grupos de tres, lean esta definición y busquen ejemplos de metaficción en el poema de Neruda. ¿Qué efecto tiene este recurso en el poema?

> **" La metaficción consiste en reflexionar dentro de una obra de ficción sobre la misma obra. "**

(5) Imaginar En parejas, imaginen la historia de amor entre el poeta y su amada. Preparen una conversación en la que se despiden para siempre. Inspírense en algunos de los versos del poema.

(6) Personificar Escribe un párrafo en el que atribuyes cualidades humanas a un objeto.

MODELO Tengo en mi cuarto una estrella de mar. Me cuenta historias de piratas…

Practice more at **facetas.vhlcentral.com.**

Antes de leer

Vocabulario

el cargo *position*	**rechazar** *to turn down*
la cima *height*	**sabio/a** *wise*
convertirse (e:ie) en *to become*	**el sueño** *dream*
en contra *against*	**superar** *to exceed*
propio/a *own*	**tomar en cuenta** *to take into consideration*

Oraciones incompletas Completa este párrafo con las palabras del vocabulario.

El (1) _____ de muchas jóvenes es encontrar a su príncipe azul y (2) _____ en heroínas de historias románticas. Otras mujeres buscan una profesión y un (3) _____ que les permitan beneficiar a toda la sociedad. Lo importante es no (4) _____ las opiniones y las circunstancias (5) _____ de ese proyecto. Tal vez, un día, ninguna mujer tendrá que sacrificar su vida personal para llegar a la (6) _____ de su carrera.

Conexión personal ¿Con qué soñabas cuando eras pequeño/a? ¿Qué querías ser de grande? ¿Tienes todavía las mismas metas que tenías de niño/a o has cambiado? ¿Crees que vas a alcanzar tus metas?

Contexto cultural

Una frase pronunciada por Sonia Sotomayor en 2001 causó gran revuelo (*commotion*) y despertó posiciones en contra y a favor. Sus provocadoras palabras fueron: "Quiero pensar que una sabia mujer latina, con su riqueza de experiencias, puede tomar mejores decisiones que un sabio hombre blanco que no ha vivido esa vida." Sotomayor después se excusó diciendo que se había expresado mal. Pero esta declaración generó los cuestionamientos más importantes a su nominación a la Corte Suprema y, paralelamente, grupos en Facebook, camisetas y carteles la tomaron como una reafirmación de la identidad femenina latina. ¿Qué opinas tú? ¿Influyen nuestro origen, género y experiencias en las decisiones que tomamos? Si así lo crees, ¿piensas que este hecho es positivo o negativo? ¿Crees que es posible dejar de lado los sentimientos y el pasado para tomar en cuenta solamente la ley? ¿O crees que la subjetividad puede tener lugar en la justicia?

: Practice more at **facetas.vhlcentral.com.**

Sonia Sotomayor:
la niña que soñaba

Sonia Sotomayor era una niña que soñaba. Y, según cuenta, lo que soñaba era convertirse en detective, igual que su heroína favorita, Nancy Drew. Sin embargo, a los ocho años, tras un diagnóstico de diabetes, sus médicos le recomendaron que pensara en una carrera menos agitada. Entonces, sin recortar sus aspiraciones ni resignarse a menos, encontró un nuevo modelo en otro héroe de ficción: Perry Mason, el abogado encarnado° en televisión por Raymond Burr. "Iba a ir a la universidad e iba a convertirme en abogada: y supe esto cuando tenía diez años. Y no es una broma", declaró ella en 1998.

5

played by

amazing

peers

janitors

10 Robin Kar, secretario de Sonia Sotomayor en 1988–1989, afirma que la jueza no sólo tiene una historia asombrosa°, sino que además es una persona asombrosa. Y cuenta que, en la corte, ella no solamente conocía a sus pares°, 15 como los otros jueces y políticos, sino que también se preocupaba por conocer a todos los porteros, los empleados de la cafetería y los conserjes°, y todos la apreciaban mucho.

En su discurso de aceptación de la 20 nominación a la Corte Suprema, Sonia Sotomayor explicó su propia visión de sí misma: "Soy una persona nada extraordinaria que ha tenido la dicha de tener oportunidades y experiencias extraordinarias." Pero ni

wildest 25 siquiera sus sueños más descabellados° podían prepararla para lo que ocurrió en mayo de 2009, cuando Barack Obama la nominó como candidata a la Corte Suprema de Justicia de Estados Unidos. En su discurso, 30 el presidente destacó el "viaje extraordinario" de la jueza, desde sus modestos comienzos

height hasta la cima° del sistema judicial. Para él, los sueños son importantes y Sonia Sotomayor es la encarnación del sueño americano.

35 Nació en el Bronx, en Nueva York, el 25 de junio de 1954, y creció en un barrio de viviendas

housing project subsidiadas°. Sus padres, puertorriqueños, habían llegado a Estados Unidos durante la Segunda Guerra Mundial. Su padre, que había 40 estudiado sólo hasta tercer grado y no hablaba inglés, murió cuando Sonia tenía nueve años, y su madre, Celina, tuvo que trabajar seis días

raise them a la semana como enfermera para criarlos° a ella y a su hermano menor. Como la señora 45 Sotomayor consideraba que una buena educación era fundamental, les compró a sus hijos la Enciclopedia Británica y los envió a una escuela católica para que recibieran la mejor instrucción posible. Seguramente los resultados 50 superaron también sus expectativas: Sonia estudió en las universidades de Princeton y Yale, y su hermano Juan estudió en la Universidad de

Nueva York, y ahora es médico y profesor en la Universidad de Siracusa.

Sonia Sotomayor trabajó durante cinco 55 años como asistente del fiscal de Manhattan, Robert Morgenthau (quien inspiró el personaje del fiscal del distrito Adam Schiff en la serie de televisión *Law and Order*). Luego se dedicó al derecho corporativo y más tarde fue jueza 60 de primera instancia de la Corte Federal de Distrito antes de ser nombrada jueza de Distrito de la Corte Federal de Apelaciones. En 2009 se convirtió en la primera hispana —y la tercera mujer en toda la historia— en llegar 65 a la Corte Suprema de Justicia de Estados Unidos, donde suelen tratarse cuestiones tan controvertidas como el aborto, la pena de muerte, el derecho a la posesión de armas, etc.

Cuando el presidente Obama nominó 70 a la jueza Sotomayor para su nuevo cargo, Celina Sotomayor escuchaba desde la primera fila° con los ojos llenos de lágrimas. *front row* En su discurso de aceptación, Sonia la señaló como "la inspiración de toda mi vida". 75 Tal vez, en el fondo, lo que soñaba realmente la niña del Bronx era ser, como su madre, una "sabia mujer latina". ■

Cómo Sotomayor salvó al béisbol

En 1994, de manera unilateral, los propietarios de los equipos de las Grandes Ligas de béisbol implantaron un tope (*limit*) salarial; esto fue rechazado por los jugadores y su sindicato, que declararon una huelga (*strike*). El caso llegó a Sonia Sotomayor, en ese entonces la jueza más joven del Distrito Sur de Nueva York, en 1995. Ella escuchó los argumentos de las dos partes y anunció su dictamen (*ruling*) a favor de los jugadores. Logró acabar así con la huelga que llevaba ya 232 días y, además, ganarse el título de "salvadora del béisbol".

Después de leer

1 Comprensión Indica si las siguientes oraciones son **ciertas** o **falsas**. Luego, en parejas, corrijan las falsas.

1. Sonia Sotomayor se considera una persona extraordinaria.
2. Ella conocía a todos los empleados de la corte, desde los jueces hasta los conserjes.
3. De pequeña, Sonia quería ser detective como Nancy Drew.
4. Sus padres eran neoyorquinos.
5. Celina Sotomayor trabajaba como vendedora de enciclopedias para mantener a sus hijos.
6. Sonia fue la inspiración de un personaje de la serie de televisión *Law and Order*.

2 Interpretación En parejas, contesten las preguntas con oraciones completas y justifiquen sus respuestas.

1. ¿Les parece que la historia de Sonia Sotomayor es extraordinaria? ¿Por qué?
2. ¿En qué sentido piensan que su madre es "la inspiración de su vida"?
3. ¿Creen que su carrera es una prueba de que el sueño americano existe?
4. ¿Piensas que ella, como mujer y como hispana, y con la historia de su vida, puede asegurar un mejor debate en la Corte Suprema? ¿Por qué?
5. ¿Les parece que la experiencia de vida es más importante, menos importante o igualmente importante para las personas que los estudios que tengan? ¿Por qué?

3 Retrato

A. En las elecciones presidenciales de Estados Unidos en 2008, los dos candidatos también señalaron a sus madres como una inspiración fundamental de sus vidas. En parejas, lean y comenten las citas.

> "Sé que (mi madre) fue el espíritu más bondadoso y generoso que jamás he conocido y que lo mejor de mí se lo debo a ella." Barack Obama, *Los sueños de mi padre*

> "Roberta McCain nos inculcó su amor a la vida, su profundo interés en el mundo, su fortaleza y su creencia de que todos tenemos que usar nuestras oportunidades para hacernos útiles a nuestro país. No estaría esta noche aquí si no fuera por la fortaleza de su carácter." John McCain, Discurso de aceptación en la Convención Republicana

B. Escriban al menos cuatro oraciones sobre cómo imaginan que es Celina Sotomayor. ¿Qué dirían de ella sus hijos? Luego, compartan sus oraciones con la clase y comparen sus descripciones.

MODELO Celina es una mujer trabajadora. Ella no está de acuerdo con perder el tiempo y quiere que sus hijos estudien y mejoren. Es paciente, pero está llena de energía…

4 Modelos de vida Escribe una entrada de blog en la que hablas sobre una persona sabia a la que admiras. Describe su personalidad y su historia y explica por qué es importante para ti.

 Practice more at **facetas.vhlcentral.com**.

Atando cabos

¡A conversar!

Citas rápidas Usa la técnica de las "citas rápidas" (*speed dating*) para conocer a tus compañeros/as de clase, hacer nuevos amigos y buscar compañeros para proyectos. Comparte los resultados con la clase.

Cómo funcionan las "citas rápidas"

- Reúnete con un(a) compañero/a durante cinco minutos. Hablen sobre quiénes son, cómo son, qué buscan, etc.
- Toma notas acerca del encuentro.
- Repite la actividad con otros compañeros.

	Nombre	Nombre
¿De dónde eres?		
¿Cómo eres?		
¿Qué cualidades buscas en un(a) amigo/a?		
¿Qué tipo de proyectos te gusta hacer?		

¡A escribir!

Consejos Lee la carta que envió Alonso a la sección de consejos sentimentales de una revista y usa las frases del recuadro para responderla.

Expresar tu opinión

Estas frases pueden ayudarte a presentar tu opinión:

- En mi opinión,…
- Creo que…
- Me parece que…

Me llamo Alonso. Tengo 23 años y soy de Colombia. Vine a Boston para estudiar en la universidad. Allí conocí a mi novia Kristen, quien tomaba clases de español. Todo iba muy bien mientras estábamos en la universidad: teníamos amigos estadounidenses y latinoamericanos, a mí me interesaba mucho aprender sobre su país y a ella sobre el mío.

El problema comenzó después de la universidad. Cuando salimos con los compañeros de trabajo de Kristen, siento que a nadie le interesa charlar conmigo, y a mí tampoco me interesa hablar con ellos de béisbol y esas cosas. Cuando vamos a visitar a la familia de Kristen en Chicago y decido cocinar, siempre miran con desconfianza los platos tradicionales que preparo. Además, Kristen está muy ocupada con su trabajo para seguir estudiando español. Cuando quiere practicar comete unos errores horribles y entonces yo prefiero hablar inglés con ella. Discutimos mucho por todas estas cosas. A veces pienso que sería más fácil estar con alguien de mi cultura… pero quiero mucho a Kristen. ¿Qué puedo hacer para que mi relación funcione?

1 VOCABULARIO

Audio: Vocabulary Flashcards

La personalidad

autoritario/a	strict; authoritarian
cariñoso/a	affectionate
celoso/a	jealous
cuidadoso/a	careful
falso/a	insincere
gracioso/a	funny; pleasant
inseguro/a	insecure
(in)maduro/a	(im)mature
mentiroso/a	lying
orgulloso/a	proud
permisivo/a	permissive; easy-going
seguro/a	sure; confident
sensato/a	sensible
sensible	sensitive
tacaño/a	cheap; stingy
tímido/a	shy
tradicional	traditional

Los estados emocionales

agobiado/a	overwhelmed
ansioso/a	anxious
deprimido/a	depressed
disgustado/a	upset
emocionado/a	excited
preocupado/a (por)	worried (about)
solo/a	alone; lonely
tranquilo/a	calm

Los sentimientos

adorar	to adore
apreciar	to appreciate; to be fond of
enamorarse (de)	to fall in love (with)
estar harto/a (de)	to be fed up (with); to be sick (of)
odiar	to hate
sentirse (e:ie)	to feel
soñar (o:ue) (con)	to dream (about)
tener celos (de)	to be jealous (of)
tener vergüenza (de)	to be ashamed/ embarrassed (of)

Las relaciones personales

el/la amado/a	loved one; sweetheart
el ánimo	spirit
el cariño	affection
la cita (a ciegas)	(blind) date
el compromiso	commitment; responsibility
la confianza	trust; confidence
el desánimo	the state of being discouraged
el divorcio	divorce
la pareja	couple; partner
el sentimiento	feeling; emotion
atraer	to attract
coquetear	to flirt
cuidar	to take care of
dejar a alguien	to leave someone
discutir	to argue
educar	to raise; to bring up
hacerle caso a alguien	to pay attention to someone
impresionar	to impress
llevar... años de (casados)	to be (married) for… years
llevarse bien/mal/ fatal	to get along well/ badly/terribly
mantenerse en contacto	to keep in touch
pasarlo bien/mal/ fatal	to have a good/bad/ terrible time
proponer matrimonio	to propose (marriage)
romper (con)	to break up (with)
salir (con)	to go out (with)
soportar a alguien	to put up with someone
casado/a	married
divorciado/a	divorced
separado/a	separated
soltero/a	single
viudo/a	widowed

Más vocabulario

Expresiones útiles	Ver p. 7
Estructura	Ver pp. 14–15, 18–19 y 22–23

Cinemateca

la cinta	tape
la luz	light
alargar	to drag out
enterarse	to find out
entretenerse	to be held up
respirar	to breathe
pesado/a	annoying
precioso/a	lovely
turbio/a	murky
a lo mejor	maybe

Literatura

el alma	soul
el corazón	heart
la mirada	gaze
el olvido	forgetfulness; oblivion
amar	to love
besar	to kiss
contentarse con	to be contented/ satisfied with
querer (e:ie)	to love; to want

Cultura

el cargo	position
la cima	height
el sueño	dream
convertirse (e:ie) en	to become
rechazar	to turn down
superar	to exceed
tomar en cuenta	to take into consideration
propio/a	own
sabio/a	wise
en contra	against

Las diversiones

Communicative Goals
You will expand your ability to…
- avoid redundancy
- express personal likes and dislikes
- describe your daily routine and activities

Las diversiones

La música y el teatro

Mis amigos y yo tenemos un **grupo musical.** Yo soy el cantante. Ayer fue nuestro segundo **concierto.** Esperamos grabar pronto nuestro primer **álbum.**

el álbum *album*

el asiento *seat*

el/la cantante *singer*

el concierto *concert*

el conjunto/grupo musical *musical group; band*

el escenario *scenery; stage*

el espectáculo *show*

el estreno *premiere; debut*

la función *performance (theater; movie)*

el/la músico/a *musician*

la obra de teatro *play*

la taquilla *box office*

---

aplaudir *to applaud*

conseguir (e:i) boletos/entradas *to get tickets*

hacer cola *to wait in line*

poner un disco compacto *to play a CD*

Los lugares de recreo

el cine *movie theater; cinema*

el circo *circus*

la discoteca *discotheque; dance club*

la feria *fair*

el festival *festival*

el parque de atracciones *amusement park*

el zoológico *zoo*

Los deportes

el/la árbitro/a *referee*

el campeón/la campeona *champion*

el campeonato *championship*

el club deportivo *sports club*

el/la deportista *athlete*

el empate *tie (game)*

el/la entrenador(a) *coach; trainer*

el equipo *team*

el/la espectador(a) *spectator*

el torneo *tournament*

---

anotar/marcar (un gol/un punto) *to score (a goal/a point)*

desafiar *to challenge*

empatar *to tie (games)*

ganar/perder (e:ie) un partido *to win/lose a game*

vencer *to defeat*

Ricardo y sus amigos **se reúnen** todos los sábados. Les **gustan el billar** y **el boliche**, y son verdaderos **aficionados** a **las cartas**.

el ajedrez *chess*
el billar *billiards*
el boliche *bowling*
las cartas/los naipes *(playing) cards*
los dardos *darts*
el juego de mesa *board game*
el pasatiempo *pastime*
la televisión *television*
el tiempo libre/los ratos
    libres *free time*
el videojuego *video game*

aburrirse *to get bored*
alquilar una película *to get/rent
    a movie*
brindar *to make a toast*
celebrar/festejar *to celebrate*
dar un paseo *to take a stroll/walk*
disfrutar (de) *to enjoy*
divertirse (e:ie) *to have fun*

entretener(se) (e:ie) *to entertain,
    amuse (oneself)*
gustar *to like*
reunirse (con) *to get together (with)*
salir (a comer) *to go out (to eat)*

aficionado/a (a) *fond of; a fan (of)*
animado/a *lively*
divertido/a *fun*
entretenido/a *entertaining*

Práctica

1 **Escuchar**

A. Mauricio y Joaquín están haciendo planes para el fin de semana. Quieren ir al cine, pero no logran ponerse de acuerdo. Escucha la conversación y contesta las preguntas con oraciones completas.

1. ¿Cuándo planean ir al cine Mauricio y Joaquín?
2. ¿Qué película quiere ver Joaquín?
3. ¿Por qué Mauricio no quiere verla?
4. ¿Qué alternativa sugiere Mauricio?
5. ¿Qué le pasa a Joaquín cuando mira documentales?

B. Ahora escucha el anuncio radial de *Los invasores de la galaxia* y decide si las oraciones son **ciertas** o **falsas**. Corrige las falsas.

1. Este fin de semana, estrenan una película de ciencia ficción.
2. *Los invasores de la galaxia* ya se estrenó en otros lugares.
3. La película tuvo poco éxito en Europa.
4. Si compras cuatro boletos, te regalan la banda sonora (*soundtrack*).
5. Si te vistes de extraterrestre, te regalan un boleto para una fiesta exclusiva.
6. El estreno de la película es a las nueve de la mañana.

C. En parejas, imaginen que, después de escuchar el anuncio radial, Joaquín trata de convencer a Mauricio para ir a ver *Los invasores de la galaxia*. Inventen la conversación entre Mauricio y Joaquín, y compártanla con la clase.

2 **Relaciones** Escoge la palabra que no está relacionada.

1. película (estrenar / dirigir / empatar)
2. obra de teatro (boleto / campeonato / taquilla)
3. concierto (vencer / aplaudir / hacer cola)
4. juego de mesa (ajedrez / naipes / videojuego)
5. celebrar (divertirse / aburrirse / disfrutar)
6. partido (deportista / árbitro / circo)

Práctica

3 **¿Dónde están?** Indica dónde están estas personas.

____ 1. Llegamos muy temprano, pero hay una cola enorme. El hombre que vende los boletos parece estar de muy mal humor.

____ 2. Hoy es el cumpleaños de mi hermana menor. En lugar de celebrarlo en casa, quiere pasar el día acá, con los tigres y los elefantes.

____ 3. Una red (*net*), una pelota amarilla y dos deportistas. ¿Quién será la campeona?

____ 4. Hay máquinas que suben, bajan, dan vueltas hacia la derecha y hacia la izquierda. La más espectacular dibuja un laberinto de líneas en el aire.

____ 5. ¿Cómo puede ser que cuatro personas hagan tanto ruido en un campo de fútbol lleno de gente? Mi novia se está divirtiendo mucho, pero ¡yo no entiendo nada de lo que cantan!

____ 6. ¡Qué nervios! ¿Qué pasa si se abre el telón y me olvido de lo que tengo que decir?

a. un torneo de tenis
b. un parque de atracciones
c. un cine
d. un escenario
e. una taquilla
f. una discoteca
g. un zoológico
h. un concierto de rock

4 **Goles y fiestas** Completa la conversación.

aburrirte	celebrar	equipo
animadas	disfruten	espectadores
árbitro	divertidos	ganar
campeonato	empate	televisión

PEDRO Mario, ¿todavía estás mirando (1) _____? ¿No ves que vamos a llegar tarde?

MARIO Lo siento, pero no puedo ir a la fiesta de tu novia. Pasan un partido de fútbol.

PEDRO Pero las fiestas de mi novia son más (2) _____ y más entretenidas que cualquier partido de fútbol. Todos los partidos son iguales… Veintidós tontos corriendo detrás de una pelota, los (3) _____ gritando (*shouting*) como locos y el (4) _____ pitando (*whistling*) sin parar.

MARIO Hoy no me puedes convencer. Es la final del (5) _____ y estoy seguro de que mi (6) _____ favorito va a (7) _____.

PEDRO ¿Y no vas a (8) _____, aquí solito, mientras todos tus amigos bailan?

MARIO ¡Jamás! ¡Todos vienen a ver el partido conmigo! Y después vamos a (9) _____ la victoria.

PEDRO Que (10) _____ del partido. Ya me voy… Espera, mi novia me está llamando al celular… ¿Qué me dices, amor? ¿Que la fiesta es aquí en mi casa? ¿Que tú también quieres ver el partido? ¡Ay, yo me rindo (*give up*)!

:D: Practice more at **facetas.vhlcentral.com**.

Comunicación

5 **Diversiones**

A. Sin consultar con tu compañero/a, prepara una lista de cinco actividades que crees que le gustan a él/ella. Escoge actividades del recuadro y añade otras.

jugar al ajedrez	ir a la feria
practicar deportes en un club	jugar videojuegos
ir al estreno de una película	bailar en una discoteca
mirar televisión	jugar al boliche
escuchar música clásica	salir a cenar con amigos

B. Ahora habla con tu compañero/a para confirmar tus predicciones. Sigue el modelo.

MODELO —Creo que te gusta jugar al ajedrez.
—Es verdad, juego siempre que puedo. / —Te equivocas, me aburre. ¿Y a ti?

6 **Lo mejor** En grupos de cuatro, imaginen que son editores/as de un periódico local y quieren publicar la lista anual de *Lo mejor de la ciudad.*

A. Primero, escojan las categorías que quieren premiar (*to award*).

Lo mejor de la ciudad

Mejor cine _____

Mejor discoteca _____

Mejor espectáculo sobre hielo _____

Mejor equipo deportivo _____

Mejor parque para pasear _____

Mejor festival de arte _____

Mejor restaurante para
celebrar un cumpleaños _____

Mejor grupo musical en vivo (*live*) _____

Mejor ... _____

B. Luego preparen una encuesta (*survey*) y entrevisten a sus compañeros/as de clase. Anoten las respuestas.

C. Ahora compartan los resultados con la clase y decidan qué lugares y eventos recibirán el premio *Lo mejor.*

7 **Un fin de semana extraordinario** Dos amigos/as con personalidades muy diferentes tienen que pasar un fin de semana juntos/as en una ciudad que nunca han visitado. Hacen muchas sugerencias interesantes, pero todo lo que una persona propone, la otra lo rechaza con alguna explicación absurda, y viceversa. En parejas, improvisen una conversación utilizando las palabras del vocabulario.

MODELO —¿Vamos al parque de atracciones? Es muy divertido.
—No, me mareo (*get dizzy*) en la montaña rusa (*roller coaster*)...

Video: *Fotonovela*

Los empleados de *Facetas* hablan de las diversiones. Johnny trata
de ayudar a Éric. Mariela habla de sus planes.

1

JOHNNY ¿Y a ti? ¿Qué te pasa?

ÉRIC Estoy deprimido.

JOHNNY Anímate, es fin de semana.

ÉRIC A veces me siento solo e inútil.

JOHNNY ¿Solo? No, hombre, yo estoy aquí; pero inútil…

2

JOHNNY Necesitas divertirte.

ÉRIC Lo que necesito es una chica. No tienes idea de lo que es vivir solo.

JOHNNY No, pero me lo estoy imaginando. El problema de vivir solo es que siempre te toca lavar los platos.

ÉRIC Las chicas piensan que soy aburrido.

3

JOHNNY No seas pesimista.

ÉRIC Soy un optimista con experiencia. Lo he intentado todo: el cine, la discoteca, el teatro… Nada funciona.

JOHNNY Tienes que contarles chistes. Si las haces reír, ¡*boom*! Se enamoran.

ÉRIC ¿De veras?

JOHNNY Seguro.

6

Mariela viene a hablar con ellos.

MARIELA ¡Los conseguí! ¡Los conseguí!

FABIOLA ¿Conseguiste qué?

MARIELA Los últimos boletos para el concierto de rock de esta noche.

FABIOLA ¿Cómo se llama el grupo?

MARIELA Distorsión. Aquí tengo el disco compacto. ¿Lo quieren oír?

FABIOLA (*mirando el reloj*) Uy, ¡qué tarde es!

7

Luego, en el escritorio de Diana…

ÉRIC Diana, ¿te puedo contar un chiste?

DIANA Estoy algo ocupada.

ÉRIC Es que se lo tengo que contar a una mujer.

DIANA Hay dos mujeres más en la oficina.

ÉRIC Temo que se rían cuando se lo cuente.

8

DIANA ¡Es un chiste!

ÉRIC Temo que se rían de mí y no del chiste.

DIANA ¿Qué te hace pensar que yo me voy a reír del chiste y no de ti?

ÉRIC No sé. Tú eres una persona seria.

DIANA ¿Y por qué se lo tienes que contar a una mujer?

ÉRIC Es un truco para conquistarlas.

Diana se ríe muchísimo.

AGUAYO

DIANA

ÉRIC

FABIOLA

JOHNNY

MARIELA

Johnny dibuja muchos puntos en la pizarra.

JOHNNY ¿Te sabes el chiste de la fiesta de puntos? Es un clásico… Hay una fiesta de puntos… Todos están divirtiéndose y pasándola bien. Y entonces entra un asterisco… y todos lo miran asombrados. Y el asterisco les dice: "¿Qué? ¿Nunca han visto un punto despeinado?"

Mariela entra con dos boletos en la mano y comienza a besarlos.

MARIELA Sí, sí. Me encanta, me encanta…

FABIOLA Te lo dije.

AGUAYO ¿Me dijiste qué?

FABIOLA Que ella no parecía muy normal.

MARIELA Deséenme suerte.

AGUAYO ¿Suerte? ¿En qué?

MARIELA Esta noche le voy a quitar la camisa al guitarrista de Distorsión.

JOHNNY No, no lo harás.

MARIELA Voy a intentarlo.

ÉRIC Si crees que es tan fácil quitarle la camisa a un tipo, ¿por qué no practicas conmigo?

Mariela intenta quitarle la camisa a Éric.

Al final del día, en la cocina…

AGUAYO ¿Alguien quiere café?

JOHNNY ¿Lo hiciste tú o sólo lo estás sirviendo?

AGUAYO Sólo lo estoy sirviendo.

JOHNNY Yo quiero una taza.

ÉRIC Yo quiero una taza.

Expresiones útiles

Talking about whose turn it is

Siempre te toca lavar los platos.
It's always your turn to wash the dishes.

A Johnny le toca hacer el café.
It's Johnny's turn to make coffee.

¿A quién le toca pagar la cuenta?
Whose turn is it to pay the bill?

¿Todavía no me toca?
Is it my turn yet?

Encouraging other people

¡Anímate! *Cheer up! (sing.)*
¡Anímense! *Cheer up! (pl.)*

No seas pesimista.
Don't be pessimistic. (sing.)

No sean pesimistas.
Don't be pessimistic. (pl.)

Wishing someone well

¡Buen fin de semana!
Have a nice weekend!

¡Pásalo bien!
Have a good time! (sing.)

¡Pásenlo bien!
Have a good time! (pl.)

¡Que te diviertas!
Have fun! (sing.)

¡Que se diviertan!
Have fun! (pl.)

Additional vocabulary

contar *to tell*
inútil *useless*
el punto *period; point*
el tipo *guy*
el truco *trick*

Comprensión

1 **¿Cierto o falso?** Decide si estas oraciones son **ciertas** o **falsas**. Corrige las falsas.

Cierto	Falso	
☐	☐	1. Éric está deprimido.
☐	☐	2. A Éric le gusta vivir solo.
☐	☐	3. Según Johnny, hay que ser serio para enamorar a las mujeres.
☐	☐	4. Diana se ríe del chiste de Éric.
☐	☐	5. Fabiola quiere escuchar la música de Distorsión.
☐	☐	6. Mariela quiere quitarle la camisa al guitarrista de Distorsión.
☐	☐	7. Aguayo preparó el café.
☐	☐	8. Johnny quiere beber café porque no lo preparó Aguayo.

2 **Seleccionar** Selecciona la respuesta que especifica de qué hablan Johnny y Éric.

1. ¿Qué <u>te</u> pasa? → ¿Qué te pasa _____?
   a. a Johnny
   b. al fin de semana
   c. a ti

2. Tienes que contar<u>les</u> chistes. → Les tienes que contar chistes _____.
   a. a los amigos
   b. a todas las chicas
   c. a Mariela y a Diana

3. Tengo que contárse<u>lo</u> a una mujer. → Tengo que contarle a una mujer _____.
   a. el chiste
   b. el concierto de rock
   c. el cuento

4. Temo que se rían cuando <u>se</u> lo cuente. → Temo que _____ se rían cuando se lo cuente.
   a. Mariela y Aguayo
   b. las mujeres
   c. Diana, Fabiola y Mariela

5. No, pero me <u>lo</u> estoy imaginando. → No, pero me estoy imaginando _____.
   a. el fin de semana
   b. lo que es vivir solo
   c. lavar los platos

6. ¿<u>Lo</u> hiciste tú o lo hizo Aguayo? → ¿Hiciste tú _____ o lo hizo Aguayo?
   a. el boleto
   b. la taza
   c. el café

3 **Consejos**

A. Un amigo le da consejos a Éric para salir con una chica, pero él no acepta ninguno.
Lee los consejos y emparéjalos (*match them*) con las respuestas de Éric.

Consejos del amigo

____ 1. ¡Ve con ella al concierto de rock!

____ 2. Pregúntale si quiere ver el partido.

____ 3. Llévala al cine.

____ 4. Invítala al parque de atracciones.

____ 5. Puedes invitarla a bailar.

Respuestas de Éric

a. Siempre me duermo viendo películas.

b. No conozco ninguna discoteca.

c. No me gustan los deportes.

d. Va a mirar al guitarrista y no a mí.

e. Las alturas (*heights*) me dan miedo.

B. En parejas, preparen cinco recomendaciones más para Éric y dramaticen la situación: uno/a de ustedes es Éric y la otra persona es su amigo/a. Luego intercambien los papeles.

Practice more at **facetas.vhlcentral.com**.

Ampliación

4 Tu turno

A. Ahora te toca a ti darle consejos a Éric para conquistar a una chica. Escríbele un email con consejos útiles.

De:	
Para:	Éric <eric@facetas.mx >
Asunto:	Consejos

Hola, Éric:
¿Cómo estás?
Me he enterado de que estás teniendo problemas para conquistar a las chicas. Bueno, eso tiene solución: lo primero que tienes que hacer es…

B. Ahora, presenten sus consejos a la clase y decidan cuáles son los mejores.

5 Apuntes culturales En parejas, lean los párrafos y contesten las preguntas.

Piropos para enamorar

Johnny le asegura a Éric que para enamorar a las chicas hay que hacerlas reír. En el mundo hispano, los hombres suelen decirles a las mujeres piropos (*compliments*) graciosos. ¿Piensas que Éric tendrá éxito con este piropo?: *"Si la belleza fuera pecado (*sin*), tú ya estarías en el infierno."* ¿Y qué tal con éste?: *"¿Empezó la primavera? Acabo de ver la primera flor."*

La mejor taza de café

A Éric y a Johnny no les gusta el café que prepara Aguayo. Ellos lo prefieren más intenso… ¡a lo cubano! En Cuba, el café se toma fuerte, con mucha azúcar y se sirve en pequeñas tacitas (*little cups*). No puede faltar en el desayuno ni después de las comidas. No le vendría nada mal al jefe una receta de **café cubano**, ¿verdad?

El rock mexicano

Mariela está contenta porque consiguió boletos para un concierto de rock. El rock mexicano se caracteriza por la riqueza de estilos, producida por la fusión con otros ritmos como boleros, rancheras, reggae y jazz. **Maná, Maldita Vecindad** y **Café Tacvba** (pronunciado Café Tacuba) son algunas de las bandas más populares.

Café Tacvba

1. ¿Existen expresiones similares a los piropos en tu cultura? Da ejemplos.

2. En tu país, ¿cómo se toma el café? ¿Cuándo se toma? ¿Cómo te gusta a ti?

3. ¿Conoces a otros músicos mexicanos y del mundo hispano? ¿A qué género pertenece su música?

4. ¿Fuiste alguna vez a un concierto de rock? ¿A qué banda o cantante viste?

En detalle

MÉXICO

El nuevo CINE MEXICANO

México vivió la época dorada de su cine en los años cuarenta. Pasada esa etapa°, la industria cinematográfica mexicana perdió fuerza. Ha tardado casi medio siglo en volver a brillar, pero ahora ha vuelto al panorama internacional con gran vigor°. Este resurgir°, en parte, se debe al apoyo que las instituciones gubernamentales han dado al mundo del cine. En gran medida, también se debe al trabajo de una nueva generación de creadores que ha logrado triunfar en las pantallas de todo el mundo.

En 1992, *Como agua para chocolate* de Alfonso Arau batió° récords de taquilla. Esta película, que puso en imágenes el realismo mágico que tanto éxito tenía en la literatura, despertó el interés por el cine mexicano. Las películas empezaron a disfrutar de una mayor distribución, y muchos directores y actores se convirtieron en estrellas internacionales.

Salma Hayek

Alejandro González Iñárritu

El éxito también se vio reflejado en el dinero recaudado° y en las nominaciones y los premios° recibidos. Hoy día, los rostros° de Salma Hayek, Gael García Bernal y Diego Luna, entre otros, pueden verse no sólo en el cine, sino también en revistas y programas de televisión de todo el mundo. Muchos artistas alternan su trabajo entre Estados Unidos y México. En el año 2000, el enorme éxito de *Amores perros* impulsó la carrera de su director, Alejandro González Iñárritu, que poco tiempo después dirigió *21 Grams* en tierras estadounidenses. Otros directores que trabajan en los dos países son Guillermo del Toro (*Blade II*, *El laberinto del fauno*, *Hellboy* y *Hellboy II: The Golden Army*) y Alfonso Cuarón. Después del éxito alcanzado° con *Y tu mamá también*, Cuarón dirigió la tercera película de *Harry Potter*. La nueva generación de artistas mexicanos está demostrando que está preparada para reclamar su puesto en el cine mundial. ■

Algunas películas premiadas

Como agua para chocolate		La ley de Herodes		Y tu mamá también
Premio Ariel		Sundance – Premio al Cine Latinoamericano		Venecia – Mejor Guión
1992	1996	2000	2001	2007
	El callejón de los milagros	Amores perros		El laberinto del fauno
	Premio Goya	Chicago – Hugo de Oro a la Mejor Película		Tres premios Oscar

etapa *era* **vigor** *energy* **resurgir** *revival* **batió** *broke* **recaudado** *collected* **premios** *awards* **rostros** *faces* **alcanzado** *reached*

Las diversiones

chido/a (Méx.) *cool*

copado/a (Arg.) *cool*

mola (Esp.) *cool*

guay (Esp.) *cool*

bacanal (Nic.) *cool*

salir de parranda *to go out and have fun*

rumbear (Col. y Ven.) *to go out and have fun*

ir/salir de juerga *to go out and have fun*

la rola (Nic. y Méx.) *song*

el tema *song*

temazo *hit*

Los premios de cine

Cada año, distintos países hispanoamericanos premian las mejores películas nacionales y extranjeras.

En México, el Premio **Ariel** es la máxima distinción otorgada° a los mejores trabajos cinematográficos mexicanos. La estatuilla° representa el triunfo del espíritu y el deseo de ascensión.

En España, los premios más prestigiosos son los **Goya**. La Academia de Artes y Ciencias Cinematográficas de España entrega estos premios a producciones nacionales en un festival en Madrid. Las estatuillas reciben ese nombre por el pintor Francisco de Goya.

Penélope Cruz recibe el Premio Goya

En Argentina, el Festival de Cine Internacional de Mar del Plata premia películas nacionales e internacionales. El galardón° se llama **Astor** en homenaje al compositor de tango Astor Piazzolla, quien nació en la ciudad de Mar del Plata.

En Cuba, el Festival Internacional de La Habana entrega los Premios **Coral**. Aunque predomina el cine latinoamericano, el festival también convoca a producciones de todas partes del mundo.

GAEL GARCÍA BERNAL

Gael García Bernal es una de las figuras más representativas del cine mexicano contemporáneo. Empieza a actuar en el teatro con tan sólo cinco años, de la mano de sus padres, también actores. Pasa pronto a trabajar en telenovelas°. Siendo adolescente, Gael entra en el mundo del cine. Su intuición y su talento lo llevan a renunciar a la fama fácil y, a los diecisiete años, se va a Londres para estudiar arte dramático. Tres años después, regresa a México lleno de confianza y no se asusta° a la hora de representar ningún papel, por controvertido o difícil que sea. A partir de ese momento, participa en algunas de las películas más emblemáticas del cine en español de los últimos años: *Amores perros*, *Y tu mamá también* y *Diarios de motocicleta*. Actualmente, Gael trabaja también del otro lado de las cámaras como director y productor, y participa activamente en la promoción del cine mexicano.

❝ Es muy importante que el cine latino se mantenga muy específico, pero que al mismo tiempo sus temas sean universales. ❞ (Alfonso Cuarón)

Conexión Internet

¿Qué función tiene el Instituto Mexicano de Cinematografía?

To research this topic, go to **facetas.vhlcentral.com.**

telenovelas *soap operas* **no se asusta** *doesn't get scared* **otorgada** *given* **estatuilla** *statuette* **galardón** *award*

¿Qué aprendiste?

1 **¿Cierto o falso?** Indica si estas afirmaciones son **ciertas** o **falsas**. Corrige las falsas.

1. La época dorada del cine mexicano fue en los años cincuenta.

2. El gobierno mexicano ha apoyado los nuevos proyectos de cine.

3. El director de *Como agua para chocolate* es Diego Luna.

4. El éxito de *Como agua para chocolate* despertó el interés por el cine mexicano.

5. Los artistas mexicanos van a Estados Unidos y no vuelven a trabajar en su país.

6. La película *Amores perros* es del año 2002.

7. Alfonso Cuarón dirigió *21 Grams*.

8. Guillermo del Toro actuó en *El laberinto del fauno*.

2 **Completar** Completa las oraciones.

1. Los premios del Festival Internacional de La Habana se llaman _____.

2. Los Premios Astor se entregan en la ciudad argentina de _____.

3. Los premios cinematográficos más prestigiosos de España son los _____.

4. A los jóvenes venezolanos les gusta salir a _____.

5. Cuando una canción tiene mucho éxito, se dice que es un _____.

3 **Preguntas** Contesta las preguntas con oraciones completas.

1. ¿A qué se dedican los padres de Gael García Bernal?

2. ¿A qué edad comenzó a trabajar como actor Gael García Bernal?

3. ¿Qué hizo en Londres Gael García Bernal?

4. ¿Gael García Bernal evita los papeles controvertidos?

5. ¿Qué otras actividades relacionadas con el cine realiza Gael García Bernal además de actuar?

6. Según Alfonso Cuarón, ¿cómo deben ser los temas del cine latino?

7. ¿Crees que es positivo que directores y actores de habla hispana se muden (*move*) a Hollywood? ¿Por qué?

8. Cuando decides ver una película, ¿qué factores tienes en cuenta? ¿Por qué?

4 **Opiniones** En parejas, escriban en qué se diferencian y en qué se parecen el cine de Hollywood y el cine internacional. Usen estas preguntas como guía.

- ¿Cuáles son las carecterísticas de cada tipo de cine?

- ¿En qué tipo de cine se invierte más dinero?

- ¿Qué diferencias hay entre el perfil de los actores de Hollywoood y el perfil de los actores internacionales? ¿En qué se parecen?

Practice more at **facetas.vhlcentral.com.**

PROYECTO

María Félix

La época de oro

Durante la época de oro del cine mexicano, actores como María Félix o Pedro Infante, y directores como Emilio Fernández e Ismael Rodríguez llevaron el acento mexicano más allá de sus fronteras.

Investiga sobre uno de estos artistas y escribe una biografía de tres párrafos.

Debes incluir:

- datos biográficos

- trabajos principales del/de la artista

- contribución al cine mexicano

Siguiendo el estilo usado en el perfil de Gael García Bernal, escribe tu texto usando el tiempo presente.

Video: *Flash Cultura*

El cine mexicano

Ya has leído sobre el cine mexicano, su época dorada y su resurgimiento en los últimos años. Ahora mira este episodio de **Flash Cultura** para conocer cómo se promueve actualmente el cine en ese país.

VOCABULARIO ÚTIL

el auge *boom, peak*	**el guión** *script*
el ciclo *series*	**la muestra** *festival*
difundir *to spread*	**la sala** *movie theater*
fomentar *to promote*	**tener un papel** *to play a role*

Preparación ¿Te gusta ir al cine? ¿Qué clase de películas prefieres ver? ¿Eres aficionado/a a algún género en especial?

Comprensión Indica si estas afirmaciones son ciertas o falsas. Después, en parejas, corrijan las falsas.

1. A los mexicanos no les gustan las películas nacionales, sino solamente las norteamericanas.
2. La Cineteca es una cadena de cines con salas en todo el país.
3. Cuando van al cine, los mexicanos comen palomitas.
4. En los ciclos, se presentan películas de un solo tema o un solo director.
5. El Instituto Mexicano de Cinematografía tiene como objetivo hacer famosos a los actores mexicanos.
6. En el año 1989, el cine mexicano no tenía salas ni público en México.

Expansión En parejas, contesten estas preguntas.

- ¿Te molesta tener que leer subtítulos en la pantalla cuando miras películas extranjeras?
- ¿Te sorprende que una película pueda ser un "hijo creativo", como dice la actriz Vanesa Bauche? Justifica tu respuesta.
- ¿Es importante para el cine de un país tener identidad propia? ¿Cómo se logra eso? Piensen en películas estadounidenses que cumplan con esas características y hagan una lista.

🖲 Practice more at **facetas.vhlcentral.com**.

Corresponsal: Carlos López
País: México

En la Muestra Internacional de Cine que se lleva a cabo° en otoño, se presentan películas de todo el mundo.

La Cineteca cuenta con° el Centro de Documentación e Investigación, donde puedes encontrar 9 mil libros, 5 mil guiones inéditos° y 20 años de notas de prensa.

Babel (2006)
dir. Alejandro González Iñárritu

Las películas de este país se han vuelto realmente importantes gracias al trabajo de... actores y actrices como Salma Hayek, Gael García Bernal y Diego Luna, entre muchos otros.

se lleva a cabo *takes place* **cuenta con** *has* **guiones inéditos** *unpublished scripts*

2.1 Object pronouns

- Pronouns are words that take the place of nouns. Direct object pronouns replace the noun that directly receives the action of the verb. Indirect object pronouns identify *to whom/what* or *for whom* an action is done.

Esta noche le voy a quitar la camisa al guitarrista.

No, no lo harás.

Indirect object pronouns		Direct object pronouns	
me	nos	me	nos
te	os	te	os
le	les	lo/la	los/las

Position of object pronouns

- Direct and indirect object pronouns (**los pronombres de complemento directo e indirecto**) precede the conjugated verb.

INDIRECT OBJECT	DIRECT OBJECT

Carla siempre **me** da entradas para el teatro.
Carla always gives me tickets to the theater.

Ella **las** consigue gratis.
She gets them for free.

No **le** compro más juegos de mesa.
I'm not buying him any more board games.

Nunca **los** juega.
He never plays them.

- When the verb is an infinitive construction, object pronouns may either be attached to the infinitive or placed before the conjugated verb.

INDIRECT OBJECT	DIRECT OBJECT

Vamos a dar**le** un regalo.
Le vamos a dar un regalo.

Voy a hacer**lo** enseguida.
Lo voy a hacer enseguida.

Tienes que hablar**nos** de la película.
Nos tienes que hablar de la película.

Van a ver**la** mañana.
La van a ver mañana.

- When the verb is progressive form, object pronouns may either be attached to the present participle or placed before the conjugated verb.

INDIRECT OBJECT	DIRECT OBJECT

Pedro está cantándo**me** una canción.
Pedro **me** está cantando una canción.

Está cantándo**la** muy mal.
La está cantando muy mal.

¡ATENCIÓN!

Lo can be used to refer to a thing or idea that has no gender.

—¿Vas a aceptar la oferta?
—**Lo** voy a pensar.

—*Are you going to accept the offer?*
—*I'll think about it.*

¡ATENCIÓN!

It is standard usage in Spanish to repeat the indirect object.

Esta noche **le** voy a quitar la camisa **al guitarrista**.

Les regalé boletos a **mis amigos**.

Double object pronouns

- The indirect object pronoun precedes the direct object pronoun when they are used together in a sentence.

Me mandaron **los boletos** por correo. → **Me los** mandaron por correo.

Te exijo **una respuesta** ahora mismo. → **Te la** exijo ahora mismo.

- **Le** and **les** change to **se** when they are used with **lo**, **la**, **los**, or **las**.

Le da **los libros** a Ricardo. → **Se los** da.

Le enseña **las invitaciones** a Elena. → **Se las** enseña.

Prepositional pronouns

<table>
<tr><td colspan="4">Prepositional pronouns</td></tr>
<tr><td>mí me; myself</td><td>él him; it</td><td>nosotros/as us; ourselves</td><td>ellos them</td></tr>
<tr><td>ti you; yourself</td><td>ella her; it</td><td></td><td>ellas them</td></tr>
<tr><td>Ud. you; yourself</td><td>sí himself;</td><td>vosotros/as you; yourselves</td><td>sí themselves</td></tr>
<tr><td>sí yourself (formal)</td><td>herself; itself</td><td>Uds. you; yourselves</td><td></td></tr>
<tr><td></td><td></td><td>sí yourselves (formal)</td><td></td></tr>
</table>

- Prepositional pronouns function as the objects of prepositions. Except for **mí**, **ti**, and **sí**, these pronouns are the same as the subject pronouns.

¿Qué piensas de **ella**?   ¡Ay, mi amor, sólo pienso en **ti**!

¿Lo compraron para **mí** o para Javier?   Lo compramos para **él**.

- The indirect object can be repeated with the construction **a** + *[prepositional pronoun]* to provide clarity or emphasis.

¿Te gusta aquel cantante?   ¡**A mí** me fascina!

¿A quién se lo dieron?   Se lo dieron **a ella**.

- The adjective **mismo(s)/a(s)** is usually added to clarify or emphasize the relationship between the subject and the object.

José se lo regaló a **él**.   José se lo regaló a **sí mismo**.
José gave it to him (someone else).   *José gave it to himself.*

- When **mí**, **ti**, and **sí** are used with **con**, they become **conmigo**, **contigo**, and **consigo**.

¿Quieres ir **conmigo** al parque de atracciones?
Do you want to go to the amusement park with me?

Laura siempre lleva su computadora portátil **consigo**.
Laura always brings her laptop with her.

- These prepositions are used with **tú** and **yo** instead of **mí** and **ti**: **entre**, **excepto**, **incluso**, **menos**, **salvo**, **según**.

Todos están de acuerdo **menos tú** y **yo**.   **Entre tú** y **yo**, Juan me cae mal.
Everyone is in agreement except   *Between you and me, I can't*
you and me.   *stand Juan.*

¡ATENCIÓN!

When object pronouns are attached to infinitives, participles, or commands, a written accent is often required to maintain proper word stress.

Infinitive
cantármela

Present participle
escribiéndole

Command
acompáñeme

For more information on using object pronouns with commands, see **4.2**, pp. 140–141.

Práctica

TALLER DE CONSULTA

MANUAL DE GRAMÁTICA
Más práctica

2.1 Object pronouns, p. A11

1 **Dos buenas amigas** Dos amigas, Rosa y Marina, están en un café hablando de unos conocidos. Selecciona las personas de la lista que corresponden a los pronombres subrayados (*underlined*).

a Antoñito	a mí
a Antoñito y a Maite	a nosotras
a Maite	a ti
a ustedes	

ROSA Siempre <u>lo</u> veo bailando en la discoteca Club 49.   1. _____

MARINA ¿<u>Te</u> saluda?   2. _____

ROSA Nunca. Yo creo que no <u>me</u> saluda porque tiene miedo de que se lo diga a su novia.   3. _____

MARINA ¿Su novia? Hace siglos que no sé nada de ella. Un día de éstos <u>la</u> tengo que llamar.   4. _____

ROSA ¿Quieres que <u>los</u> invitemos a ir con nosotras a la fiesta del viernes?   5. _____

MARINA Sí. Es una buena idea. A ver qué <u>nos</u> dice Antoñito de su afición a las discotecas.   6. _____

2 **Una pareja menos** Completa las oraciones con una de estas expresiones: **conmigo, contigo, consigo.**

ANTOÑITO Ya estamos otra vez. (1) _____ siempre tengo problemas.

MAITE ¿Qué te crees tú? ¿Que yo siempre me divierto (2) _____?

ANTOÑITO Tú eres la que siempre quiere ir (3) _____ a la discoteca.

MAITE Eso no es verdad. A mí no me gusta salir (4) _____. ¡Ni loca!

ANTOÑITO No te preocupes. Muchas chicas quieren estar (5) _____. Siempre veo a Rosa en el Club 49. A ella seguro que le gusta.

MAITE ¿A Rosa? A ella no le gusta ni estar (6) _____ misma. ¡Es una falsa!

3 **Una fiesta muy ruidosa** Martín y Luisa han organizado una fiesta muy ruidosa (*noisy*) en su casa y un vecino ha llamado a la policía. El policía les aconseja lo que deben hacer para evitar más problemas. Reescribe los consejos cambiando las palabras subrayadas por los pronombres de complemento directo e indirecto correctos.

1. Traten amablemente <u>a la policía</u>.
2. Tienen que pedirle <u>perdón a sus vecinos</u>.
3. No pueden contratar <u>a un grupo musical</u> sin permiso.
4. Tienen que poner <u>la música</u> muy baja.
5. No deben servirles <u>bebidas alcohólicas a los menores de edad</u>.
6. No pueden organizar <u>fiestas</u> nunca más.

S: Practice more at **facetas.vhlcentral.com.**

Comunicación

4 **La fiesta** En parejas, túrnense para contestar las preguntas usando pronombres de complemento directo o indirecto según sea necesario.

1. ¿Te gusta organizar fiestas? ¿Cuándo fue la última vez que organizaste una? ¿Por qué la organizaste?

2. ¿Invitaste a muchas personas? ¿A quiénes invitaste?

3. ¿Qué tipo de música escucharon? ¿Bailaron también?

4. ¿Qué les ofreciste de comer a los invitados en tu fiesta?

5. ¿Trajeron algo? ¿Qué trajeron? ¿Para quién?

5 **¿En qué piensas?** Piensa en algunos de los objetos típicos que ves en la clase o en tu casa (un cuadro, una maleta, un mapa, etc.). Tu compañero/a debe adivinar el objeto que tienes en mente haciéndote preguntas con pronombres.

> **MODELO** **Tú piensas en: un libro**
> —Estoy pensando en algo que uso para estudiar.
> —¿Lo usas mucho?
> —Sí, lo uso para aprender español.
> —¿Lo compraste?
> —Sí, lo compré en una librería.

6 **Una persona famosa** En parejas, escriban una entrevista con una persona famosa. Utilicen estas cinco preguntas y escriban cuatro más. Incluyan pronombres en las respuestas. Después, representen la entrevista ante la clase.

> **MODELO** —¿Quién prepara la comida en tu casa?
> —Mi cocinero la prepara.

1. ¿Visitas frecuentemente a tus amigos/as?

2. ¿Ves mucho la televisión?

3. ¿Quién conduce tu carro?

4. ¿Preparas tus maletas cuando viajas?

5. ¿Evitas a los fotógrafos?

7 **Fama** María Estela Pérez es una actriz de cine que debe encontrarse con sus *fans,* pero, como no sabe dónde dejó su agenda, no recuerda a qué hora es el encuentro. En grupos de cuatro, miren la ilustración e inventen una historia inspirándose en ella. Utilicen por lo menos cinco pronombres de complemento directo e indirecto.

2.2 *Gustar* and similar verbs

Me encanta el grupo Distorsión.

No me gusta nada la música rock.

- Though **gustar** is translated as *to like* in English, its literal meaning is *to please*. **Gustar** is preceded by an indirect object pronoun indicating *the person who is pleased*. It is followed by a noun indicating *the thing or person that pleases*.

INDIRECT OBJECT PRONOUN	SUBJECT	
Me	**gusta**	**la película.**
I	*like*	*the movie. (literally: The movie pleases me.)*
¿Te	**gustan**	**los conciertos de rock?**
Do you	*like*	*rock concerts? (literally: Do rock concerts please you?)*

- Because *the thing or person that pleases* is the subject, **gustar** agrees in person and number with it. Most commonly the subject is third person singular or plural.

SINGULAR SUBJECT	PLURAL SUBJECT
Nos gust**a** la música pop.	Me gust**an** las quesadillas.
We like pop music.	*I like quesadillas.*
Les gust**a** su casa nueva.	¿Te gust**an** las películas románticas?
They like their new house.	*Do you like romantic movies?*

- When **gustar** is followed by one or more verbs in the infinitive, the singular form of **gustar** is always used.

No nos **gusta** llegar tarde.
We don't like to arrive late.

Les **gusta** cantar y bailar.
They like to sing and dance.

- **Gustar** is often used in the conditional (**me gustaría**, etc.) to soften a request.

Me **gustaría** un refresco con hielo, por favor.
I would like a soda with ice, please.

¿Te **gustaría** salir a cenar esta noche conmigo?
Would you like to go out to dinner with me tonight?

Verbs like *gustar*

- Many verbs follow the same pattern as **gustar**.

aburrir *to bore*	**hacer falta** *to miss*
caer bien/mal *to get along well/badly with*	**importar** *to be important to; to matter*
disgustar *to upset*	**interesar** *to be interesting to; to interest*
doler *to hurt; to ache*	**molestar** *to bother; to annoy*
encantar *to like very much*	**preocupar** *to worry*
faltar *to lack; to need*	**quedar** *to be left over; to fit (clothing)*
fascinar *to fascinate; to like very much*	**sorprender** *to surprise*

¡**Me fascina** el álbum!
I love the album!

¿**Te molesta** si voy contigo?
Will it bother you if I come along?

A Sandra **le disgusta** esa situación.
That situation upsets Sandra.

Le duelen las rodillas.
Her knees hurt.

- The indirect object can be repeated using the construction **a** + [*prepositional pronoun*] or **a** + [*noun*]. This construction allows the speaker to emphasize or clarify who is pleased, bothered, etc.

A ella no le gusta bailar, pero **a él** sí.
She doesn't like to dance, but he does.

A Felipe le molesta ir de compras.
Shopping bothers Felipe.

- **Faltar** expresses what someone or something lacks and **quedar** what someone or something has left. **Quedar** is also used to talk about how clothing fits or looks on someone.

Le falta dinero.
He's short of money.

Me faltan dos pesos.
I need two pesos.

A la impresora no **le queda** papel.
The printer is out of paper.

Esa falda **te queda** bien.
That skirt fits you well.

¿Qué te hace falta en la vida?

Discoteca Paladio

Práctica

TALLER DE CONSULTA

MANUAL DE GRAMÁTICA
Más práctica

2.2 **Gustar** and similar
verbs, p. A12

1 **Completar** Miguel y César son compañeros de cuarto y tienen algunos problemas. Hoy se han reunido para discutirlos. Completa su conversación con la forma correcta de los verbos entre paréntesis.

MIGUEL Mira, César, a mí (1) _____ (encantar) vivir contigo, pero la verdad es que (2) _____ (preocupar) algunas cosas.

CÉSAR De acuerdo. A mí también (3) _____ (disgustar) algunas cosas de ti.

MIGUEL Bueno, para empezar no (4) _____ (gustar) que pongas la música tan alta cuando vienen tus amigos. Tus amigos (5) _____ (caer) muy bien, pero, a veces, hacen mucho ruido y no me dejan dormir.

CÉSAR Sí, claro, lo entiendo. Pues mira, Miguel, a mí (6) _____ (molestar) que no laves los platos después de comer. Además, tampoco sacas la basura.

MIGUEL Es verdad. Pues... vamos a intentar cambiar estas cosas. ¿Te parece?

CÉSAR ¡(7) _____ (fascinar) la idea! Yo bajo la música cuando vengan mis amigos y tú lavas los platos y sacas la basura más a menudo. ¿De acuerdo?

2 **Preguntar** Túrnense para hacerse preguntas sobre estos temas siguiendo el modelo.

MODELO a tu padre / fascinar
—¿Qué crees que le fascina a tu padre?
—Pues, no sé. Creo que le fascina dormir.

1. al presidente / preocupar
2. a tu hermano/a / encantar
3. a ti / fascinar
4. a tus padres / gustar

5. a tu profesor(a) de español / disgustar
6. a ustedes / importar
7. a tu novio/a / molestar
8. a tu compañero/a de clase / faltar

3 **Conversar** En parejas, pregúntense si les gustaría hacer las actividades relacionadas con las fotos. Utilicen los verbos **aburrir**, **disgustar**, **encantar**, **fascinar**, **interesar** y **molestar**. Sigan el modelo.

MODELO —¿Te molestaría ir al parque de atracciones?
—No, me encantaría.

Practice more at **facetas.vhlcentral.com**.

Comunicación

4 **Extrañas aficiones** Trabajen en grupos de cuatro. Miren las ilustraciones e imaginen qué les gusta, interesa o molesta a estas personas.

1.

2.

3.

4.

5 **¿Qué te gusta?** En parejas, pregúntense si les gustan o no las personas, cosas y actividades de la lista. Utilicen verbos similares a **gustar** y contesten las preguntas.

Penélope Cruz	dormir los fines de semana
salir con tus amigos	hacer bromas
las películas de misterio	los discos de Christina Aguilera
practicar algún deporte	ir a discotecas
Javier Bardem	las películas extranjeras

6 **¿A quién le gusta?** Trabajen en grupos de cuatro.

A. Preparen una lista de cinco pasatiempos y cinco lugares de recreo. Luego circulen por la clase para ver a quiénes les gustan los lugares y las actividades de la lista.

B. Ahora escriban un párrafo breve para describir los gustos de sus compañeros. Utilicen **gustar** y otros verbos similares. Compartan su párrafo con la clase.

> **MODELO** A Luisa y a Simón les fascina el restaurante Acapulco, pero a Celia no le gusta.
> A todos nos gusta ir al cine, menos a Carlos, porque…

Reflexive verbs

- In a reflexive construction, the subject of the verb both performs and receives the action. Reflexive verbs (**verbos reflexivos**) always use reflexive pronouns (**me**, **te**, **se**, **nos**, **os**, **se**).

Reflexive verbs

Elena **se lava** la cara.

Non-reflexive verb

Elena **lava** los platos.

Reflexive verbs	
lavarse *to wash (oneself)*	
yo	me lavo
tú	te lavas
Ud./él/ella	se lava
nosotros/as	nos lavamos
vosotros/as	os laváis
Uds./ellos/ellas	se lavan

- Many of the verbs used to describe daily routines and personal care are reflexive.

acostarse (o:ue) *to go to bed*	**dormirse (o:ue)** *to fall sleep*	**peinarse** *to comb (one's hair)*
afeitarse *to shave*	**ducharse** *to take a shower*	**ponerse** *to put on (clothing)*
bañarse *to take a bath*	**lavarse** *to wash (oneself)*	**secarse** *to dry off*
cepillarse *to brush (hair/teeth)*	**levantarse** *to get up*	**quitarse** *to take off (clothing)*
despertarse (e:ie) *to wake up*	**maquillarse** *to put on make-up*	**vestirse (e:i)** *to get dressed*

¡ATENCIÓN!

A transitive verb is one that takes a direct object.

Mariela compró dos boletos.
Mariela bought two tickets.

Johnny contó un chiste.
Johnny told a joke.

- In Spanish, most transitive verbs can also be used as reflexive verbs to indicate that the subject performs the action to or for himself or herself.

Félix **divirtió** a los invitados con sus chistes.
Félix amused the guests with his jokes.

Félix **se divirtió** en la fiesta.
Félix had fun at the party.

Ana **acostó** a los gemelos antes de las nueve.
Ana put the twins to bed before nine.

Ana **se acostó** muy tarde.
Ana went to bed very late.

- Many verbs change meaning when they are used with a reflexive pronoun.

aburrir *to bore*	**aburrirse** *to get bored*
acordar (o:ue) *to agree*	**acordarse (de) (o:ue)** *to remember*
comer *to eat*	**comerse** *to eat up*
dormir (o:ue) *to sleep*	**dormirse (o:ue)** *to fall asleep*
ir *to go*	**irse (de)** *to go away (from)*
llevar *to carry*	**llevarse** *to carry away*
mudar *to change*	**mudarse** *to move (change residence)*
parecer *to seem*	**parecerse (a)** *to resemble; to look like*
poner *to put*	**ponerse** *to put on (clothing, make-up)*
quitar *to take away*	**quitarse** *to take off (clothing)*

- Some Spanish verbs and expressions are used in the reflexive even though their English equivalents may not be. Many of these are followed by the prepositions **a**, **de**, and **en**.

acercarse (a) *to approach*	**fijarse (en)** *to take notice (of)*
arrepentirse (de) (e:ie) *to regret*	**morirse (de) (o:ue)** *to die (of)*
atreverse (a) *to dare (to)*	**olvidarse (de)** *to forget (about)*
convertirse (en) (e:ie) *to become*	**preocuparse (por)** *to worry (about)*
darse cuenta (de) *to realize*	**quejarse (de)** *to complain (about)*
enterarse (de) *to find out (about)*	**sorprenderse (de)** *to be surprised (about)*

- *To get* or *to become* is frequently expressed in Spanish by the reflexive verb **ponerse** + [*adjective*].

    Pilar **se pone** muy nerviosa antes del torneo.
    Pilar gets very nervous before the tournament.

    Si no duermo bien, **me pongo insoportable**.
    If I don't sleep well, I become unbearable.

- In the plural, reflexive verbs can express reciprocal actions done *to one another*.

    Los dos equipos **se saludan** antes de comenzar el partido.
    The two teams greet each other at the start of the game.

    ¡Los entrenadores **se están peleando** otra vez!
    The coaches are fighting again!

- The reflexive pronoun precedes the direct object pronoun when they are used together in a sentence.

    ¿**Te** comiste el pastel?
    Did you eat the whole cake?

    Sí, **me lo** comí.
    Yes, I ate it all up.

¡ATENCIÓN!

Hacerse and **volverse** can also mean *to become*.

Se ha hecho cantante.
He has become a singer.

¿**Te has vuelto** loco/a?
Have you gone mad?

¡ATENCIÓN!

When used with infinitives and present participles, reflexive pronouns follow the same rules of placement as object pronouns. See **2.1**, pp. 54–55.

Práctica

TALLER DE CONSULTA

MANUAL DE GRAMÁTICA
Más práctica

2.3 Reflexive verbs, p. A13

1 **Los lunes por la mañana** Completa el párrafo sobre lo que hacen Carlos y su esposa Elena los lunes por la mañana. Utiliza la forma correcta de los verbos reflexivos correspondientes.

acostarse	irse	ponerse
afeitarse	lavarse	quitarse
cepillarse	levantarse	secarse
ducharse	maquillarse	vestirse

Los domingos por la noche, Carlos y Elena (1) _____ tarde y por la mañana tardan mucho en despertarse. Carlos es el que (2) _____ primero, (3) _____ el pijama y (4) _____ con agua fría. Después, Carlos (5) _____ la barba. Cuando Carlos termina, Elena entra al baño. Mientras ella termina de ducharse, de (6) _____ el pelo y de (7) _____, Carlos prepara el desayuno. Cuando Elena está lista, Carlos y ella desayunan, luego (8) _____ los dientes y (9) _____ las manos. Después, los dos (10) _____ con ropa elegante y (11) _____ al trabajo. Carlos (12) _____ la corbata en el carro; Elena maneja.

2 **Todos los sábados**

A. En parejas, describan la rutina que sigue Silvia todos los sábados, según los dibujos.

1.

2.

3.

4.

B. ¿Qué hacen los sábados por la mañana los amigos y familiares de Silvia? Imaginen sus rutinas. Utilicen verbos reflexivos y sean creativos.

Practice more at **facetas.vhlcentral.com.**

Comunicación

3 **¿Y tú?** En parejas, túrnense para hacerse las preguntas. Contesten con oraciones completas y expliquen sus respuestas.

1. ¿A qué hora te despiertas normalmente los sábados por la mañana? ¿Por qué?
2. ¿Te duermes en las clases?
3. ¿A qué hora te acuestas normalmente los fines de semana?
4. ¿A qué hora te duchas durante la semana?
5. ¿Te levantas siempre a la misma hora que te despiertas? ¿Por qué?

6. ¿Qué te pones para salir los fines de semana? ¿Y tus amigos/as?
7. ¿Cuándo te vistes elegantemente?
8. ¿Te diviertes cuando vas a una fiesta? ¿Y cuando vas a una reunión familiar?
9. ¿Te fijas en la ropa que lleva la gente?
10. ¿Te preocupas por tu imagen?

11. ¿De qué se quejan tus amigos/as normalmente? ¿Y tus padres u otros miembros de la familia?
12. ¿Conoces a alguien que se preocupe constantemente por todo?
13. ¿Te arrepientes a menudo de las cosas que haces?
14. ¿Te peleas con tus amigos/as? ¿Y con tu novio/a?
15. ¿Te sorprende alguna costumbre o hábito de tus amigos/as?

4 **Síntesis** Imagina que estás en un café y que ves a tu antiguo/a novio/a coqueteando con alguien. ¿Qué haces? Trabajen en grupos para representar la escena. Utilicen por lo menos cinco verbos de la lista y cinco pronombres de complemento directo e indirecto.

acercarse	darse cuenta	hacer falta	olvidarse
arrepentirse	disgustar	interesar	preocuparse
caer bien/mal	gustar	irse	sorprender

Antes de ver el corto

ESPÍRITU DEPORTIVO

país México
duración 11 minutos

director Javier Bourges
protagonistas futbolista muerto, esposa, amigos, grupo de jóvenes

Vocabulario

¡Aguas! *Watch out! (Mex.)*	**enterrado/a** *buried*
el ataúd *casket*	**la misa** *mass*
el balón *ball*	**mujeriego** *womanizer*
el campeonato *championship*	**el Mundial** *World Cup*
la cancha *field*	**patear** *to kick*
deber (dinero) *to owe (money)*	**la prueba** *proof*
deshecho/a *devastated*	**la señal** *sign*

1 **Comentaristas deportivos** Completa la conversación entre los comentaristas deportivos.

COMENTARISTA 1 Emocionante comienzo del (1) _____ de Fútbol. La (2) _____ está llena. El capitán patea el (3) _____, el arquero (*goalie*) no logra frenarlo (*stop it*) y… ¡gooooool!

COMENTARISTA 2 ¡Muy emocionante el debut de Sánchez como capitán! Debemos contar al público que sólo hace siete días murió el abuelo de Sánchez. El jugador casi no llega a tiempo para el primer partido porque no quiso dejar de ir a una (4) _____ en el cementerio donde ahora está (5) _____ su abuelo.

2 **Comentar** En parejas, túrnense para hacerse las preguntas.

1. ¿Qué papel tiene el deporte en tu vida?
2. ¿Qué deporte practicabas cuando eras niño/a?
3. ¿Quién es tu deportista favorito/a? ¿Por qué?
4. Observa los fotogramas. ¿Qué está sucediendo en cada uno?
5. Piensa en el título del cortometraje. ¿Qué es para ti el "espíritu deportivo"?
6. Observa el afiche del cortometraje. ¿Crees que la historia será una comedia o un drama?

Practice more at **facetas.vhlcentral.com**.

GANADOR DEL 3er CONCURSO NACIONAL DE PROYECTOS DE CORTOMETRAJE, MÉXICO 2004

espíritu deportivo

Una Producción de CONACULTA/INSTITUTO MEXICANO DE CINEMATOGRAFÍA Guión y Dirección JAVIER BOURGES
Fotografía SERGEI SALDÍVAR TANAKA Edición JAVIER BOURGES Diseño Sonoro AURORA OJEDA
Música EDUARDO GAMBOA Dirección de Arte ÁLVARO CHÁVEZ
Actores MAX KERLOW/MA. ELENA OLIVARES/PEPE URCELAY/FAMESIO DE BERNAL/JOSÉ L. AVENDAÑO/
RAFAEL G. MIYAGUI/VÍCTOR H. ARANA/JOSÉ L. HUERTA/BALTIMORE BELTRÁN/LUIS ÁVILA/RENÉ CAMPERO/
GEORGINA GONZÁLEZ/MA. FERNANDA GARCÍA

Escenas

ARGUMENTO El futbolista Efrén "El Corsario" Moreno ha muerto de un ataque al corazón. Su familia y amigos lo están velando°.

REPORTERA Sin duda, extrañaremos al autor de aquel gran gol de chilena° con el que eliminamos a Brasil del Mundial de Honduras de 1957.

REPORTERA Don Tacho, ¿es cierto que usted dio el pase para aquel famoso gol?
TACHO Claro que sí, yo le mandé como veinte pases al área penal, pero él nada más anotó esa sola vez.

JUANITA Quiso ser enterrado con el balón de fútbol con las firmas de todos los que jugaron con él en aquel partido con Uru... con... con Brasil. Se irá a la tumba° con sus trofeos° y con su uniforme, como un gran héroe.

MARACA Tacho, eres un hablador. Estás mal. Tú ni siquiera fuiste a ese Mundial. Es más, cien pesos a que te lo compruebo.
TACHO Y cien pesos más que estuve en el juego.

MARACA A ver, ¿dónde está tu firma?
TACHO Aquí debe estar... ¡Ya la borraron!
(Molesto porque no encuentra su firma y patea el balón.)

(El balón cae sobre la guitarra de un grupo de jóvenes y la rompe.)
HUGO Si no le pagan la guitarra aquí a mi carnal°, no les regresamos° su balón. ¿Cómo ven?

velando *holding a wake* **de chilena** *scissor kick* **tumba** *grave* **trofeos** *trophies* **carnal** *buddy* **regresamos** *give back*

Después de ver el corto

1 Oraciones Indica si estas oraciones son **ciertas** o **falsas**. Luego, en parejas, corrijan las falsas.

1. El Corsario Moreno es un jugador famoso del fútbol mexicano de los años 50.
2. El Corsario Moreno murió en un accidente de tráfico.
3. México ganó contra Brasil en el Mundial de 1957 con un gol que metió El Tacho.
4. Según El Tacho, él pasó muchas veces el balón a El Corsario, pero El Corsario anotó sólo una vez.
5. El balón de El Corsario tiene las firmas de los que jugaron contra Brasil.
6. La misa le cuesta a Juanita doscientos pesos.
7. Cuando El Tacho patea el balón, el balón cae sobre la guitarra y la rompe.
8. El Tacho jugaba como portero en la selección nacional.
9. El Tacho y sus amigos pierden el partido en el parque.
10. El Corsario ayuda a El Tacho y a sus amigos a ganar el partido.

2 Interpretar En parejas, contesten las preguntas.

1. ¿Crees que El Tacho jugó en el partido contra Brasil?
2. ¿Piensas que el sacerdote admira a El Corsario Moreno? ¿Cómo lo sabes?
3. ¿Quién se queda con el balón al final?
4. ¿Por qué crees que El Corsario regresa voluntariamente al ataúd?
5. ¿Crees que el cortometraje tiene un final feliz?

3 Eres médium En parejas, imaginen que uno/a de ustedes es médium. El/La otro/a es una de las personas de la lista. Escriban una entrevista. Luego, compártanla con la clase.

- Lucille Ball
- Mohandas "Mahatma" Gandhi
- Frida Kahlo
- Martin Luther King, Jr.
- Abraham Lincoln
- Paul Newman
- Eva Perón
- Babe Ruth
- William Shakespeare

4 El fantasma En grupos de cuatro, escriban un diálogo; luego, dos miembros del grupo deben representarlo frente a la clase.

- Imaginen que el fantasma de un(a) deportista famoso/a regresa de la tumba para darle consejos a un(a) joven aspirante.
- Le cuenta de qué se arrepiente, qué cosas volvería a hacer o qué cambiaría, le explica su filosofía de vida y cuál fue su mayor triunfo.
- Finalmente, le entrega un amuleto relacionado con su carrera deportiva.

Practice more at **facetas.vhlcentral.com**.

Calesita en la plaza, 1999
Aldo Severi, Argentina

"No está la felicidad en vivir, sino en saber vivir."

— Diego de Saavedra Fajardo

Antes de leer

Idilio

Sobre el autor

Mario Benedetti (1920–2009) nació en Tacuarembó, Uruguay. Su volumen de cuentos publicado en 1959, *Montevideanos*, lo consagró como escritor, y dos años más tarde alcanzó fama internacional con su segunda novela, *La tregua*, con un fuerte contenido sociopolítico. Tras diez años de exilio en Argentina, Perú, Cuba y España, regresó a Uruguay en 1983. El exilio que lo alejó de su patria y de su familia dejó una profunda huella (*mark*) tanto en su vida personal como en su obra literaria. Benedetti incursionó en todos los géneros (*genres*): poesía, cuento, novela y ensayo. El amor, lo cotidiano, la ausencia, el retorno y el recuerdo son temas constantes en la obra de este prolífico escritor. En 1999, ganó el Premio Reina Sofía de Poesía Iberoamericana.

Vocabulario

colocar *to place (an object)*
hondo/a *deep*
la imagen *image; picture*
la pantalla *(television) screen*

por primera/última vez *for the first/last time*
redondo/a *round*
señalar *to point to; to signal*
el televisor *television set*

Practicar Completa las oraciones con palabras o frases del vocabulario.

1. Voy a _____ el televisor sobre la mesa.
2. Julio me _____ la calle que debo tomar, pero no quiso ir conmigo.
3. En lo más _____ de mi corazón, guardo el recuerdo de mi primera novela.
4. Ayer salí _____ en la televisión y me invitaron a participar en otro programa la semana que viene.

Conexión personal ¿Cómo te entretenías cuando eras niño/a? ¿A qué jugabas? ¿Mirabas mucha televisión? ¿Tus padres establecían límites y horarios? ¿Qué harás tú cuando tengas hijos?

Análisis literario: las formas verbales

Las formas verbales son un factor muy importante para tener en cuenta al analizar obras literarias. La elección de formas verbales es una decisión deliberada del autor y afecta al tono del texto. El uso de un registro formal o informal puede hacer el texto más o menos cercano al lector. La elección de tiempos verbales también puede tener efectos como involucrar o distanciar al lector, dar o quitar formalidad, hacer que la narración parezca más oral, etc. A medida que lees *Idilio*, presta atención a los tiempos verbales que usa Benedetti. ¿Qué tono dan a la historia estas elecciones deliberadas del autor?

Practice more at **facetas.vhlcentral.com.**

IDILIO

Mario Benedetti

La noche en que colocan a Osvaldo (tres años recién cumplidos) por primera vez frente a un televisor (se exhibe un drama británico de hondas resonancias), queda hipnotizado, la boca entreabierta°, los ojos redondos de estupor.

half-opened

La madre lo ve tan entregado al sortilegio° de las imágenes que se va tranquilamente a la cocina. Allí, mientras friega ollas y sartenes°, se olvida del niño. Horas más tarde se acuerda, pero piensa: "Se habrá dormido". Se seca las manos y va a buscarlo al living.

surrendered to the magic 5

washes pots and pans

La pantalla está vacía°, pero Osvaldo se mantiene en la misma postura y con igual mirada extática.

empty; blank

10

—Vamos. A dormir —conmina° la madre.

orders

—No —dice Osvaldo con determinación.

—¿Ah, no? ¿Se puede saber por qué?

—Estoy esperando.

15

—¿A quién?

—A ella.

Y señaló el televisor.

—Ah. ¿Quién es ella?

—Ella.

20

Y Osvaldo vuelve a señalar la pantalla. Luego sonríe, candoroso°, esperanzado, exultante.

innocent; naïve

—Me dijo: "querido". ■

Idilio

Mario Benedetti

1 **Comprensión** Contesta las preguntas con oraciones completas.

1. ¿Cómo se llama el protagonista de esta historia?
2. ¿Cómo se queda el niño cuando está por primera vez delante del televisor?
3. ¿Qué hace la madre mientras Osvaldo mira la televisión?
4. Cuando la madre va a buscarlo horas más tarde, ¿cómo está la pantalla?
5. ¿Qué piensa Osvaldo que le dice la televisión?

2 **Interpretar** Contesta las preguntas.

1. Según Osvaldo, ¿quién le dijo "querido"? ¿Qué explicación lógica le puedes dar a esta situación?
2. En el cuento, la madre se olvida del hijo por varias horas. ¿Crees que este hecho es importante en la historia? ¿Crees que el final sería distinto si se tratara sólo de unos minutos frente al televisor?
3. ¿Crees que la televisión puede ser adictiva para los niños? ¿Y para los adultos? ¿Qué consecuencias crees que tiene la adicción a la televisión?

3 **Imaginar** En grupos, imaginen que un grupo de padres solicita una audiencia con el/la director(a) de programación infantil de una popular cadena de televisión. Los padres quieren sugerir cambios en la programación del canal. Miren la programación y, después, contesten las preguntas.

CANAL 7					
6:00	**6:30**	**7:00**	**8:00**	**9:15**	**10:00**
Trucos para la escuela Cómo causar una buena impresión con poco esfuerzo	**Naturaleza viva** Documentales	**Mi familia latina** Divertida comedia sobre un joven estadounidense que va a México como estudiante de intercambio	**Historias policiales** Ladrones, crímenes y accidentes	**Buenas y curiosas** Noticiero alternativo que presenta noticias buenas y divertidas de todo el mundo	**Dibujos animados clásicos** Conoce los dibujos animados que miraban tus padres

- ¿Qué programas quieren pedir que cambien? ¿Por qué?
- ¿Qué programas deben seguir en la programación?
- ¿Qué otros tipos de programas se pueden incluir?
- ¿Harían cambios en los horarios? ¿Qué cambios harían?

4 **Escribir** Piensa en alguna anécdota divertida de cuando eras niño/a. Cuenta la anécdota en un párrafo usando el tiempo presente.

> **MODELO** Un día estoy con mi hermano en el patio de mi casa jugando a la pelota. De repente, …

Practice more at **facetas.vhlcentral.com.**

Antes de leer

Vocabulario

la corrida *bullfight*	**el ruedo** *bullring*
lidiar *to fight bulls*	**torear** *to fight bulls in the bullring*
el/la matador(a) *bullfighter who kills the bull*	**el toreo** *bullfighting*
	el/la torero/a *bullfighter*
la plaza de toros *bullfighting stadium*	**el traje de luces** *bullfighter's outfit (lit. costume of lights)*

El toreo Completa las oraciones con palabras y frases del vocabulario.

1. Ernest Hemingway era un aficionado al _____. Asistió a muchas _____ y las describió en detalle en sus obras.

2. El _____ es la persona que mata al toro al final. Siempre lleva un _____ de colores brillantes.

3. Manolete fue un _____ español muy famoso que fue herido por un toro y que murió al poco tiempo.

4. No se permite que el público baje al _____ porque los toros pueden ser muy peligrosos.

Conexión personal ¿Conoces alguna costumbre local o alguna tradición estadounidense que cause mucha controversia? ¿Hay deportes que resultan muy problemáticos o controvertidos para algunas personas? ¿Por qué? ¿Cuál es tu opinión al respecto?

Contexto cultural

En Fresnillo, México, en 1940 una mujer tomó una espada y se puso un traje de luces —una blusa y falda bordadas de adornos brillantes— para promover la causa de la igualdad en un terreno casi completamente dominado por los hombres: el toreo. **Juanita Cruz** había nacido en Madrid en 1917, cuando aún no se permitía a las mujeres torear a pie en el ruedo. En batalla constante contra obstáculos legales, Cruz consiguió lidiar en múltiples novilladas (*bullfights with young bulls*) en su país. Pero cuando terminó la guerra civil, al ver que Franco imponía estrictamente las leyes de prohibición del toreo a las mujeres, Cruz dejó España con rumbo a (*headed for*) México y se convirtió en torera oficial. Fue todo un fenómeno, la primera gran matadora de la historia, y en el proceso abrió camino para otras mujeres, como las españolas Cristina Sánchez y Mari Paz Vega. Hoy día la presencia de toreras añade sólo un nivel más a la controversia constante y a veces apasionada que marca el toreo. ¿Cuál es tu impresión? ¿Cambia la imagen del toreo con toreras lidiando junto a toreros?

Practice more at facetas.vhlcentral.com.

El toreo: ¿Cultura o tortura?

Hay pocas cosas tan emblemáticas en el mundo hispano, y a la vez tan polémicas, como el toreo. Los días de corrida, hasta cuarenta mil aficionados se sientan en la Plaza Monumental de México, la plaza de toros más grande del mundo. Sin embargo, la opinión
5   pública está profundamente dividida: algunos defienden con orgullo esta tradición que sobrevive desde tiempos antiguos y otros se levantan en protesta antes del final.

origins

Las raíces° del toreo son diversas. Los celtibéricos dejaron en España restos de

10 templos circulares, precursores de las plazas actuales, donde sacrificaban animales. Los

slaughter griegos y romanos practicaban la matanza° ritual de toros en ceremonias públicas sagradas. Sin embargo, fue en la España del

developed 15 siglo XVIII donde se desarrolló° la corrida que conocemos y se introdujeron la muleta, una capa muy fácil de manejar, y el estoque, la espada del matador.

El aficionado de hoy

20 considera que el toreo

rite, ceremony es más un rito° que un espectáculo, ciertamente no un deporte. Es una lucha desigual, a muerte, entre

25 una persona —armada con sólo la capa la mayor parte del tiempo— y el toro, bestia que pesa° hasta más de media

weighs tonelada. El torero se prepara para el duelo como para una ceremonia: se viste con el

30 traje de luces tradicional y actúa dirigido por el ritmo de la música. Se enfrenta al animal con su arte y su inteligencia, y generalmente

risk gana, aunque no siempre. El riesgo° de una

goring cornada° grave forma parte de la realidad del

35 torero, que en su baile peligroso muestra su talento y su belleza. Para el defensor de las corridas, no matar al toro al final es como

> **" El toreo es cabeza y plasticidad, porque a fuerza siempre gana el toro. "**

jugar con él, una falta de respeto al animal, al público y a la tradición.

Quienes se oponen a las corridas dicen 40 que es una lucha injusta y cruel. Hay gente que piensa que el toreo es una barbarie° savagery similar a la de los juegos de los romanos, una costumbre primitiva que no tiene sentido en una sociedad moderna y civilizada. Protestan 45 contra la crueldad de una muerte lenta y prolongada, dedicada al entretenimiento. En respuesta a las protestas, en algunos países ha aparecido una alternativa, la "corrida sin 50 sangre°", donde no se permite bloodless bullfight hacer daño físico° al toro. to hurt Pero otros sostienen que esta corrida tortura igualmente a la bestia y, por tanto, han 55 prohibido el toreo por completo. En julio de 2010, el Parlamento catalán abolió las corridas de toros en Cataluña, España, con 68 votos a favor de la prohibición y 55 en contra.

Por último, a algunas personas les indigna 60 la idea machista de que sólo un hombre tiene la fuerza y el coraje para lidiar. Las toreras pioneras como Juanita Cruz tuvieron que coserse° su propio traje de luces, con falda en to sew vez de pantalón, y cruzar océanos para poder 65 ejercer su profesión. Incluso en tiempos recientes, algunos toreros célebres como el español Jesulín de Ubrique se han negado° a have refused lidiar junto a una mujer.

La torera más famosa de nuestra época, 70 Cristina Sánchez, sostiene que no es necesario ser hombre para lidiar con éxito: "El toreo es cabeza y plasticidad°, porque a fuerza agility siempre gana el toro." En su opinión, el derecho de torear es incuestionable, una 75 parte de la cultura hispana. No obstante, su profesión provoca tanta división que a veces el duelo entre la bestia y la persona es empequeñecido° por la batalla dwarfed entre las personas. ∎ 80

¿Dónde hay corridas?

Toreo legalizado: España (excepto en Cataluña), México, Colombia, Ecuador, Perú, Venezuela

Corridas sin sangre: Bolivia, Nicaragua, Estados Unidos

Toreo ilegalizado: Argentina, Chile, Cuba, Uruguay

¡Olé! ¡Olé!

El público también tiene su papel en las corridas: evalúa el talento del torero. La interjección "¡olé!" se oye frecuentemente para celebrar una acción particularmente brillante y expresar admiración. De origen árabe, contiene la palabra "alá" (Dios) y significa literalmente "¡por Dios!".

Después de leer

El toreo: ¿cultura o tortura?

(1) Comprensión Responde a las preguntas con oraciones completas.

1. ¿En qué país se encuentra la plaza de toros más grande del mundo?
2. ¿Qué hacían los celtibéricos en sus templos circulares?
3. ¿Qué es el toreo según un aficionado?
4. ¿Cómo se prepara el torero para la corrida?
5. Para quienes se oponen al toreo, ¿cuáles son algunos de los problemas?
6. ¿Qué es una "corrida sin sangre"?
7. ¿Qué sucedió en Cataluña en julio de 2010?
8. Según Cristina Sánchez, ¿sólo los hombres pueden lidiar bien?

(2) Opinión Responde a las preguntas con oraciones completas.

1. ¿Te gustaría asistir a una corrida? ¿Por qué?
2. ¿Qué opinas del duelo entre toro y torero/a? ¿Hay algún aspecto especialmente problemático para ti?
3. ¿Qué piensas de las alternativas al toreo tradicional como la "corrida sin sangre"? ¿Es una solución adecuada para proteger a los animales?
4. En tu opinión, ¿es más cruel la vida de un toro destinado al toreo o la de una vaca destinada a una carnicería?

(3) ¿Qué piensan? Trabajen en parejas para contestar las preguntas. Luego compartan sus respuestas con la clase.

1. Un eslogan conocido en las protestas antitaurinas es: "Tortura no es arte ni cultura". ¿Qué significa esta frase?
2. ¿Hay acciones cuestionables que se justifiquen porque son parte de una costumbre o tradición? ¿Cuál es la postura de ustedes en el debate? ¿Por qué?
3. ¿Es apropiado tener una opinión sobre las tradiciones de culturas diferentes a la tuya o es necesario aceptar sin criticar?
4. ¿Creen que el gobierno tiene derecho a reglamentar (*regulate*) o prohibir tradiciones o costumbres? Den ejemplos.

(4) Postales Imagina que viajaste a algún país donde son legales las corridas de toros y tus amigos te invitaron a una corrida. Escribe una postal a tu familia para contarles qué sucedió. Usa estas preguntas como guía: ¿Aceptaste la invitación o no? ¿Por qué? Si fuiste a la corrida, ¿qué te pareció? ¿Te sentiste obligado/a a asistir por respeto a la cultura local?

MODELO Querida familia: Les escribo desde Guadalajara, una ciudad al noroeste de México. No saben dónde me llevaron mis amigos este fin de semana...

(5) Animales En parejas, hagan una lista de tradiciones, costumbres o deportes en los que las personas utilizan a los animales como entretenimiento. Después, compartan su lista con el resto de la clase y debatan sobre qué actividades son perjudiciales para los animales y cuáles no. Justifiquen sus respuestas.

Practice more at **facetas.vhlcentral.com.**

Atando cabos

¡A conversar!

La música y el deporte Trabajen en grupos de cuatro o cinco para preparar una presentación sobre un(a) cantante o deportista latino/a famoso/a.

Presentaciones

Tema: Pueden preparar una presentación sobre un(a) cantante o deportista famoso/a que les guste.

Investigación: Busquen información en Internet o en la biblioteca. Una vez reunida la información necesaria, elijan los puntos más importantes y seleccionen material audiovisual. Informen a su profesor(a) acerca de estos materiales para contar con los medios necesarios el día de la presentación.

Organización: Hagan un esquema (*outline*) que los ayude a planear la presentación.

Presentación: Traten de promover la participación a través de preguntas y alternen la charla con los materiales audiovisuales. Recuerden tener a mano los materiales de la investigación para responder preguntas adicionales de sus compañeros.

¡A escribir!

Correo electrónico Imagina que tus padres vienen a visitarte por un fin de semana. Llevas varios días haciendo planes para que el fin de semana sea perfecto y tienes miedo de que tu novio/a se olvide de los planes y meta la pata (*put one's foot in one's mouth*). Mándale un mensaje por correo electrónico para recordarle los planes y lo que debe hacer.

Plan de redacción

Un saludo informal: Comienza tu mensaje con un saludo informal, como: **Hola**, **Qué tal**, **Qué onda**, etc.

Contenido: Organiza tus ideas para no olvidarte de nada.

1. Escribe una breve introducción para recordarle a tu novio/a qué cosas les gustan a tus padres y qué cosas no. Puedes usar estas expresiones: **(no) les gusta**, **les fascina**, **les encanta**, **les aburre**, **(no) les interesa**, **(no) les molesta**.

2. Recuérdale que tus padres son formales y elegantes, y explícale que tiene que arreglarse un poco para la ocasión. Usa expresiones como: **quitarse el arete**, **afeitarse**, **vestirse mejor**, **peinarse**, etc.

3. Recuérdale dónde van a encontrarse.

Despedida: Termina el mensaje con un saludo informal de despedida.

Audio: Vocabulary Flashcards

La música y el teatro

el álbum	album
el asiento	seat
el/la cantante	singer
el concierto	concert
el conjunto/grupo musical	musical group; band
el escenario	scenery; stage
el espectáculo	show
el estreno	premiere; debut
la función	performance (theater; movie)
el/la músico/a	musician
la obra de teatro	play
la taquilla	box office
aplaudir	to applaud
conseguir (e:i) boletos/entradas	to get tickets
hacer cola	to wait in line
poner un disco compacto	to play a CD

Los lugares de recreo

el cine	movie theater; cinema
el circo	circus
la discoteca	discotheque; dance club
la feria	fair
el festival	festival
el parque de atracciones	amusement park
el zoológico	zoo

Los deportes

el/la árbitro/a	referee
el campeón/la campeona	champion
el campeonato	championship
el club deportivo	sports club
el/la deportista	athlete
el empate	tie (game)
el/la entrenador(a)	coach; trainer
el equipo	team

el/la espectador(a)	spectator
el torneo	tournament
anotar/marcar (un gol/un punto)	to score (a goal/ a point)
desafiar	to challenge
empatar	to tie (games)
ganar/perder (e:ie) un partido	to win/lose a game
vencer	to defeat

Las diversiones

el ajedrez	chess
el billar	billiards
el boliche	bowling
las cartas/los naipes	(playing) cards
los dardos	darts
el juego de mesa	board game
el pasatiempo	pastime
la televisión	television
el tiempo libre/los ratos libres	free time
el videojuego	video game
aburrirse	to get bored
alquilar una película	to get/rent a movie
brindar	to make a toast
celebrar/festejar	to celebrate
dar un paseo	to take a stroll/walk
disfrutar (de)	to enjoy
divertirse (e:ie)	to have fun
entretener(se) (e:ie)	to entertain, amuse (oneself)
gustar	to like
reunirse (con)	to get together (with)
salir (a comer)	to go out (to eat)
aficionado/a (a)	fond of; a fan (of)
animado/a	lively
divertido/a	fun
entretenido/a	entertaining

Más vocabulario

Expresiones útiles	Ver p. 47
Estructura	Ver pp. 54–55, 58–59 y 62–63

Cinemateca

el ataúd	casket
el balón	ball
el campeonato	championship
la cancha	field
la misa	mass
el Mundial	World Cup
la prueba	proof
la señal	sign
deber (dinero)	to owe (money)
patear	to kick
deshecho/a	devastated
enterrado/a	buried
mujeriego	womanizer
¡Aguas!	Watch out! (Mex.)

Literatura

la imagen	image; picture
la pantalla	(television) screen
el televisor	television set
colocar	to place (an object)
señalar	to point to; to signal
hondo/a	deep
redondo/a	round
por primera/ última vez	for the first/last time

Cultura

la corrida	bullfight
el/la matador(a)	bullfighter who kills the bull
la plaza de toros	bullfighting stadium
el ruedo	bullring
el toreo	bullfighting
el/la torero/a	bullfighter
el traje de luces	bullfighter's outfit (lit. costume of lights)
lidiar	to fight bulls
torear	to fight bulls in the bullring

La vida diaria

Communicative Goals
You will expand your ability to...
- narrate in the past
- express completed past actions
- express habitual or ongoing past events and conditions

Audio: Vocabulary Activities

La vida diaria

En casa

el balcón *balcony*

la escalera *staircase*
el hogar *home; fireplace*
la limpieza *cleaning*
los muebles *furniture*
los quehaceres *chores*
_____
apagar *to turn off*
barrer *to sweep*
calentar (e:ie) *to warm up*
cocinar *to cook*
encender (e:ie) *to turn on*
freír (e:i) *to fry*
hervir (e:ie) *to boil*
lavar *to wash*
limpiar *to clean*
pasar la aspiradora *to vacuum*
poner/quitar la mesa *to set/clear the table*
quitar el polvo *to dust*
tocar el timbre *to ring the doorbell*

De compras

el centro comercial *mall*
el dinero en efectivo *cash*
la ganga *bargain*
el probador *dressing room*
el reembolso *refund*
el supermercado *supermarket*
la tarjeta de crédito/débito *credit/debit card*
_____
devolver (o:ue) *to return (items)*
hacer mandados *to run errands*
ir de compras *to go shopping*
probarse (o:ue) *to try on*
seleccionar *to select; to pick out*
_____
auténtico/a *real; genuine*
barato/a *cheap; inexpensive*
caro/a *expensive*

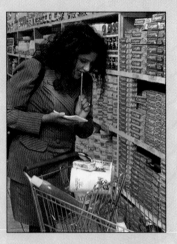

Camila **fue de compras** al **supermercado**, decidida a gastar lo menos posible. **Seleccionó** los productos más **baratos** y pagó con **dinero en efectivo**.

Expresiones

a menudo *frequently; often*
a propósito *on purpose*
a tiempo *on time*
a veces *sometimes*
apenas *hardly; scarcely*
así *like this; so*
bastante *quite; enough*
casi *almost*
casi nunca *rarely*
de repente *suddenly*
de vez en cuando *now and then; once in a while*
en aquel entonces *at that time*
en el acto *immediately; on the spot*
enseguida *right away*
por casualidad *by chance*

Desde que comenzó a trabajar en un restaurante, Emilia ha tenido que **acostumbrarse** al **horario** de chef. ¡La nueva **rutina** no es tan fácil! **Suele** volver a la casa después de la medianoche.

la agenda *datebook*
la costumbre *custom; habit*
el horario *schedule*
la rutina *routine*
la soledad *solitude; loneliness*

acostumbrarse (a) *to get used to; to grow accustomed (to)*
arreglarse *to get ready*
averiguar *to find out; to check*
probar (o:ue) (a) *to try*
soler (o:ue) *to be in the habit of; to be used to*

atrasado/a *late*
cotidiano/a *everyday*
diario/a *daily*
inesperado/a *unexpected*

Práctica

 1 **Escuchar**

A. Escucha lo que dice Julián y luego decide si las oraciones son **ciertas** o **falsas**. Corrige las falsas.

1. Julián tiene muchas cosas que hacer.
2. Julián está en un supermercado.
3. Julián tiene que quitar el polvo de los muebles y pasar la aspiradora.
4. Él siempre sabe dónde está todo.
5. Él encuentra su tarjeta de crédito debajo de la escalera.
6. Julián recibe una visita inesperada.

B. Escucha la conversación entre Julián y la visita inesperada y después contesta las preguntas con oraciones completas.

1. ¿Quién está tocando el timbre?
2. ¿Qué tiene que hacer ella?
3. ¿Qué quiere devolver?
4. ¿Eran caros los pantalones?
5. ¿Qué hace Julián antes de ir al centro comercial con ella?
6. ¿Es seguro que María puede devolver los pantalones? ¿Por qué?

2 **No pertenece** Indica qué palabra no pertenece a cada grupo.

1. limpiar–pasar la aspiradora–barrer–calentar
2. de repente–auténtico–casi nunca–enseguida
3. balcón–escalera–muebles–soler
4. hacer mandados–a tiempo–ir de compras–probarse
5. costumbre–rutina–cotidiano–apagar
6. quitar el polvo–barato–caro–ganga
7. quehaceres–hogar–soledad–limpieza
8. barrer–acostumbrarse–soler–cotidiano

Práctica

3 **Julián y María** Completa el párrafo con las palabras o expresiones de la lista.

a diario	cotidiano	horario	soledad
a tiempo	en aquel entonces	por casualidad	soler

Julián y María se conocieron un día (1) _____ en el supermercado. Julián estaba muy contento por haber conocido a María porque, (2) _____, él era nuevo en el barrio y no conocía a nadie. A él no le gusta la (3) _____. Desde aquel día, se ven casi (4) _____. Durante la semana, ellos (5) _____ quedar para tomar un café después del trabajo, pues los dos tienen (6) _____ similares.

4 **Una agenda muy ocupada** Sara tiene mucho que hacer antes de su cita con Carlos esta noche. Ha apuntado todo en su agenda, pero está muy atrasada.

A. En parejas, comparen el horario de Sara con la hora en que realmente logra hacer (*accomplishes*) cada actividad.

VIERNES, 15 DE OCTUBRE

1:00	*¡Hacer mandados!*	5:00	*Hacer la limpieza*
2:00	*Banco: nueva tarjeta de débito*	6:00	*Cocinar, poner la mesa*
3:00	*Centro comercial: comprar vestido*	7:00	*Arreglarme*
4:00	*Supermercado: pollo, arroz, verduras*	8:00	*Cita con Carlos ♡*

MODELO
—¿A qué hora recoge (*does she pick*) la nueva tarjeta de débito?
—Sara quiere recogerla a las dos, pero no logra hacerlo hasta las dos y media.

2:30

1. 4:00

2. 5:30

3. 6:45

4. 7:30

5. 7:45

6. 8:00

B. Ahora improvisen una conversación entre Carlos y Sara. ¿Creen que los dos lo pasan bien? ¿Creen que van a tener otra cita?

Practice more at **facetas.vhlcentral.com.**

Comunicación

5 Los quehaceres

A. En grupos de cuatro, túrnense para preguntar con qué frecuencia sus compañeros hacen los quehaceres de la lista. Combinen palabras de cada columna en sus respuestas y añadan sus propias ideas.

barrer	almuerzo	todos los días
cocinar	aspiradora	a menudo
lavar	balcón	a veces
limpiar	cuarto	de vez en cuando
pasar	polvo	casi nunca
quitar	ropa	nunca

MODELO —¿Con qué frecuencia barres el balcón?
—Lo barro de vez en cuando, especialmente si vienen invitados.

B. Ahora compartan la información con la clase y decidan quién es la persona más ordenada y la más desordenada.

6 Agendas personales

A. Primero, escribe tu horario para esta semana. Incluye algunas costumbres de tu rutina diaria y también actividades inesperadas de esta semana.

lunes
martes
miércoles
jueves
viernes
sábado
domingo

B. En parejas, pregúntense sobre sus horarios. Comparen sus rutinas diarias y los eventos de esta semana. ¿Tienen costumbres parecidas? ¿Tienen algunas actividades en común? ¿Cuáles?

C. Utiliza la información para escribir un párrafo breve sobre la vida cotidiana de tu compañero/a. ¿Le gusta la rutina? ¿Disfruta de lo inesperado? ¿Llena su agenda con actividades sociales o prefiere estar en casa? Comparte tu párrafo con la clase.

Video: *Fotonovela*

Diana y Fabiola conversan sobre la vida diaria. Aguayo pide ayuda con la limpieza, pero casi todos tienen excusas.

1

FABIOLA Odio los lunes.

DIANA Cuando tengas tres hijos, un marido y una suegra, odiarás los fines de semana.

FABIOLA ¿Discutes a menudo con tu familia?

DIANA Siempre tenemos discusiones. La mitad las ganan mis hijos y mi esposo. Mi suegra gana la otra mitad.

2

FABIOLA ¿Te ayudan en las tareas del hogar?

DIANA Ayudan, pero casi no hay tiempo para nada. Hoy tengo que ir de compras con la mayor de mis hijas.

FABIOLA ¿Y por qué no va ella sola?

DIANA Hay tres grupos que gastan el dinero ajeno, Fabiola: los políticos, los ladrones y los hijos... Los tres necesitan supervisión.

3

FABIOLA Tengan cuidado en las tiendas. Hace dos meses andaba de compras y me robaron la tarjeta de crédito.

DIANA ¿Y fuiste a la policía?

FABIOLA No.

DIANA ¿Lo dices así, tranquilamente? Te van a arruinar.

FABIOLA No creas. El que me la robó la usa menos que yo.

6

Más tarde en la cocina...

AGUAYO El señor de la limpieza dejó un recado diciendo que estaba enfermo. Voy a pasar la aspiradora a la hora del almuerzo. Si alguien desea ayudar...

FABIOLA Tengo una agenda muy llena para el almuerzo.

DIANA Yo tengo una reunión con un cliente.

7

ÉRIC Tengo que... Tengo que ir al banco. Sí. Voy a pedir un préstamo.

JOHNNY Yo tengo que ir al dentista. No voy desde la última vez... Necesito una limpieza.

Aguayo y Mariela se quedan solos.

8

Diana regresa del almuerzo con unos dulces.

DIANA Les traje unos dulces para premiar su esfuerzo.

AGUAYO Gracias. Los probaría todos, pero estoy a dieta.

DIANA ¡Qué bien! Yo también estoy a dieta.

MARIELA ¡Pero si estás comiendo!

DIANA Sí, pero sin ganas.

AGUAYO

DIANA

ÉRIC

FABIOLA

JOHNNY

MARIELA

(4)

En la oficina de Aguayo...

MARIELA ¿Necesita ayuda?

AGUAYO No logro hacer que funcione.

MARIELA Creo que Diana tiene una pequeña caja de herramientas.

AGUAYO ¡Cierto!

Aguayo sale de la oficina. Mariela le da una patada a la aspiradora.

(5)

AGUAYO ¡Aceite lubricante y cinta adhesiva! ¿Son todas las herramientas que tienes?

DIANA ¡Claro! Es todo lo que necesito. La cinta para lo que se mueva y el aceite para lo que no se mueva.

Se escucha el ruido de la aspiradora encendida.

AGUAYO Oye... ¿Cómo lo lograste?

MARIELA Fácil... Me acordé de mi ex.

(9)

Fabiola y Johnny llegan a la oficina. Mariela está terminando de limpiar.

JOHNNY ¡Qué pena que no llegué a tiempo para ayudarte!

FABIOLA Lo mismo digo yo. Y eso que almorcé tan deprisa que no comí postre.

MARIELA Si gustan, quedan dos dulces en la cocina. Están riquísimos... (*habla sola mirando el aerosol*) Y no hubiera sido mala idea echarles un poco de esto.

(10)

Johnny y Fabiola vuelven de la cocina.

JOHNNY Qué descortés eres, Fabiola. Si yo hubiera llegado primero, te habría dejado el dulce grande a ti.

FABIOLA ¿De qué te quejas, entonces? Tienes lo que querías y yo también. Por cierto, ¿no estuviste en el dentista?

JOHNNY Los dulces son la mejor anestesia.

Expresiones útiles

Talking about the past

No llegué a tiempo para ayudarte.
I didn't get here on time to help you.

¿Y fuiste a la policía?
And did you go to the police?

El señor de la limpieza dejó un recado.
The janitor left a message.

Tienes lo que querías.
You have what you wanted.

Estaba enfermo.
He was sick.

Expressing strong dislikes

¡Odio... !
I hate...!

¡No me gusta nada... !
I don't like... at all!

Detesto...
I detest...

No soporto...
I can't stand...

Estoy harto/a de...
I am fed up with...

Additional vocabulary

acordarse *to remember*
ajeno/a *somebody else's*
andar *to be (doing something); to walk*
la caja de herramientas *toolbox*
el ladrón/la ladrona *thief*
lograr *to manage to; to achieve*
la mitad *half*
la patada *kick*
premiar *to give a prize*
¡Qué pena! *What a shame!*

Comprensión

1 ¿Quién lo dijo? Indica quién dijo estas oraciones.

Aguayo   **Diana**   **Éric**

Fabiola   **Johnny**   **Mariela**

_____ 1. ¿Necesita ayuda?

_____ 2. Si alguien desea ayudar…

_____ 3. Tengo una agenda muy llena.

_____ 4. Tengo una reunión con un cliente.

_____ 5. Tengo que ir al banco.

_____ 6. Tengo que ir al dentista.

2 Relacionar Escribe oraciones que conecten las frases de las dos columnas usando **porque**.

____ 1. Diana odia los fines de semana…

____ 2. Diana quiere ir de compras con su hija…

____ 3. Fabiola dice que tengan cuidado en las tiendas…

____ 4. Fabiola no fue a la policía…

____ 5. Aguayo pasará la aspiradora…

____ 6. Aguayo no prueba los dulces…

a. está a dieta.

b. el ladrón usa la tarjeta de crédito menos que ella.

c. hace dos meses le robaron la tarjeta de crédito.

d. el señor que limpia está enfermo.

e. no quiere que gaste mucho dinero.

f. discute mucho con su familia.

3 Seleccionar Selecciona la opción que expresa la misma idea.

1. Odio los lunes.
   a. No soporto los lunes.   b. No detesto los lunes.   c. Me gustan los lunes.

2. Tengo una agenda muy llena para el almuerzo.
   a. Tengo planeado un almuerzo.   b. Tengo muchas tareas a la hora del almuerzo.   c. No tengo mi agenda aquí.

3. Tienes lo que quieres.
   a. Tu deseo se cumplió.   b. Tienes razón.   c. Te quiero.

4. Lo mismo digo yo.
   a. ¡Ni modo!   b. No creas.   c. Estoy de acuerdo.

Practice more at **facetas.vhlcentral.com.**

Ampliación

4 **Excusas falsas** Aguayo pide ayuda para limpiar la oficina, pero sus compañeros le dan excusas. Escribe qué preguntas puede hacer Aguayo para descubrir sus mentiras. Después, en grupos de cinco, representen a los personajes y dramaticen la situación.

5 **Opiniones** En grupos de tres, contesten las preguntas. Si es posible, den ejemplos de la vida cotidiana.

1. ¿Es necesario a veces dar excusas falsas? ¿Por qué?
2. Describe una situación reciente en la que usaste una excusa falsa. ¿Por qué lo hiciste? ¿Se enteraron los demás?
3. ¿Es mejor decir la verdad siempre? ¿Por qué?

6 **Apuntes culturales** En parejas, lean los párrafos y contesten las preguntas.

La agenda diaria

¡Diana se queja de que no hay tiempo para nada! En muchos países hispanos, las horas del día se expresan utilizando números del 0 al 23. Muchas agendas en español usan este horario modelo, es decir que **10 p.m.** se indica **22:00** ó **22h.** ¡Pobre Diana! ¡Con tanto trabajo, necesita que el día tenga más horas!

La hora del almuerzo

Fabiola tiene una agenda muy ocupada para el almuerzo. En España y pueblos de Latinoamérica, este descanso suele ser de 13:00 a 16:00. Los que trabajan cerca vuelven a sus casas pero, en las grandes ciudades españolas, algunas personas lo aprovechan además para hacer mandados, compras o ir al gimnasio. ¿Qué tendrá que hacer Fabiola que sea más importante que limpiar la oficina?

¿Servicios bancarios en el supermercado?

Éric tiene que ir al banco a pedir un préstamo. En Hispanoamérica, la mayoría de los préstamos y los pagos de servicios se realizan en el banco. No obstante, en países como Argentina, Costa Rica y Perú, las cuentas de gas, electricidad y teléfono también se pueden pagar en el supermercado.

1. ¿Cómo se puede expresar *2 p.m.* y *8 p.m.* en español?
2. En tu país, ¿cuántas horas se toman normalmente los empleados para almorzar? ¿Qué hacen durante ese descanso?
3. ¿Cuáles son los horarios comerciales de la ciudad donde vives? ¿Te parecen suficientes?
4. ¿A qué hora sueles almorzar? ¿Dónde?
5. ¿Cómo pagas los servicios como electricidad y teléfono? ¿Te resulta conveniente tu método de pago? ¿Te gustaría poder pagarlos en el supermercado?

En detalle

ESPAÑA

 Additional Reading

LA FAMILIA REAL

El Rey Juan Carlos I y la Reina Sofía salen de la Misa de Domingo de Ramos en Mallorca.

En 1948, el general Francisco Franco tomó bajo su tutela° al niño Juan Carlos de Borbón, que entonces tenía sólo diez años. Su plan era formarlo ideológicamente para que fuera su sucesor. En 1975, tras la muerte del dictador y en contra de todas las predicciones, lo primero que hizo Juan Carlos I fue trabajar para establecer la democracia en España.

La Familia Real española es una de las más queridas de las diez que todavía quedan en Europa. Juan Carlos I es famoso por su simpatía y su facilidad para complacer° a los ciudadanos españoles. Don Juan Carlos y doña Sofía llevan una vida sencilla, sin excesivos protocolos. Su vida diaria está llena de compromisos° sociales y políticos, pero siempre tienen un poco de tiempo para dedicarse a sus pasatiempos. La gran pasión del Rey son los deportes, especialmente el esquí y la vela, y participa en competiciones anuales, donde se destaca° por su destreza°. La Reina, por su parte, colabora en muchos proyectos de ayuda social y cultural.

Rey Juan Carlos I   Reina Sofía

Infanta Elena   Infanta Cristina   Príncipe Felipe

Sus tres hijos, las Infantas° Elena y Cristina y el Príncipe Felipe, se casaron y formaron sus propias familias. Mantienen las mismas costumbres sencillas de los Reyes. No es raro verlos de compras en los centros comerciales que están cerca de sus viviendas. Apasionados del deporte, como su padre, han participado en las más importantes competiciones y llevan una vida relativamente discreta. Don Juan Carlos y doña Sofía van de vacaciones todos los veranos a la isla de Mallorca y se los puede ver, como si se tratara de una familia más, comiendo en las terrazas de la isla junto a sus hijos y nietos. En esas ocasiones, los paseantes° no dudan en acercarse y saludarlos. Esta cercanía de los monarcas con los ciudadanos ha conseguido que la Corona° sea una de las instituciones más valoradas por los españoles. ■

Regatas reales
El Rey Juan Carlos da nombre a la regata **Copa del Rey**, que tiene lugar todos los años en Palma de Mallorca. Su esposa da nombre a la **Regata Princesa Sofía**. La realeza no sólo presta su nombre para estas competencias: el Rey Juan Carlos participa de ambas con su yate llamado *Bribón*.

tutela *protection* **complacer** *to please* **compromisos** *engagements* **se destaca** *he stands out*
destreza *skill* **Infantas** *Princesses* **paseantes** *passers-by* **Corona** *Crown*

La familia

mima (Cu.) *mom*

pipo (Cu.) *dad*

amá (Col.) *mom*

apá (Col.) *dad*

tata (Arg. y Chi.) *grandpa*

carnal (Méx.) *brother; friend*

carnala (Méx.) *sister*

carnalita (Méx.) *little sister*

m'hijo/a (Amér. L.) *exp. to address a son or daughter*

chavalo/a (Amér. C.) *boy/girl*

chaval(a) (Esp.) *boy/girl*

Las compras diarias

En España, las grandes tiendas y también muchas tiendas pequeñas cierran los domingos. Por eso, los españoles realizan todas sus compras durante el resto de la semana. En algunos casos, las grandes tiendas, como El Corte Inglés, abren un domingo al mes. Las panaderías abren todos los días de la semana, ya que el pan es un producto imprescindible para los españoles.

En la región salvadoreña de Colonia la Sultana, el señor del pan pasa todos los días a las siete de la mañana con una canasta en la cabeza, repleta de pan fresco. Cuando las personas lo escuchan llegar, salen a la calle para comprarle pan. Los que se quedan dormidos, si quieren pan fresco, tienen que ir al pueblo de al lado.

En Argentina es muy común tomar soda (agua carbonatada). El sodero pasa una o dos veces por semana por las casas que solicitan entrega a domicilio. Se lleva los sifones° vacíos y deja sifones llenos.

LETIZIA ORTIZ

Letizia Ortiz nació en Oviedo el 15 de septiembre de 1972 en el seno de una familia trabajadora. Si alguien les hubiera dicho a sus padres que su hija iba a ser princesa, seguramente lo habrían tomado por loco. Esta joven inteligente y emprendedora° estudió periodismo y ejerció su profesión en algunos de los mejores medios españoles: el periódico *ABC*, y los canales CNN plus y TVE. Cuando se formalizó el compromiso° con el Príncipe Felipe, Letizia tuvo que dejar de trabajar y empezó un entrenamiento particular para ser princesa, ya que al casarse se convertiría en Princesa de Asturias. Su relación con el Príncipe se distingue por no haber respondido a la formalidad que se espera en estos casos. Poco antes de la boda, un periodista le preguntó: "¿Y cómo se declara un príncipe?", a lo que Letizia contestó: "Como cualquier hombre que quiere a una mujer".

❝ ... a partir de ahora y de forma progresiva voy a integrarme y a dedicarme a esta nueva vida con las responsabilidades y obligaciones que conlleva. ❞ (Letizia Ortiz)

Conexión Internet

¿Qué tareas oficiales realiza Juan Carlos I como autoridad del gobierno español?

To research this topic, go to **facetas.vhlcentral.com.**

---

emprendedora *enterprising* compromiso *engagement* sifones *siphons*

¿Qué aprendiste?

1 ¿Cierto o falso? Indica si las oraciones son **ciertas** o **falsas**. Corrige las falsas.

1. El general Francisco Franco quería que Juan Carlos de Borbón fuera su sucesor.
2. El general Franco trabajó mucho para establecer la democracia en España.
3. La vida de los Reyes se caracteriza por la formalidad y el protocolo.
4. El Rey Juan Carlos es muy aficionado a los deportes.
5. La Reina participa en competiciones de esquí.
6. La Infanta Cristina es soltera.
7. La Familia Real pasa las vacaciones de verano en Mallorca.
8. A muchos españoles les gusta la Familia Real.

2 Oraciones incompletas Completa las oraciones.

1. Los padres de Letizia Ortiz son _____.
2. Letizia estudió _____.
3. La Infanta Cristina es la _____ del Príncipe Felipe.
4. Felipe es el Príncipe de _____.
5. En España, las grandes tiendas abren _____.
6. En México, usan la palabra *carnala* para referirse a _____.

3 Preguntas Contesta las preguntas.

1. ¿Cuál es una forma cariñosa de referirse al padre en Cuba?
2. ¿Por qué crees que Letizia Ortiz tuvo que dejar de trabajar como periodista al convertirse en princesa?
3. ¿A qué eventos deportivos dan nombre el Rey Juan Carlos y la Reina Sofía?
4. ¿Crees que es positivo o frívolo que el Rey de España participe en eventos deportivos? ¿Por qué?
5. Vuelve a leer la cita de Letizia Ortiz. ¿A qué responsabilidades y obligaciones crees que se refiere?
6. Muchos supermercados abren las 24 horas. ¿Crees que esto es necesario o crees que la gente está muy "malcriada" (*spoiled*)?

4 Opiniones En parejas, preparen dos listas. En una lista, anoten los elementos positivos de ser príncipe o princesa heredero/a y, en la otra, los elementos negativos que creen que puede tener. Guíense por estos planteamientos y otros.

- ¿Vale la pena ser rico y famoso si pierdes la vida privada?
- ¿Estarías dispuesto/a a guardar los modales las 24 horas del día?
- ¿Serías capaz de cumplir con todas las responsabilidades que conlleva este cargo?

Practice more at **facetas.vhlcentral.com**.

PROYECTO

A domicilio

Existen muchos servicios a domicilio que facilitan la vida diaria. Además del ejemplo del sodero en Argentina, están los paseadores de perros, los supermercados con entrega a domicilio y las empresas que nos permiten recibir libros o ropa por correo en casa.

Imagina que vas a crear una empresa para ofrecer un servicio a domicilio.

Usa esta guía para preparar un folleto (*brochure*) sobre tu empresa. Describe:

- el servicio que vas a ofrecer y cómo se llama
- las principales características de tu servicio
- cómo va a facilitar la vida diaria de tus clientes

De compras por Barcelona

Hacer las compras tal vez te parezca una actividad aburrida y poco glamorosa, pero ¡te equivocas! En este episodio de **Flash Cultura** podrás pasear por el antiguo mercado de Barcelona y descubrir una manera distinta de elegir los mejores productos en tiendas especializadas.

Corresponsal: Mari Carmen Ortiz
País: España

La Boquería es un paraíso para los sentidos: olores de comida, el bullicio° de la gente, colores vivos se abren a tu paso mientras haces tus compras.

VOCABULARIO ÚTIL

amplio/a *broad, wide*	**la gamba** *(Esp.) shrimp*
el buñuelo *fritter*	**los mariscos** *seafood*
el carrito *shopping cart*	**las patas traseras** *hind legs*
la charcutería *delicatessen*	**el puesto** *market stand*

Preparación ¿Qué productos españoles típicos conoces? ¿Cuál te gustaría más probar?

 Comprensión Indica si estas afirmaciones son ciertas o falsas. Después, en parejas, corrijan las falsas.

1. Las Ramblas de Barcelona son amplias avenidas.
2. En La Boquería debes elegir un carrito a la entrada y pagar toda la compra al final.
3. Hay distintos tipos de jamón serrano según la curación y la región.
4. Barcelona ofrece una gran variedad de marisco y pescado fresco porque es un puerto marítimo.
5. En España, la mayoría de las tiendas cierra al mediodía durante media hora.
6. Las panaderías abren todos los días menos los domingos.

Hay tiendas que nunca cierran a la hora de comer: las tiendas de moda y los grandes almacenes°. Pero aún éstas tienen que cerrar tres domingos al mes.

Expansión En parejas, contesten estas preguntas.

- ¿Prefieres hacer las compras en tiendas pequeñas y mercados tradicionales o en un supermercado normal? ¿Por qué?

- ¿Te levantas temprano para comprar el pan o algún otro producto los domingos? ¿Qué producto es tan esencial para la gente de tu país como el pan para los españoles?

- ¿Te parece bien que las tiendas cierren a la hora de la siesta? ¿Para qué usarías tú todo ese tiempo?

El jamón serrano es una comida típica española y es servido con frecuencia en los bares de tapas°.

bullicio *hubbub* **almacenes** *department stores* **tapas** *Spanish appetizers*

Practice more at **facetas.vhlcentral.com.**

3.1 The preterite

- Spanish has two simple tenses to indicate actions in the past: the preterite (**el pretérito**) and the imperfect (**el imperfecto**). The preterite is used to describe actions or states that began or were completed at a definite time in the past.

The preterite of regular -ar, -er, and -ir verbs		
comprar	**vender**	**abrir**
compré	vendí	abrí
compraste	vendiste	abriste
compró	vendió	abrió
compramos	vendimos	abrimos
comprasteis	vendisteis	abristeis
compraron	vendieron	abrieron

TALLER DE CONSULTA

MANUAL DE GRAMÁTICA
Más práctica

3.1 The preterite, p. A18
3.2 The imperfect, p. A19
3.3 The preterite vs. the imperfect, p. A20

Más gramática

3.4 Telling time, p. A21

¡ATENCIÓN!

In Spain, the present perfect (p. 188) is more commonly used to describe recent events.

- The preterite tense of regular verbs is formed by dropping the infinitive ending (**-ar**, **-er**, **-ir**) and adding the preterite endings. Note that the endings of regular **-er** and **-ir** verbs are identical in the preterite tense.

- The preterite of all regular and some irregular verbs requires a written accent on the preterite endings in the **yo, usted, él,** and **ella** forms.

  Ayer **empecé** un nuevo trabajo.
  Yesterday I started a new job.

  Mi mamá **preparó** una cena deliciosa.
  My mom prepared a delicious dinner.

- Verbs that end in **-car, -gar,** and **-zar** have a spelling change in the **yo** form of the preterite. All other forms are regular.

buscar	busc–	–qu–	yo busqué
llegar	lleg–	–gu–	yo llegué
empezar	empez–	–c–	yo empecé

- **Caer, creer, leer,** and **oír** change **-i-** to **-y-** in the third-person forms (**usted, él,** and **ella** forms and **ustedes, ellos,** and **ellas** forms) of the preterite. They also require a written accent on the **-i-** in all other forms.

caer	caí, caíste, cayó, caímos, caísteis, cayeron
creer	creí, creíste, creyó, creímos, creísteis, creyeron
leer	leí, leíste, leyó, leímos, leísteis, leyeron
oír	oí, oíste, oyó, oímos, oísteis, oyeron

- Verbs with infinitives ending in **-uir** change **-i-** to **-y-** in the third-person forms of the preterite.

| construir | construí, construiste, construyó, construimos, construisteis, construyeron |
| incluir | incluí, incluiste, incluyó, incluimos, incluisteis, incluyeron |

- Stem-changing **-ir** verbs also have a stem change in the third-person forms of the preterite. Stem-changing **-ar** and **-er** verbs do not have a stem change in the preterite.

Preterite of *-ir* stem-changing verbs			
pedir		**dormir**	
pedí	pedimos	dormí	dormimos
pediste	pedisteis	dormiste	dormisteis
pidió	pidieron	durmió	durmieron

- A number of **-er** and **-ir** verbs have irregular preterite stems. Note that none of these verbs takes a written accent on the preterite endings.

Les traje unos dulces para premiar su esfuerzo.

Por cierto, ¿no estuviste en el dentista?

Ser, ir, dar, and **ver** also have irregular preterites. The preterite forms of **ser** and **ir** are identical.

ser/ir
fui, fuiste, fue, fuimos, fuisteis, fueron

dar
di, diste, dio, dimos, disteis, dieron

ver
vi, viste, vio, vimos, visteis, vieron

The preterite of **hay** is **hubo**.

Hubo dos conciertos el viernes.
There were two concerts on Friday.

Preterite of irregular verbs

Infinitive	u-stem	preterite forms
andar	anduv-	anduve, anduviste, anduvo, anduvimos, anduvisteis, anduvieron
estar	estuv-	estuve, estuviste, estuvo, estuvimos, estuvisteis, estuvieron
poder	pud-	pude, pudiste, pudo, pudimos, pudisteis, pudieron
poner	pus-	puse, pusiste, puso, pusimos, pusisteis, pusieron
saber	sup-	supe, supiste, supo, supimos, supisteis, supieron
tener	tuv-	tuve, tuviste, tuvo, tuvimos, tuvisteis, tuvieron

Infinitive	i-stem	preterite forms
hacer	hic-	hice, hiciste, hizo, hicimos, hicisteis, hicieron
querer	quis-	quise, quisiste, quiso, quisimos, quisisteis, quisieron
venir	vin-	vine, viniste, vino, vinimos, vinisteis, vinieron

Infinitive	j-stem	preterite forms
conducir	conduj-	conduje, condujiste, condujo, condujimos, condujisteis, condujeron
decir	dij-	dije, dijiste, dijo, dijimos, dijisteis, dijeron
traer	traj-	traje, trajiste, trajo, trajimos, trajisteis, trajeron

- Note that the stem of **decir (dij-)** not only ends in **j**, but the stem vowel **e** changes to **i**. In the **usted, él,** and **ella** form of **hacer (hizo)**, **c** changes to **z** to maintain the pronunciation. Most verbs that end in **-cir** have **j**-stems in the preterite.

Práctica

TALLER DE CONSULTA

MANUAL DE GRAMÁTICA
Más práctica

3.1 The preterite, p. A18

1 **Quehaceres** Escribe la forma correcta del pretérito de los verbos indicados.

1. El sábado pasado, mis compañeros de apartamento y yo _____ (hacer) la limpieza semanal.

2. Jorge _____ (barrer) el suelo de la cocina.

3. Yo _____ (pasar) la aspiradora por el salón.

4. Martín y Felipe _____ (quitar) los sillones para limpiarlos y después los _____ (volver) a poner en su lugar.

5. Yo _____ (lavar) toda la ropa sucia y la _____ (poner) en el armario.

6. Nosotros _____ (terminar) con todo en menos de una hora.

7. Luego, Martín _____ (abrir) el refrigerador.

8. Él _____ (ver) que no había nada de comer.

9. Felipe _____ (decir) que iría al supermercado. Todos nosotros _____ (decidir) acompañarlo.

10. Yo _____ (apagar) las luces y nosotros _____ (ir) al mercado.

2 **¿Qué hicieron?** Combina elementos de cada columna para narrar lo que hicieron las personas.

MODELO Una vez, mis amigos y yo tuvimos que cocinar para cincuenta invitados.

anoche	yo	conversar	¿?
anteayer	mi compañero/a	dar	¿?
ayer	de cuarto	decir	¿?
la semana	mis amigos/as	ir	¿?
pasada	el/la profesor(a)	leer	¿?
una vez	de español	pedir	¿?
dos veces	mi novio/a	tener que	¿?

3 **La última vez** Con oraciones completas, indica cuándo fue la última vez que hiciste cada una de estas actividades. Da detalles en tus respuestas. Después comparte la información con la clase.

MODELO ir al cine

La última vez que fui al cine fue en abril. La película que vi fue *Alicia en el país de las maravillas*...

1. hacer mandados
2. decir una mentira
3. andar atrasado/a
4. olvidar algo importante
5. devolver un regalo

6. ir de compras
7. oír una buena/mala noticia
8. encontrar una ganga increíble
9. probarse ropa en una tienda
10. comprar algo muy caro

Practice more at **facetas.vhlcentral.com**.

Comunicación

4 **La semana pasada** Recorre el salón de clase y averigua lo que hicieron tus compañeros durante la semana pasada. Anota el nombre de la primera persona que conteste que sí a cada una de las preguntas.

MODELO **ir al cine**

—¿Fuiste al cine durante la semana pasada?

—Sí, fui al cine y vi la última película de Almodóvar./No, no fui al cine.

Actividades	Nombre
1. asistir a un partido de fútbol	_____
2. cocinar para los amigos	_____
3. conseguir una buena nota en una prueba	_____
4. dar un consejo (*advice*) a un(a) amigo/a	_____
5. dormirse en clase o en el laboratorio	_____
6. estudiar toda la noche para un examen	_____
7. enojarse con un(a) amigo/a	_____
8. incluir un álbum de fotos en Facebook	_____
9. ir a la oficina de un(a) profesor(a)	_____
10. ir al centro comercial	_____
11. pedir dinero prestado	_____
12. perder algo importante	_____
13. probarse un vestido/un traje elegante	_____

5 **Una fiesta** En parejas, túrnense para comentar la última fiesta que dieron o a la que asistieron.

- ocasión
- fecha y lugar
- organizador(a)
- invitados
- comida
- música
- actividades

6 **Anécdotas**

A. Escribe dos anécdodas divertidas o curiosas que te ocurrieron en el pasado.

MODELO Una vez fui a una entrevista muy importante con un zapato de cada color...

B. Presenta una de tus historias ante la clase. Después, la clase votará por la anécdota más divertida e interesante.

The imperfect

- The imperfect tense in Spanish is used to narrate past events without focusing on their beginning, end, or completion.

El recado decía que él estaba enfermo.

Siempre tenía problemas con la aspiradora.

- The imperfect tense of regular verbs is formed by dropping the infinitive ending (-ar, -er, -ir) and adding personal endings. **-Ar** verbs take the endings **-aba, -abas, -aba, -ábamos, -abais, -aban. -Er** and **-ir** verbs take **-ía, -ías, -ía, -íamos, -íais, -ían**.

The imperfect of regular -ar, -er, and -ir verbs		
caminar	**deber**	**abrir**
caminaba	debía	abría
caminabas	debías	abrías
caminaba	debía	abría
caminábamos	debíamos	abríamos
caminabais	debíais	abríais
caminaban	debían	abrían

- **Ir, ser,** and **ver** are the only verbs that are irregular in the imperfect.

The imperfect of irregular verbs		
ir	**ser**	**ver**
iba	era	veía
ibas	eras	veías
iba	era	veía
íbamos	éramos	veíamos
ibais	erais	veíais
iban	eran	veían

- The imperfect tense narrates what was going on at a certain time in the past. It often indicates what was happening in the background.

Cuando yo **era** joven, **vivía** en una ciudad muy grande. Todas las semanas, mis padres y yo **íbamos** al centro comercial.
When I was young, I lived in a big city. Each week, my parents and I went to the mall.

- The imperfect of **hay** is **había**.

  Había tres cajeros en el supermercado.
  There were three cashiers in the supermarket.

  Sólo **había** un mesero en el café.
  There was only one waiter in the café.

- These words and expressions are often used with the imperfect because they express habitual or repeated actions: **de niño/a** (*as a child*), **todos los días** (*every day*), **mientras** (*while*), **siempre** (*always*).

  De niño, vivía en un barrio de Madrid.
  As a child, I lived in a Madrid neighborhood.

  Todos los días iba a la casa de mi abuela.
  Every day I went to my grandmother's house.

  Siempre escuchaba música **mientras corría** en el parque.
  I always listened to music while I ran in the park.

Siempre dormía muy mal.

Nunca podía relajarme.

Estaba desesperado; no sabía qué hacer.

Ahora, mis problemas están resueltos con mi nueva cama.

DORMALUX
LA CAMA DE TUS SUEÑOS

Práctica

TALLER DE CONSULTA

MANUAL DE GRAMÁTICA
Más práctica

3.2 The imperfect, p. A19

(1) **Granada** Escribe la forma correcta del imperfecto de los verbos indicados.

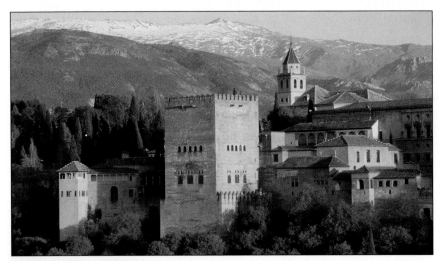

Granada, en el sur de España

Cuando yo (1) _____ (tener) veinte años, estuve en España por seis meses. (2) _____ (vivir) en Granada, una ciudad de Andalucía. (3) _____ (ser) estudiante en un programa de español para extranjeros. Entre semana, mis amigos y yo (4) _____ (estudiar) español por las mañanas. Por las tardes, (5) _____ (visitar) los lugares más interesantes de la ciudad para conocerla mejor. Los fines de semana, nosotros (6) _____ (ir) de excursión. (Nosotros) (7) _____ (visitar) ciudades y pueblos nuevos. Los paisajes (8) _____ (ser) maravillosos. Quiero volver pronto.

(2) **Antes** En parejas, túrnense para hacerse preguntas usando estas frases. Sigan el modelo.

> **MODELO** **levantarse tarde los lunes**
> —¿Te levantas tarde los lunes?
> —Ahora sí, pero antes nunca me levantaba tarde los lunes./Ahora no, pero antes siempre me levantaba tarde los lunes.

1. hacer los quehaceres del hogar
2. usar una agenda
3. ir de compras al centro comercial
4. pagar con tarjeta de crédito
5. trabajar por las tardes
6. preocuparse por el futuro

(3) **Una historieta** En grupos de tres, creen una pequeña historieta (*comic*) explicando cómo era la vida diaria de un héroe o una heroína. Después, presenten sus historietas a la clase.

> **MODELO** Superchica era una niña con un poder muy peculiar: podía volar...

 Practice more at **facetas.vhlcentral.com.**

Comunicación

4 De niños

A. Busca en la clase compañeros/as que hacían estas cosas cuando eran niños/as. Escribe el nombre de la primera persona que conteste afirmativamente cada pregunta.

> **MODELO** **ir mucho al parque**
> —¿Ibas mucho al parque?
> —Sí, iba mucho al parque.

¿Qué hacían?	Nombre
1. tener miedo de los monstruos	_____
2. llorar todo el tiempo	_____
3. siempre hacer su cama	_____
4. ser muy travieso/a (*mischievous*)	_____
5. romper los juguetes (*toys*)	_____
6. darles muchos regalos a sus padres	_____
7. comer muchos dulces	_____
8. creer en fantasmas	_____

B. Ahora, comparte con la clase los resultados de tu búsqueda.

5 Antes y ahora

En parejas, comparen cómo ha cambiado la vida de Andrés en los últimos años. ¿Cómo era antes? ¿Cómo es ahora? Preparen una lista de por lo menos seis diferencias.

antes

ahora

6 En aquel entonces

A. Utiliza el imperfecto para escribir un párrafo sobre la vida diaria de un(a) pariente tuyo/a que creció (*grew up*) en otra época. ¿Cómo era su vida cotidiana? ¿Qué solía hacer para divertirse?

B. Ahora comparte tu párrafo con un(a) compañero/a. Pregúntense sobre los personajes y comparen la vida diaria de aquel entonces con la de hoy. ¿En qué aspectos era mejor la vida diaria hace veinte años? ¿Hace cincuenta años? ¿Hace dos siglos (*centuries*)? ¿En qué aspectos era peor?

The preterite vs. the imperfect

- Although the preterite and imperfect both express past actions or states, the two tenses have different uses and, therefore, are not interchangeable.

> ¿Cómo lograste encender la aspiradora? Antes no funcionaba.

> Fácil... Me acordé de mi ex.

Uses of the preterite

- To express actions or states viewed by the speaker as completed

Compraste los muebles hace un mes.
You bought the furniture a month ago.

Mis amigas **fueron** al centro comercial ayer.
My friends went to the mall yesterday.

- To express the beginning or end of a past action

La telenovela **empezó** a las ocho.
The soap opera began at eight o'clock.

El café **se acabó** enseguida.
The coffee ran out right away.

- To narrate a series of past actions

Me levanté, **me arreglé** y **fui** a clase.
I got up, got ready, and went to class.

Se sentó, **tomó** el bolígrafo y **escribió**.
He sat down, grabbed the pen, and wrote.

Uses of the imperfect

- To describe an ongoing past action without reference to beginning or end

Se acostaba muy temprano.
He went to bed very early.

Juan **tenía** pesadillas constantemente.
Juan constantly had nightmares.

- To express habitual past actions

Me **gustaba** jugar al fútbol los domingos por la mañana.
I used to like to play soccer on Sunday mornings.

Solían comprar las verduras en el mercado.
They used to shop for vegetables in the market.

- To describe mental, physical, and emotional states or conditions

José Miguel sólo **tenía** quince años en aquel entonces.
José Miguel was only fifteen years old at that time.

Estaba tan hambriento que quería comerme un pollo entero.
I was so hungry that I wanted to eat a whole chicken.

- To tell time

Eran las ocho y media de la mañana.
It was eight thirty a.m.

Era la una en punto.
It was exactly one o'clock.

TALLER DE CONSULTA

To review telling time, see **Manual de gramática, 3.4**, p. A21.

Uses of the preterite and imperfect together

- When narrating in the past, the imperfect describes what *was happening*, while the preterite describes the action that *interrupts* the ongoing activity. The imperfect provides background information, while the preterite indicates specific events that advance the plot.

  Había una vez un lobo que **era** muy pacífico y bueno. Un día, el lobo **caminaba** por el bosque cuando, de repente, una niña muy malvada que **se llamaba** Caperucita Roja **apareció** de entre los árboles. El lobo, asustado, **comenzó** a correr, pero Caperucita **corría** tan rápido que, al final, **atrapó** al lobo y se lo **comió**. La abuela de Caperucita no **sabía** lo malvada que **era** su nieta. Nunca nadie **supo** qué le **pasó** al pobre lobito.

  *Once upon a time, there **was** a wolf that **was** very peaceful and kind. One day, the wolf **was walking** through the forest when, all of a sudden, a very wicked little girl, who **was called** Little Red Riding Hood, **appeared** amongst the trees. The wolf, frightened, **started** to run, but Little Red Riding Hood **was running** so fast that, in the end, she **caught** the wolf and **ate** him up. Little Red Riding Hood's grandmother **didn't know** how wicked her granddaughter **was**. No one ever **found out** what **happened** to the poor little wolf.*

Different meanings in the imperfect and preterite

Quise encender
la aspiradora, pero
no pude.

- The verbs **querer, poder, saber,** and **conocer** have different meanings when they are used in the preterite. Notice also the meanings of **no querer** and **no poder** in the preterite.

INFINITIVE	IMPERFECT	PRETERITE
querer	**Quería acompañarte.** *I wanted to go with you.*	**Quise acompañarte.** *I tried to go with you (but failed).*
		No quise acompañarte. *I refused to go with you.*
poder	**Ana podía hacerlo.** *Ana could do it.*	**Ana pudo hacerlo.** *Ana succeeded in doing it.*
		Ana no pudo hacerlo. *Ana could not do it.*
saber	**Ernesto sabía la verdad.** *Ernesto knew the truth.*	**Por fin Ernesto supo la verdad.** *Ernesto finally discovered the truth.*
conocer	**Yo ya conocía a Andrés.** *I already knew Andrés.*	**Yo conocí a Andrés en la fiesta.** *I met Andrés at the party.*

¡ATENCIÓN!

Here are some useful sequencing expressions.

primero *first*
al principio *in the beginning*
antes (de) *before*
después (de) *after*
mientras *while*
entonces *then*
luego *then; next*
siempre *always*
al final *finally*
la última vez *the last time*

¡ATENCIÓN!

The imperfect progressive is also used to describe a past action that was in progress, but was interrupted by an event. Both **el lobo caminaba por el bosque** and **el lobo estaba caminando por el bosque** are correct.

Práctica

TALLER DE CONSULTA

MANUAL DE GRAMÁTICA
Más práctica

3.3 The preterite vs. the imperfect, p. A20

1. **Una cena especial** Elena y Francisca tenían invitados para cenar y lo estaban preparando todo. Completa las oraciones con el imperfecto o el pretérito de estos verbos. Puedes usar los verbos más de una vez.

averiguar	haber	ofrecerse	salir
decir	levantarse	pasar	ser
estar	limpiar	preparar	terminar
freír	llamar	quitar	tocar

1. _____ las ocho cuando Francisca y Elena _____ para preparar todo.
2. Elena _____ la aspiradora cuando Felipe la _____ para preguntar la hora de la cena. Le _____ que _____ a las diez y media.
3. Francisca _____ las tapas en la cocina. Todavía _____ temprano.
4. Mientras Francisca _____ las papas en aceite, Elena _____ la sala.
5. Elena _____ el polvo de los muebles cuando su madre _____ el timbre. ¡_____ una visita sorpresa!
6. Su madre _____ a ayudar. Elena _____ que sí.
7. Cuando Francisca _____ de hacer las tapas, _____ que no _____ suficientes refrescos. Francisca _____ al supermercado.
8. Cuando por fin _____, ya _____ las nueve. Todo _____ listo.

2. **Interrupciones** Combina palabras y frases de cada columna para contar lo que hicieron estas personas. Usa el pretérito y el imperfecto.

> **MODELO** Ustedes miraban la tele cuando el médico llamó.

yo	dormir	usted	llamar por teléfono
tú	comer	el/la médico/a	salir
Marta y Miguel	escuchar música	la policía	sonar
nosotros	mirar la tele	la alarma	recibir el mensaje
Paco	conducir	los amigos	ver el accidente
ustedes	ir a...	Juan Carlos	tocar el timbre

3. **Las fechas importantes**

A. Escribe cuatro fechas importantes en tu vida y explica qué pasó.

> **MODELO**

Fecha	¿Qué pasó?	¿Dónde y con quién estabas?	¿Qué tiempo hacía?
el 6 de agosto de 2010	Conocí a Lady Gaga.	Estaba en el gimnasio con un amigo.	Llovía mucho.

B. Intercambia tu información con tres compañeros/as. Ellos/as te van a hacer preguntas sobre lo que te pasó.

Practice more at **facetas.vhlcentral.com**.

Comunicación

4 **La mañana de Esperanza**

A. En parejas, observen los dibujos. Escriban lo que le pasó a Esperanza después de abrir la puerta de su casa. ¿Cómo fue su mañana? Utilicen el pretérito y el imperfecto en la narración.

1.

2.

3.

4.

B. Con dos parejas más, túrnense para presentar las historias que han escrito. Después, combinen sus historias para hacer una nueva.

5 **Síntesis** En grupos de cuatro, túrnense para pasarse una hoja de papel. Cada uno/a escribe una oración con el fin de narrar un cuento sobre un día extraordinario en el que la rutina diaria se vio interrumpida por una serie de eventos inesperados. Después, presenten sus cuentos a la clase. Utilicen el pretérito, el imperfecto y el vocabulario de esta lección. Sean creativos/as.

> **MODELO** —El día empezó como cualquier otro día…
> —Me levanté, me arreglé y salí para la clase de las nueve…
> —Caminaba por la avenida central como siempre, cuando, de repente, en medio de la calle, vi algo horroroso, algo que me hizo temblar de miedo…

Antes de ver el corto

ADIÓS MAMÁ

país México   **director** Ariel Gordon
duración 7 minutos   **protagonistas** hombre joven, señora

Vocabulario

afligirse *to get upset*   **parecerse** *to look like*
el choque *crash*   **repentino/a** *sudden*
despedirse (e:i) *to say goodbye* **el timbre** *tone of voice*
las facciones *facial features* **titularse** *to graduate*

(1) **Practicar** Completa cada una de las rimas usando el vocabulario del corto.

1. Cuando Anabel tiene un problema, _____, pero nunca lo corrige.
2. ¡Qué buen actor! Sus _____ siempre reflejan sus acciones.
3. ¡Pobre don Roque! Compró carro nuevo y a los dos días tuvo un _____.
4. No me gusta el _____ de voz de ese hombre.
5. ¡Qué estilos tan variados! Las pinturas son trece y ninguna _____.
6. Le faltan muchos cursos. Si no decide apurarse (*hurry up*), nunca va
   a _____.

(2) **Comentar** En parejas, intercambien opiniones sobre las preguntas.

1. ¿Hablan con desconocidos en algunas ocasiones? ¿En qué situaciones?
2. Según su título, ¿de qué creen que va a tratar el corto?
3. ¿En qué lugares es más fácil o frecuente hablar con gente que no conocen?
   Den dos o tres ejemplos.
4. ¿A veces son ingenuos/as? ¿Se creen historias falsas? Den ejemplos.
5. ¿Alguna vez les sucedió algo interesante o divertido en un supermercado?
   ¿Qué sucedió?
6. Observen los fotogramas. ¿Qué creen que va a pasar en este cortometraje?

: Practice more at **facetas.vhlcentral.com.**

Premio especial del Jurado, Semana Internacional de Cine Experimental de Valladolid, España

Una producción de CONACULTA/INSTITUTO MEXICANO DE CINEMATOGRAFÍA Guión y Dirección ARIEL GORDON
Producción JAVIER BOURGES Producción ejecutiva PATRICIA RIGGEN
Fotografía SANTIAGO NAVARRETE Edición CARLOS SALCES Música GERARDO TAMEZ
Sonido SANTIAGO NÚÑEZ/NERIO BARBERIS
Arte FERNANDO MERI/AARÓN NIÑO CÁMARA
Actores DANIEL GIMÉNEZ CACHO/DOLORES BERISTAIN/PATRICIA AGUIRRE/PACO MORAYTA

Escenas

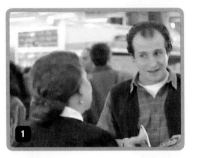

SEÑORA Se parece a mi hijo. Realmente es igual a él.
HOMBRE Ah, pues no, no sé qué decir.

SEÑORA Murió en un choque. El otro conductor iba borracho. Si él viviera, tendría la misma edad que usted.
HOMBRE Por favor, no llore.

SEÑORA ¿Sabe? Usted es su doble. Bendito sea el Señor que me ha permitido ver de nuevo a mi hijo. ¿Le puedo pedir un favor?
HOMBRE Bueno.

SEÑORA Nunca tuve oportunidad de despedirme de él. Su muerte fue tan repentina. ¿Al menos podría llamarme "mamá" y decirme adiós cuando me vaya?

SEÑORA ¡Adiós, hijo!
HOMBRE ¡Adiós, mamá!
SEÑORA ¡Adiós, querido!
HOMBRE ¡Adiós, mamá!

CAJERA No sé lo que pasa, la máquina desconoce el artículo. Espere un segundo a que llegue el gerente.
(*El gerente llega y ayuda a la cajera.*)

1 Comprensión Contesta las preguntas con oraciones completas.

1. ¿Dónde están los personajes?
2. ¿Qué relación hay entre el hombre y la señora?
3. ¿A quién se parece físicamente el hombre?
4. ¿Por qué no pudo despedirse la señora de su hijo?
5. ¿Qué favor le pide la señora al hombre?
6. ¿Cuántas compras tiene que pagar el hombre? ¿Por qué?

2 Ampliación En parejas, háganse las preguntas.

1. ¿Les pasó a ustedes o a alguien que conocen algo similar alguna vez? Expliquen.
2. ¿Qué hacen si alguien se les acerca (*approaches*) en el supermercado y les pide este favor?
3. ¿Qué creen que sucedió realmente al final? ¿Tuvo que pagar la cuenta completa el hombre? ¿Tuvo que intervenir la policía?
4. Después de lo que sucedió, ¿qué consejos puede darles el hombre a sus amigos?

3 Inventar En parejas, lean lo que dice la mujer e imaginen que el hijo ficticio nunca tuvo un accidente y, por lo tanto, no murió. ¿Qué le pasó? ¿Cómo fue su vida? ¿Visitaba a su madre con frecuencia? Escriban un párrafo de diez líneas.

❝ **Murió en un choque. El otro conductor iba borracho. Si él viviera, tendría la misma edad que usted. Se habría titulado y probablemente tendría una familia. Yo sería abuela.** ❞

4 Imaginar En parejas, describan la vida de uno los personajes del corto. Escriban por lo menos cinco oraciones, usando como base las preguntas.

- ¿Cómo es?
- ¿Dónde vive?
- ¿Con quién vive?
- ¿Qué le gusta?
- ¿Qué no le gusta?
- ¿Tiene dinero?

5 Detective El joven está contándole a un(a) detective lo que pasó en el supermercado. En parejas, uno/a de ustedes es el/la detective y el/la otro/a es el hombre. Preparen el interrogatorio (*interrogation*) y represéntenlo delante de la clase.

6 Notas Ahora, imagina que eres el/la detective y escribe un informe (*report*) de lo que pasó. Tiene que ser un informe lo más completo posible. Puedes inventar los datos que tú quieras.

Practice more at **facetas.vhlcentral.com**.

La siesta, 1943
Antonio Berni, Argentina

"Tras el vivir y el soñar, está lo que
más importa: el despertar."

— Antonio Machado

Antes de leer

Autorretrato

Sobre la autora

Rosario Castellanos nació en la ciudad de México en 1925 y murió en Tel Aviv, Israel, en 1974, mientras se desempeñaba como (*worked as*) embajadora de México en ese país. Estudió filosofía en México y realizó estudios de estética y estilística en España. Escribió poesía, narrativa y ensayos, y también colaboró con diarios y revistas especializadas de México y del extranjero. Tres de sus obras —su primera novela, *Balún Canán*; el libro de cuentos *Ciudad Real* y su segunda novela, *Oficio de tinieblas*— conforman la principal trilogía de temática indigenista mexicana del siglo XX. El otro tema central de su obra son las mujeres. Su obra poética se encuentra reunida en el libro titulado *Poesía no eres tú*, publicado en 1972. Sus poemas se caracterizan por su estilo sencillo, en el que se presenta lo cotidiano con humor e inteligencia.

Vocabulario

acariciar *to caress*	el autorretrato *self-portrait*	llorar *to cry*
acaso *perhaps*	feliz *happy*	lucir *to wear, to display*
arduo/a *hard*	el llanto *weeping; crying*	el maquillaje *make-up*

Vocabulario Completa las oraciones.

1. En este _____, María _____ un vestido que era de su abuela.

2. No me gusta ponerme _____ en los ojos porque me hace _____.

3. La madre escuchó el _____ del bebé y enseguida se acercó a _____ su cabecita.

4. Aunque el trabajo es _____, estoy _____ de tener mi propia empresa.

Conexión personal Imagina que tienes que hacer una presentación sobre ti mismo/a titulada "Autorretrato". ¿Prefieres describirte con palabras relacionadas con tus estudios, con tu trabajo, con tu personalidad, con lo que te hace feliz, con lo que te hace llorar? ¿Por qué?

Análisis literario: La poesía conversacional

Los términos "poesía conversacional" o "poesía coloquial" se refieren a un tipo de poesía que surgió durante los últimos cincuenta años y se caracteriza por su claridad, por su tono coloquial e intimista, por buscar un acercamiento al lector a través de referencias a lo cotidiano, y por romper con el estilo abstracto y menos accesible de movimientos poéticos anteriores. Otra característica de este género es la desmitificación del poeta, quien deja de ser una figura subida a un pedestal y alejada de la realidad cotidiana de los lectores. No se trata en sí de un movimiento literario claramente definido, sino que distintos poetas recorrieron caminos diferentes hasta converger en este estilo coloquial e intimista. A medida que lees *Autorretrato,* presta atención a las características de la poesía conversacional en el poema.

Practice more at **facetas.vhlcentral.com**.

Autorretrato

Rosario Castellanos

*Autorretrato con
pelo cortado,* 1940
Frida Kahlo, México

Yo soy una señora: tratamiento°
arduo de conseguir, en mi caso, y más útil
para alternar con los demás que un título
extendido a mi nombre en cualquier academia.

Así, pues, luzco mi trofeo y repito:
yo soy una señora. Gorda o flaca
según las posiciones de los astros°,
los ciclos glandulares
y otros fenómenos que no comprendo.

Rubia, si elijo una peluca rubia.
O morena, según la alternativa.
(En realidad, mi pelo encanece°, encanece.)

Soy más o menos fea. Eso depende mucho
de la mano que aplica el maquillaje.

Mi apariencia ha cambiado a lo largo del tiempo
—aunque no tanto como dice Weininger
que cambia la apariencia del genio—. Soy mediocre.
Lo cual, por una parte, me exime de° enemigos
y, por la otra, me da la devoción
de algún admirador y la amistad
de esos hombres que hablan por teléfono
y envían largas cartas de felicitación.
Que beben lentamente whisky sobre las rocas
y charlan de política y de literatura.

Amigas… hmmm… a veces, raras veces
y en muy pequeñas dosis.
En general, rehuyo° los espejos.
Me dirían lo de siempre: que me visto muy mal
y que hago el ridículo
cuando pretendo coquetear con alguien.

Soy madre de Gabriel: ya usted sabe, ese niño
que un día se erigirá en° juez inapelable
y que acaso, además, ejerza de verdugo°.
Mientras tanto lo amo.

Escribo. Este poema. Y otros. Y otros.
Hablo desde una cátedra°.
Colaboro en revistas de mi especialidad
y un día a la semana publico en un periódico.

Vivo enfrente del Bosque. Pero casi
nunca vuelvo los ojos para mirarlo. Y nunca
atravieso° la calle que me separa de él
y paseo y respiro y acaricio
la corteza rugosa° de los árboles.

Sé que es obligatorio escuchar música
pero la eludo° con frecuencia. Sé
que es bueno ver pintura
pero no voy jamás a las exposiciones
ni al estreno teatral ni al cine-club.

Prefiero estar aquí, como ahora, leyendo
y, si apago la luz, pensando un rato
en musarañas° y otros menesteres°.

Sufro más bien por hábito, por herencia, por no
diferenciarme más de mis congéneres°
que por causas concretas.

Sería feliz si yo supiera cómo.
Es decir, si me hubieran enseñado los gestos,
los parlamentos°, las decoraciones.

En cambio me enseñaron a llorar. Pero el llanto
es en mí un mecanismo descompuesto
y no lloro en la cámara mortuoria
ni en la ocasión sublime ni frente a la catástrofe.

Lloro cuando se quema el arroz o cuando pierdo
el último recibo del impuesto predial°.

---

tratamiento *title* **astros** *stars* **encanece** *gets whiter* **me exime de** *exempts me from* **rehuyo** *I shun; I avoid* **se erigirá en** *will become*
ejerza de verdugo *practice as an executioner* **cátedra** *university chair* **atravieso** *I cross* **corteza rugosa** *rough bark* **eludo** *I avoid*
pensando… musarañas *daydreaming* **menesteres** *occupations* **mis congéneres** *my kind* **parlamentos** *words* **impuesto predial** *property tax*

Después de leer

Autorretrato
Rosario Castellanos

1 Comprensión Indica si las oraciones son **ciertas** o **falsas.** Corrige las falsas.

1. La protagonista piensa que es una mujer bella.
2. Según ella, una mujer mediocre no tiene enemigos pero tampoco amigos.
3. La mujer de *Autorretrato* afirma que no quiere tener muchas amigas.
4. Ella ama a su hijo aunque él la juzga (*he judges her*).
5. La protagonista es poetisa, profesora y periodista.
6. No va muy frecuentemente al cine, al teatro o a exposiciones.
7. Ella odia la soledad y prefiere visitar exposiciones y estrenos.
8. Dice que no le enseñaron cómo ser feliz, pero sí le enseñaron a llorar.

2 Interpretación Contesta las preguntas con oraciones completas.

1. ¿Cuál es el trofeo del que se habla al comienzo del poema? ¿Qué importancia tiene en la vida de la mujer de *Autorretrato*?
2. ¿De qué piensa ella que depende su apariencia (ser gorda o flaca)? ¿Y el color de su cabello? ¿Está en su poder cambiar esas cosas?
3. ¿Por qué crees que ser mediocre le asegura la amistad de los hombres que describe? ¿Te parece que estos hombres serán también mediocres? Justifica tu respuesta.
4. ¿Te parece que esta mujer se comporta como lo indica la sociedad? ¿Piensas que aprecia su entorno y está conforme con su posición en la vida o todo lo contrario? Da ejemplos.
5. ¿De qué manera está descompuesto para ella el mecanismo del llanto? En tu opinión, ¿qué clase de personas lloran cuando se les quema el arroz o pierden un recibo?

3 Análisis En parejas, respondan a las preguntas.

1. ¿Creen que la voz narrativa es cercana a la voz de la propia autora? ¿Por qué?
2. Repasen las características de la poesía conversacional y busquen ejemplos de cada una en el poema.
3. ¿A qué tipo de lector(a) creen que está dirigido este poema? ¿Por qué?
4. ¿Se sienten identificados/as con el poema? ¿Por qué?

4 Ampliación En parejas, analicen estos versos en el contexto del poema y expliquen qué quiere resaltar la poetisa en cada caso.

1. "(En realidad, mi pelo encanece, encanece.)"
2. "En general, rehuyo los espejos."
3. "Mientras tanto lo amo."
4. "Sería feliz si yo supiera cómo."

5 Retrato Escribe el retrato de la mujer del poema desde el punto de vista de la sociedad a la que pertenece; crea una voz poética ficticia: puede ser uno de esos hombres que ella describe, una de las mujeres que la critican por cómo se viste o su hijo Gabriel. Ten en cuenta lo que se espera de ella, su aspecto físico, etc., y redáctalo en forma de poesía coloquial.

Practice more at **facetas.vhlcentral.com.**

Antes de leer

Vocabulario

el cansancio *exhaustion*	**pintar** *to paint*
el cuadro *painting*	**el/la pintor(a)** *painter*
fatigado/a *exhausted*	**previsto/a** *planned*
imprevisto/a *unexpected*	**retratar** *to portray*
la obra maestra *masterpiece*	**el retrato** *portrait*

Pablo Picasso Completa las oraciones con el vocabulario de la tabla.

Guernica, Pablo Picasso

1. De todo el arte del Museo Reina Sofía, yo prefiero los _____ de Pablo Picasso.

2. De muy joven, el _____ español creaba arte realista.

3. Al poco tiempo, este gran artista empezó a experimentar y a _____ obras de otros estilos e inventó el cubismo.

4. Su obra más famosa, *Guernica*, quiere _____ el horror de un día cuando los alemanes bombardearon un pueblo español con el mismo nombre.

5. Según mucha gente, *Guernica* es su creación más importante, la _____ de Picasso.

Conexión personal ¿Qué haces para no olvidar los eventos y las personas que son importantes para ti? ¿Sacas fotos o mantienes un diario? ¿Cuentas historias? ¿Cuáles son algunos de los recuerdos que quieres atesorar (*treasure*)?

Contexto cultural

Niños comiendo uvas y un melón,
Bartolomé Esteban Murillo

Del siglo XVI al siglo XVII, España pasó de ser una enorme potencia política a ser un imperio en camino de extinción. Donde antes había victorias militares, riqueza (*wealth*) y expansión, ahora había derrota (*defeat*), crisis económica y decadencia. Sin embargo, estos problemas formaron un contraste extremo con el arte del momento, que estaba en su época cumbre (*peak*), el Siglo de Oro. A pesar de su éxito, se consideraba a los pintores más artesanos que artistas y, por lo tanto, no eran de alta posición social. Muchos artistas trabajaban por encargo; la realeza (*royalty*) y la nobleza eran sus mecenas (*patrons*). Con sus obras, contribuían a la educación cultural, y frecuentemente religiosa, de la sociedad.

Practice more at **facetas.vhlcentral.com**.

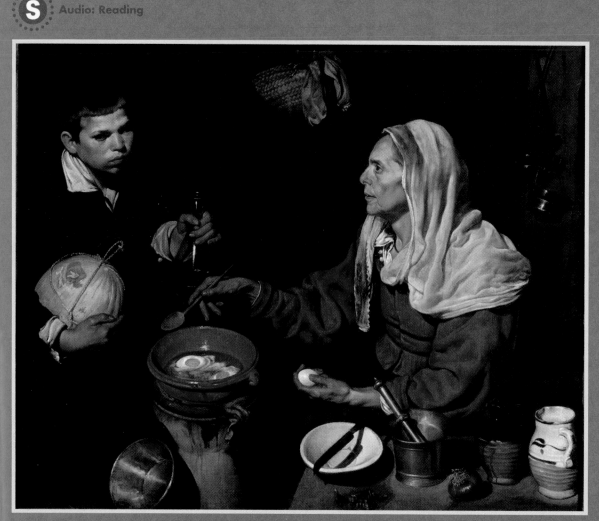

Vieja friendo huevos

El **arte** de la **vida diaria**

Diego Velázquez es importante no sólo por su mérito artístico, sino también por lo que nos cuentan sus cuadros. Conocido sobre todo como pintor de retratos, Velázquez se interesaba también por temas mitológicos y escenas cotidianas.
5 En todo su arte, examinaba y reproducía en minucioso detalle sólo aquello que veía. Su imitación de la naturaleza, de lo inmediatamente observable, era lo que daba vida a su arte y a la vez creaba un arte de la vida diaria.

Antes de mudarse a la Corte del Rey°, Velázquez pintó cuadros de temas cotidianos. Un ejemplo célebre es la *Vieja friendo huevos* (1618). El cuadro capta un momento sin aparente importancia: una mujer vieja cocina mientras un niño trae aceite y un melón. Varios objetos de la casa, reproducidos con precisión, llenan el lienzo°, dignos de nuestra atención, por ejemplo: la cuchara, un plato blanco en el que descansa un cuchillo, jarras°, una cesta de paja°. Junto con la comida que prepara —no hay carne ni variedad— la ropa típica de pobre sugiere que la mujer es humilde. Con el cuadro, Velázquez interrumpe un momento que podría ser de cualquier día. No es una naturaleza muerta°, sino un instante de la vida.

king's court (line 9)
canvas (line 16)
jugs (line 18)
wicker basket (line 19)
still life (line 24)

Incluso cuando pintaba temas mitológicos, Velázquez tomaba como modelo gente de la calle. Por eso, se pueden percibir escenas diarias en temas distanciados de la época. Un ejemplo es *El triunfo° de Baco* (1628–9). En este cuadro, el dios romano del vino se sienta en un campo abierto, no con otros dioses, sino con campesinos°. Sus caras fatigadas reflejan a la vez el cansancio de una vida de trabajo —la vida del plebeyo° español era entonces especialmente dura— y la alegría de poder descansar un rato.

triumph (line 30)
peasants (line 33)
common person (line 35)

En los cuadros de la Corte, Velázquez nos da una imagen rica y compleja del mundo del

El triunfo de Baco

palacio. En vez de retratar exclusivamente a la familia real y los nobles, incluye también toda la tropa de personajes que los servía y entretenía. En este grupo numeroso entraban enanos° y bufones°, a quienes Velázquez pinta con dignidad. En *Las Meninas* (1656), su cuadro más famoso y misterioso, la princesa Margarita está rodeada° por sus damas, enanos y un perro. A la izquierda, el mismo Velázquez pinta detrás de un lienzo inmenso. En el fondo° se ve una imagen de los reyes.

little people/ jesters (line 43)
surrounded (line 47)
background (line 50)

Sin embargo, el cuadro sugiere más preguntas que respuestas. ¿Dónde están exactamente el rey y la reina? ¿La imagen de ellos que vemos es un reflejo de espejo°? ¿Qué pinta el artista y por qué aparece en el cuadro? ¿Qué significa? Tampoco se sabe por qué se detiene aquí el grupo: puede ser por una razón prevista, como posar para un cuadro; o puede ser algo totalmente imprevisto, un momento efímero° de la vida de una princesa y su grupo. ¿Es un momento importante? *Las Meninas* invita al debate sobre un instante que no se pierde sólo porque un pintor lo capta y lo rescata° del olvido. Paradójicamente es su enfoque en lo momentáneo y en el detalle de la vida común lo que eleva a Velázquez por encima de otros grandes artistas. ■

mirror (line 55)
fleeting (line 61)
rescues (line 65)

Las Meninas

Biografía breve
1599 Diego Velázquez nace en Sevilla.
1609 Empieza sus estudios formales de arte.
1623 Nombrado pintor oficial del Rey Felipe IV en Madrid.
1660 Muere después de una breve enfermedad.

Después de leer

El arte de la vida diaria

(1) Comprensión Después de leer el texto, decide si las oraciones son **ciertas** o **falsas**. Corrige las falsas.

1. Velázquez es conocido sobre todo como pintor religioso.
2. Velázquez era un pintor impresionista que transformaba su sujeto en la imaginación.
3. Por lo general, Velázquez tomaba como modelo gente de la calle.
4. En *El triunfo de Baco*, el dios romano del vino se sienta con campesinos españoles.
5. Velázquez retrataba exclusivamente a la familia real y a los nobles.
6. Velázquez se autorretrata en *Las Meninas*.

(2) Interpretación Contesta las preguntas con oraciones completas.

1. ¿Se puede encontrar evidencia de la crisis económica del siglo XVII en los cuadros de Velázquez? Menciona detalles específicos en tu respuesta.
2. ¿Qué puedes aprender de *Vieja friendo huevos* que posiblemente no puedas leer en un libro de historia?
3. ¿Es *El triunfo de Baco* un cuadro realista? Explica tu respuesta.
4. ¿Te sorprende que Velázquez represente a los sirvientes de la Corte? ¿Por qué?
5. ¿En qué sentido es *Las Meninas* un cuadro misterioso?

(3) Análisis En parejas, respondan a las preguntas.

1. A través de pequeños detalles, *El triunfo de Baco* revela mucho sobre la posición social de los hombres del cuadro. Estudien, por ejemplo, la ropa y el aspecto físico para describir y analizar su situación económica. ¿Cuál es su conclusión?
2. ¿Qué o quién es el verdadero sujeto de *Las Meninas*? ¿El grupo de la princesa? ¿Los reyes? ¿El mismo Velázquez? ¿El arte? Discutan las múltiples posibilidades y presenten una teoría sobre la historia que cuenta el cuadro.

(4) Reflexión En grupos de cuatro, comparen cómo se entretenía la realeza en el pasado con cómo se entretiene la realeza actualmente. Usen estas preguntas como guía.

- Antes, los reyes tenían bufones. ¿Qué piensan de la situación social de los bufones de la Corte? ¿Es ético utilizar a las personas para la diversión?
- ¿Qué familias reales actuales conocen? ¿Cómo viven? ¿Su vida cotidiana es diferente a la de sus ancestros?
- ¿Se puede ser parte de la realeza y tener una vida cotidiana normal?

(5) Recuerdos Imagina que *Vieja friendo huevos* capta, como una fotografía, un momento de tu propio pasado cuando ayudabas a tu abuela en la cocina. Inspirándote en el cuadro de Velázquez, inventa una historia. ¿Qué hacía tu abuela? ¿Cómo pasaba los días? Y tú, ¿por qué llegaste a la cocina aquel día? ¿Te mandó tu madre o tenías hambre? Utilizando los tiempos del pasado que conoces, describe esta escena de tu infancia.

Practice more at **facetas.vhlcentral.com**.

Atando cabos

¡A conversar!

Un día en la historia Trabajen en grupos pequeños para preparar una presentación sobre un día en la vida de un personaje histórico hispano.

Presentaciones

Tema: Elijan un personaje histórico hispano. Algunos personajes que pueden investigar son: Sor Juana Inés de la Cruz, Simón Bolívar, José de San Martín, Emiliano Zapata, Catalina de Erauso, Álvar Núñez Cabeza de Vaca, Fray Bartolomé de las Casas. Pueden elegir también un personaje que no esté en la lista.

Investigación y preparación: Busquen información en Internet o en la biblioteca. Recuerden buscar o preparar materiales visuales. Una vez reunida la información necesaria sobre el personaje, imagínense un día en su vida cotidiana, desde que se levantaba hasta que se acostaba. Al imaginar los detalles, tengan en cuenta la época en la que vivió el personaje.

Organización: Hagan un esquema (*outline*) que los ayude a planear la presentación.

Presentación: Utilicen el pretérito y el imperfecto para las descripciones. Traten de promover la participación a través de preguntas y alternen la charla con materiales visuales.

Simón Bolívar

¡A escribir!

Una anécdota del pasado Sigue el plan de redacción para contar una anécdota que te haya ocurrido en el pasado. Piensa en una historia divertida, dramática o interesante relacionada con uno de estos temas:

- un regalo especial que recibiste
- una situación en la que usaste una excusa falsa y las cosas no te salieron bien
- una situación en la que fuiste muy ingenuo/a

Plan de redacción

Título: Elige un título breve que sugiera el contenido de la historia pero que no dé demasiada información.

Contenido: Explica qué estaba pasando cuando ocurrió el acontecimiento, dónde estabas, con quién estabas, qué pasó, cómo pasó, etc. Usa expresiones como: **al principio, al final, después, entonces, luego, todo empezó/comenzó cuando,** etc. Recuerda que debes usar el pretérito para las acciones y el imperfecto para las descripciones.

Conclusión: Termina la historia explicando cuál fue el resultado del acontecimiento y cómo te sentiste.

En casa

el balcón	balcony
la escalera	staircase
el hogar	home; fireplace
la limpieza	cleaning
los muebles	furniture
los quehaceres	chores
apagar	to turn off
barrer	to sweep
calentar (e:ie)	to warm up
cocinar	to cook
encender (e:ie)	to turn on
freír (e:i)	to fry
hervir (e:ie)	to boil
lavar	to wash
limpiar	to clean
pasar la aspiradora	to vacuum
poner/quitar la mesa	to set/clear the table
quitar el polvo	to dust
tocar el timbre	to ring the doorbell

De compras

el centro comercial	mall
el dinero en efectivo	cash
la ganga	bargain
el probador	dressing room
el reembolso	refund
el supermercado	supermarket
la tarjeta de crédito/débito	credit/debit card
devolver (o:ue)	to return (items)
hacer mandados	to run errands
ir de compras	to go shopping
probarse (o:ue)	to try on
seleccionar	to select; to pick out
auténtico/a	real; genuine
barato/a	cheap; inexpensive
caro/a	expensive

Expresiones

a menudo	frequently; often
a propósito	on purpose
a tiempo	on time
a veces	sometimes
apenas	hardly; scarcely
así	like this; so
bastante	quite; enough
casi	almost
casi nunca	rarely
de repente	suddenly
de vez en cuando	now and then; once in a while
en aquel entonces	at that time
en el acto	immediately; on the spot
enseguida	right away
por casualidad	by chance

La vida diaria

la agenda	datebook
la costumbre	custom; habit
el horario	schedule
la rutina	routine
la soledad	solitude; loneliness
acostumbrarse (a)	to get used to; to grow accustomed (to)
arreglarse	to get ready
averiguar	to find out; to check
probar (o:ue) (a)	to try
soler (o:ue)	to be in the habit of; to be used to
atrasado/a	late
cotidiano/a	everyday
diario/a	daily
inesperado/a	unexpected

Más vocabulario

Expresiones útiles	Ver p. 87
Estructura	Ver pp. 94–95, 98–99 y 102–103

Cinemateca

el choque	crash
las facciones	facial features
el timbre	tone of voice
afligirse	to get upset
despedirse (e:i)	to say goodbye
parecerse	to look like
titularse	to graduate
repentino/a	sudden

Literatura

el autorretrato	self-portrait
el maquillaje	make-up
el llanto	weeping; crying
acariciar	to caress
llorar	to cry
lucir	to wear, to display
arduo/a	hard
feliz	happy
acaso	perhaps

Cultura

el cansancio	exhaustion
el cuadro	painting
la obra maestra	masterpiece
el/la pintor(a)	painter
el retrato	portrait
pintar	to paint
retratar	to portray
fatigado/a	exhausted
imprevisto/a	unexpected
previsto/a	planned

La salud y el bienestar 4

Communicative Goals

You will expand your ability to…

- express will and emotion
- express doubt and denial
- give orders, advice, and suggestions

La salud y el bienestar

Los síntomas y las enfermedades

Inés pensaba que tenía sólo un **resfriado,** pero no paraba de **toser** y estaba **agotada.** El médico le confirmó que era una **gripe** y que debía **permanecer** en cama.

la depresión *depression*
la enfermedad *disease; illness*
la gripe *flu*
la herida *injury*
el malestar *discomfort*
la obesidad *obesity*
el resfriado *cold*
la respiración *breathing*
la tensión (alta/baja) *(high/low) blood pressure*
la tos *cough*
el virus *virus*
_____

contagiarse *to become infected*
desmayarse *to faint*
empeorar *to deteriorate; to get worse*
enfermarse *to get sick*
estar resfriado/a *to have a cold*
lastimarse *to get hurt*
permanecer *to remain; to last*
ponerse bien/mal *to get well/sick*
sufrir (de) *to suffer (from)*
tener buen/mal aspecto *to look healthy/sick*
tener fiebre *to have a fever*
toser *to cough*
_____

agotado/a *exhausted*
inflamado/a *inflamed*
mareado/a *dizzy*

La salud y el bienestar

la alimentación *diet (nutrition)*
la autoestima *self-esteem*
el bienestar *well-being*
el estado de ánimo *mood*
la salud *health*
_____

adelgazar *to lose weight*
dejar de fumar *to quit smoking*
descansar *to rest*
engordar *to gain weight*
estar a dieta *to be on a diet*
mejorar(se) *to improve*
prevenir (e:ie) *to prevent*
relajarse *to relax*
trasnochar *to stay up all night*
_____

sano/a *healthy*

Los médicos y el hospital

la cirugía *surgery*
el/la cirujano/a *surgeon*
la consulta *doctor's appointment*

el consultorio *doctor's office*
la operación *operation*
los primeros auxilios *first aid*
la sala de emergencias *emergency room*

Las medicinas y los tratamientos

A Ignacio no le gusta tomar medicinas. Nunca toma **pastillas** ni **jarabes**. Sin embargo, para ir a la selva, tuvo que ponerse varias **vacunas**. ¡Qué dolor cuando la enfermera le **puso la inyección**!

el analgésico *painkiller*
la aspirina *aspirin*
el calmante *tranquilizer*
los efectos secundarios *side effects*
el jarabe *syrup*
la pastilla *pill*
la receta *prescription*
el tratamiento *treatment*
la vacuna *vaccine*
la venda *bandage*
el yeso *cast*

curarse *to heal; to be cured*
poner(se) una inyección
  to give/get a shot
recuperarse *to recover*
sanar *to heal*
tratar *to treat*
vacunar(se) *to vaccinate/*
  to get vaccinated

curativo/a *healing*

Práctica

① Escuchar

A. Escucha la conversación entre Sara y su hermano David. Después completa las oraciones y decide quién dijo cada una.

1. No sé lo que me pasa, la verdad. Estoy siempre muy _____. _____

2. Creo que _____ demasiado. ¿Has ido al _____? _____

3. No he ido porque no tenía _____, sólo era un ligero _____. _____

4. Deja de ser una niña. Tienes que _____. _____

5. Por eso te llamo. No se me va el dolor de estómago ni con _____. _____

6. Ahora mismo llamo al doctor Perales para hacerle una _____. _____

B. A Sara le diagnosticaron apendicitis. Escucha lo que le dice la cirujana a la familia después de la operación y luego contesta las preguntas.

1. ¿Qué tiene que tomar Sara cada ocho horas?
2. ¿Cómo se puede sentir al principio?
3. ¿Va a tomar mucho tiempo su recuperación?
4. ¿Puede comer de todo?
5. ¿Qué es lo más importante que tiene que hacer ahora Sara?

② A curarse Indica qué tiene que hacer cada persona para solucionar sus problemas.

____ 1. Se lastimó con un cuchillo.

____ 2. Tiene fiebre.

____ 3. Su estado de ánimo es malo.

____ 4. Quiere prevenir la gripe.

____ 5. Le falta la respiración.

____ 6. Está obeso/a.

a. empezar una dieta
b. dejar de fumar
c. hablar con un(a) amigo/a
d. ponerse una venda
e. tomar aspirinas y descansar
f. ponerse una vacuna

Práctica

3) Acróstico Completa el acróstico. Al terminarlo, se formará una palabra de **Contextos**.

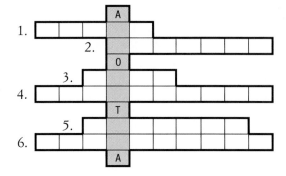

1. Organismo invisible que transmite enfermedades.
2. Si la tienes alta, puedes tener problemas del corazón.
3. Material blanco que se usa para inmovilizar fracturas.
4. No dormir en toda la noche.
5. Es sinónimo de *operación*.
6. Caerse y quedar inconsciente.

4) Amelia está enferma Completa las oraciones con la opción lógica.

1. Amelia está tosiendo continuamente. No se le cura (la gripe/la depresión).
2. Sus compañeros de trabajo no se enfermaron este año porque se (lastimaron/vacunaron).
3. Su madre siempre le había dicho que es preferible (mejorar/prevenir) las enfermedades que curarlas.
4. El médico le dio una receta para (un jarabe/un consultorio).
5. Su jefe le ha dicho que no vaya a trabajar. Ella tiene que volver a la oficina cuando esté (agotada/recuperada).

5) Malos hábitos Martín tiene hábitos que no son buenos para la salud. Completa la conversación entre Martín y su doctor con las palabras de la lista. Haz los cambios necesarios.

ánimo	descansar	mejorar	sano
dejar de fumar	empeorar	pastillas	trasnochar
deprimido	engordar	salud	vacuna

MARTÍN Doctor, a mí me gusta pasar muchas horas comiendo y mirando la tele.

DOCTOR Por eso usted está (1) _____ tanto. Debe hacer ejercicio y (2) _____ su alimentación.

MARTÍN También me gusta salir y acostarme tarde.

DOCTOR No es bueno (3) _____ todo el tiempo. Es importante (4) _____.

MARTÍN Pero ¡doctor! ¿Puedo fumar un poco, por lo menos?

DOCTOR No, don Martín. Usted debe (5) _____ cuanto antes.

MARTÍN ¡No puede ser, doctor! ¿Todo lo que me gusta hacer es malo para la (6) _____ ? Si hago lo que me dice usted, voy a estar (7) _____ pero deprimido.

DOCTOR No es así. Si usted mejora su forma física, su estado de (8) _____ va a mejorar también. Recuerde: "Mente sana en cuerpo sano".

Practice more at **facetas.vhlcentral.com**.

Comunicación

6 **Vida sana**

A. En parejas, háganse las preguntas de la encuesta.

	Siempre	A menudo	De vez en cuando	Nunca
1. ¿Trasnochas más de dos veces por semana?	☐	☐	☐	☐
2. ¿Practicas algún deporte?	☐	☐	☐	☐
3. ¿Consumes vitaminas y minerales diariamente?	☐	☐	☐	☐
4. ¿Comes mucha comida frita?	☐	☐	☐	☐
5. ¿Tienes dolores de cabeza?	☐	☐	☐	☐
6. ¿Te enfermas?	☐	☐	☐	☐
7. ¿Desayunas sin prisa?	☐	☐	☐	☐
8. ¿Pasas muchas horas al día sentado/a?	☐	☐	☐	☐
9. ¿Te pones de mal humor?	☐	☐	☐	☐
10. ¿Tienes problemas para dormir?	☐	☐	☐	☐

B. Imagina que eres médico/a. ¿Tiene tu compañero/a una vida sana? ¿Qué debe hacer para mejorar su salud? Utiliza la conversación entre Martín y su médico de la Actividad 5 como modelo.

7 **Citas célebres**

A. En grupos de cuatro, elijan las citas (*quotations*) que les parezcan más interesantes y expliquen por qué las eligieron.

La salud

"La salud no lo es todo, pero, sin ella, todo lo demás es nada."
A. Schopenhauer

"El ser humano pasa la primera mitad de su vida arruinando la salud y la otra mitad intentando recuperarla."
Joseph Leonard

"Come poco y cena más poco, que la salud de todo el cuerpo se decide en la oficina del estómago."
Miguel de Cervantes

La medicina

"Antes que al médico, llama a tu amigo."
Pitágoras

"Los médicos no están para curar, sino para recetar y cobrar; curarse o no es cuenta del enfermo."
Molière

"La esperanza es el mejor médico que yo conozco."
Alejandro Dumas, hijo.

La enfermedad

"El peor de todos los males es creer que los males no tienen remedio."
Francisco Cabarrus

"La investigación de las enfermedades ha avanzado tanto que cada vez es más difícil encontrar a alguien que esté completamente sano."
Aldous Huxley

"El arte de la medicina consiste en entretener al paciente mientras la Naturaleza cura la enfermedad."
Voltaire

B. Utilicen el vocabulario de **Contextos** para escribir una frase original sobre la salud. Compártanla con la clase. ¿Cuál es la frase más original?

Video: *Fotonovela*

Los empleados de *Facetas* se preocupan por mantenerse sanos y en forma.

1

DIANA ¿Johnny? ¿Qué haces aquí tan temprano?

JOHNNY Madrugué para ir al gimnasio.

DIANA ¿Estás enfermo?

JOHNNY ¿Qué? ¿Nunca haces ejercicio?

DIANA No mucho… A veces me dan ganas de hacer ejercicio, y entonces me acuesto y descanso hasta que se me pasa.

2

En la cocina…

JOHNNY (*habla con los dulces*) Los recordaré dondequiera que esté. Sé que esto es difícil, pero deben ser fuertes… No pongan esa cara de "cómeme". Por mucho que insistan, los tendré que tirar. Ojalá me puedan olvidar.

3

FABIOLA ¿Empezaste a ir al gimnasio? Te felicito. Para ponerse en forma hay que trabajar duro.

JOHNNY No es fácil.

FABIOLA No es difícil. Yo, por ejemplo, no hago ejercicio, pero trato de comer cosas sanas.

JOHNNY Nada de comidas rápidas.

FABIOLA ¡Cómo me gustaría tener tu fuerza de voluntad!

6

En la cocina…

DON MIGUEL ¡Válgame! Aquí debe haber como mil pesos en dulces. ¡Mmm! Y están buenos.

JOHNNY ¿Qué tal, don Miguel? ¿Cómo le va?

DON MIGUEL (*Sonríe sin poder decir nada porque está comiendo.*)

JOHNNY ¡Otro que se ha quedado sin voz! ¿Qué es esto? ¿Una epidemia?

7

FABIOLA ¿Qué compraste?

JOHNNY Comida bien nutritiva y baja en calorías. Juré que jamás volvería a ver un dulce.

FABIOLA ¿Qué es eso?

JOHNNY Esto es tan saludable que con sólo tocar la caja te sientes mejor.

FABIOLA ¿Y sabe bien?

JOHNNY Claro, sólo hay que calentarlo.

8

En la oficina de Aguayo…

DIANA Los nuevos diseños están perfectos. Gracias.

AGUAYO Mariela, insisto en que veas a un doctor. Vete a casa y no vuelvas hasta que no estés mejor. Te estoy dando un consejo. No pienses en mí como tu jefe.

DIANA Piensa en él como un amigo que siempre tiene razón.

Personajes

AGUAYO

DIANA

ÉRIC

FABIOLA

JOHNNY

MARIELA

DON MIGUEL

4

5

En la sala de conferencias…

AGUAYO (*dirigiéndose a Mariela*) Quiero que hagas unos cambios a estos diseños.

DIANA Creemos que son buenos y originales, pero tienen dos problemas.

ÉRIC Los que son buenos no son originales, y los que son originales no son buenos.

AGUAYO ¿Qué crees? (*Mariela no contesta.*)

Mariela escribe "perdí la voz" en la pizarra.

AGUAYO ¿Perdiste la voz?

DIANA Gracias a Dios… Por un momento creí que me había quedado sorda.

AGUAYO Estás enferma. Deberías estar en cama.

ÉRIC Sí, podías haber llamado para decir que no venías.

9

10

AGUAYO Por cierto, Diana, acompáñame a entregar los diseños ahora mismo. Tengo que volver enseguida. Estoy esperando una llamada muy importante.

DIANA Vamos.

Se van. Suena el teléfono. Mariela se queda horrorizada porque no puede contestarlo.

FABIOLA ¿No ibas a mejorar tu alimentación?

JOHNNY Si no puedes hacerlo bien, disfruta haciéndolo mal. Soy feliz.

FABIOLA Los dulces no dan la felicidad, Johnny.

JOHNNY Lo dices porque no has probado la Chocobomba.

Comprensión

1 ¿Cierto o falso? Indica si las oraciones son **ciertas** o **falsas**. Luego, en parejas, corrijan las falsas.

Cierto	Falso	
☐	☐	1. Johnny llegó temprano porque madrugó para ir al gimnasio.
☐	☐	2. Cuando Diana va al gimnasio, se queda dormida.
☐	☐	3. Los primeros diseños de Mariela están perfectos.
☐	☐	4. Diana se quedó sorda.
☐	☐	5. Don Miguel probó los dulces.
☐	☐	6. Johnny no continuó con su dieta.

2 Oraciones incompletas Completa las oraciones de la **Fotonovela** con la opción correcta.

1. Para ponerse en ____ hay que trabajar duro.
   a. cama   b. dieta   c. forma

2. ¡Cómo me gustaría tener tu fuerza ____!
   a. física   b. de voluntad   c. de carácter

3. ¡Otro que se ha quedado ____!
   a. sordo   b. sin voz   c. dormido

4. Piensa en él como un amigo que siempre ____.
   a. tiene razón   b. se mantiene en forma   c. se preocupa

3 Títulos Busca en la **Fotonovela** la palabra adecuada para poner un título a cada lista.

chocolates	correr	salchicha	sopa de verduras
caramelos	saltar	hamburguesa	ensalada
pastel de chocolate	caminar	papas fritas	pollo asado
postre	nadar	sándwich	frutas

4 Opiniones

A. Los empleados de *Facetas* tienen opiniones distintas sobre la salud y el bienestar. En parejas, escriban una descripción breve de la actitud de cada personaje. Utilicen los elementos de la lista y añadan sus propias ideas.

comer comidas sanas	ir al gimnasio	permanecer en cama
descansar	ir al médico	probar los dulces

MODELO Diana casi nunca va al gimnasio. Cree que es más importante descansar para mantenerse sana...

B. ¿Con qué opinión te identificas más? ¿Qué haces tú para mantenerte en forma?

Practice more at **facetas.vhlcentral.com.**

Ampliación

(5) Comidas rápidas

A. Para ponerse en forma, Johnny decide evitar las comidas rápidas. En parejas, háganse las preguntas y comparen sus propias opiniones acerca de la comida rápida.

1. ¿Con qué frecuencia comes en restaurantes de comida rápida?
2. ¿Crees que la comida rápida es mala para la salud?
3. ¿Buscas opciones saludables cuando necesitas comer deprisa?
4. ¿Crees que las personas obesas tienen derecho a demandar (*sue*) a los restaurantes de comida rápida?

B. Ahora, en dos grupos, organicen un debate sobre los beneficios y desventajas de la comida rápida. Un grupo representa a los dueños y ejecutivos de los restaurantes, y el otro grupo representa a la gente que ha sufrido problemas de salud por comer demasiadas comidas rápidas.

(6) Apuntes culturales En parejas, lean los párrafos y contesten las preguntas.

Los dulces

"Los recordaré dondequiera que esté", dice Johnny despidiéndose de los dulces. ¡A los hispanos les encantan los dulces! Un postre muy popular de la cocina colombiana, venezolana, mexicana y centroamericana es el postre de las **tres leches**. Este postre se prepara con leche fresca, leche condensada y crema de leche. ¡Un verdadero manjar (*delicacy*)!

El deporte colombiano

Fabiola dice que para ponerse en forma hay que trabajar duro. El colombiano **Camilo Villegas** sabe mucho de esto, pues su gran dedicación al golf lo ha convertido en estrella del deporte colombiano. Es conocido por el apodo de "hombre araña" por su peculiar estilo en la pista. Este joven ha ganado numerosos campeonatos, entre ellos el Honda Classic en el año 2010.

Las comidas rápidas

Fabiola y Johnny conversan sobre las comidas rápidas. En los países hispanos, las cadenas estadounidenses adaptan los menús a los sabores locales. En Chile, McDonald's ofrece la **Pechuga Palta**, un sándwich de pollo con palta (*avocado*). En Argentina, los **McCafé** sirven bebidas como el **frappé de dulce de leche**. ¿Podrá resistirse Johnny?

1. ¿Conoces otros postres típicos de los países hispanos? ¿De qué países o regiones son? ¿Cuáles son los ingredientes principales?
2. Menciona postres o platos típicos de tu cultura. ¿Cuál es tu preferido?
3. ¿Qué deportistas hispanos juegan en equipos de los EE.UU.?
4. ¿Probaste comidas rápidas de otras culturas? ¿Cuáles? ¿Cuál es tu favorita?

COLOMBIA

En detalle

DE ABUELOS Y CHAMANES

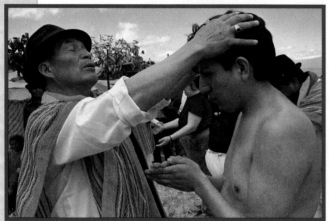

Sentada en su cocina en Bogotá, Marcela Mahecha destapa frasquitos° de hierbas y describe las "agüitas°" que le enseñó a preparar su abuela: agüita de toronjil° para calmar los nervios, agüita de paico° para los cólicos° y muchas más.

Muchos de estos remedios caseros° son más que simples "recetas de la abuela". Su uso proviene de los conocimientos milenarios que los curanderos° y chamanes° han ido pasando de generación en generación. Colombia, segundo país en el mundo en diversidad de especies vegetales, desarrolló una medicina tradicional muy rica, que aún hoy subsiste en todos los niveles de la sociedad. A pesar de la llegada de la medicina científica, muchas comunidades indígenas siguen practicando su medicina tradicional. Cuanto más aislada está la comunidad, mejor mantiene sus tradiciones.

En la cultura indígena americana, lo espiritual y lo corporal se funden° con la naturaleza. Los curanderos y chamanes son los responsables de mantener estos mundos en equilibrio. Para ello, combinan las propiedades medicinales de las plantas con ritos sagrados. En Colombia, al igual que en otros países, hay un renovado interés por conocer las propiedades medicinales de las plantas que se han usado durante siglos. Instituciones gubernamentales, universidades y organizaciones ecologistas intentan recuperar y conservar estos conocimientos. En sólo siete años, el Instituto Nacional de Vigilancia de Alimentos y Medicamentos aumentó de 17 a 95 el número de plantas medicinales aprobadas para usos curativos.

El deseo de las empresas farmacéuticas de apropiarse de las plantas y patentarlas ha hecho que el gobierno colombiano controle el derecho a sacarlas del país. Esto es importante porque algunas están en peligro de extinción y porque estas plantas forman parte indeleble° de la identidad indígena. ▪

Algunas plantas curativas

Chuchuguaza Árbol que crece en la región amazónica de Colombia, Ecuador y Perú. Se usa como diurético y también contra el reumatismo, la gota° y la anemia.

Gualanday Árbol originario del Valle del Cauca y que crece en las regiones colombianas de Putumayo y Amazonas. La corteza°, la hoja y la flor se usan contra neuralgias, dolores de huesos, várices° y afecciones del hígado°.

Sauco Árbol proveniente de cultivos en la sabana° de Bogotá. La hoja, la corteza, el fruto y la flor se usan para tratar afecciones bronquiales.

destapa frasquitos uncovers little jars **agüitas** herbal teas **toronjil** lemon balm **paico** Mexican tea (plant) **cólicos** cramps **caseros** home **curanderos** folk healers **chamanes** shamans **se funden** merge **indeleble** indelible **gota** gout **corteza** bark **várices** varicose veins **afecciones del hígado** liver conditions **sabana** savannah

La salud y el bienestar

el/la buquí (R. Dom.) *glutton*

cachucharse (Chi.) *to hit oneself*

caer bien/mal *to sit well/bad*

curar el empacho (Arg.) *to cure indigestion*

estar constipado/a (Esp.) *to be congested*

estar constipado/a (Amér. L.) *to be constipated*

estar depre (Arg., Esp. y Pe.) *to feel down*

estar funado/a (Chi.) *to feel demotivated*

estar pachucho/a (Arg. y Esp.) *to be under the weather*

el/la matasanos (Esp.) *bad doctor; quack*

¡Se me parte la cabeza! (Arg.) *I have a splitting headache!*

La salud y el bienestar públicos

Los gobiernos hispanoamericanos suelen brindar servicios de salud pública gratuitos° a todos los ciudadanos. Algunos países, como Cuba, han desarrollado un **sistema de salud universalista** en el cual todos los servicios son gratuitos. Otros países, como Chile, tienen un modelo mixto, que combina el sector público con el privado.

En el **ránking de calidad de vida** del año 2005 realizado por *The Economist Intelligence Unit*, España aparece en el décimo lugar sobre un total de 111 países. Este ránking considera no sólo los ingresos económicos, sino también otros indicadores como el bienestar y la satisfacción individual de las personas.

Entre los médicos latinoamericanos, se destaca **Carlos Finlay**, médico y biólogo cubano nacido en 1833. Su mayor contribución científica fue el descubrimiento del mecanismo de transmisión de la fiebre amarilla, que había sido un enigma desde sus primeros registros en el siglo XV. Recibió numerosos premios en Estados Unidos y Europa.

LA CICLOVÍA DE BOGOTÁ

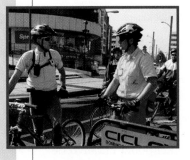

Todos los domingos y lunes festivos, se cierran algunas de las principales vías de la capital de Colombia para que más de un millón de habitantes salgan a la Ciclovía: 120 kilómetros para montar en bicicleta, caminar, correr o patinar. Es una forma de recreación para la comunidad, una manera distinta de recorrer la ciudad y una manera de promover un estilo de vida activo y saludable. La Ciclovía cuenta además con la Recreovía. Son espacios distribuidos en diferentes puntos del trayecto, en los cuales la gente tiene la oportunidad de hacer actividades físicas, como aeróbicos y clases de baile, dirigidas por instructores especializados. Estos servicios no tienen ningún costo y todos son bienvenidos. En el recorrido también se pueden encontrar puntos para la práctica de deportes extremos, zonas especiales para niños e incluso puestos de atención para mascotas. Algunos países como México, Chile y Venezuela también están implementando la Ciclovía como una opción de recreación para la gente.

❝ Los conocimientos de la medicina tradicional son conocimientos adquiridos de nuestros antepasados y mantienen vivas las más ricas culturas de América Latina. ❞
(Donato Ayma, político boliviano)

Conexión Internet

¿Qué beneficios tienen los distintos tés de hierbas?

To research this topic, go to **facetas.vhlcentral.com**.

gratuitos *free of charge*

¿Qué aprendiste?

1 **Comprensión** Indica si estas afirmaciones son **ciertas** o **falsas**. Corrige las falsas.

1. Marcela aprendió a usar infusiones en un viaje a Colombia, la tierra de su abuela.

2. Colombia es uno de los países con mayor diversidad de especies vegetales.

3. En las prácticas curativas tradicionales, se combinan las propiedades curativas de las plantas con el poder curativo de los animales.

4. Los conocimientos sobre los poderes curativos de las plantas han pasado de padres a hijos a través de los siglos.

5. En Colombia, el uso de plantas curativas es popular sólo entre las comunidades indígenas.

6. A pesar de la llegada de la medicina científica, muchas comunidades mantuvieron sus prácticas medicinales tradicionales.

7. Las comunidades que mejor conservaron las tradiciones fueron las que estaban más cerca de la costa.

8. En Colombia, las instituciones no se preocupan por recuperar las tradiciones curativas.

9. Las empresas farmacéuticas quieren apropiarse de las plantas.

10. Colombia ha empezado a controlar las exportaciones de plantas curativas.

2 **Oraciones incompletas** Completa las oraciones con la información correcta.

1. En la Recreovía, los colombianos pueden hacer _____ o tomar clases de baile.
   a. aeróbicos   b. manualidades   c. concursos

2. Países como México, Chile y _____ también están implementando la Ciclovía.
   a. Costa Rica   b. El Salvador   c. Venezuela

3. En Chile, el sistema de salud sigue el modelo _____.
   a. mixto   b. universalista   c. privado

4. Carlos Finlay colaboró para descubrir cómo se transmite la _____.
   a. malaria   b. fiebre amarilla   c. gripe

5. En Chile, usan *estar funado* para decir que alguien tiene _____.
   a. indigestión   b. gripe   c. poca energía

3 **Opiniones** En parejas, hablen sobre estas preguntas. Después, compartan su opinión con la clase.

- ¿Se puede patentar la naturaleza?
- ¿Tienen derecho las empresas farmacéuticas a patentar plantas?
- ¿Tienen derecho a hacerlo si modifican la estructura genética de la planta?
- ¿Cuáles son las posibles consecuencias de patentar plantas y organismos vivos?

Practice more at **facetas.vhlcentral.com**.

PROYECTO

Las plantas curativas

Como hemos visto, muchas comunidades latinoamericanas usan las plantas para curar diferentes enfermedades. Busca información en Internet o en la biblioteca sobre alguna de estas plantas.

Usa las preguntas como guía para tu investigación.

- ¿Para qué se usa la planta?
- ¿En qué comunidad(es) se usa?
- ¿Qué enfermedad(es) específica(s) cura?
- ¿Cómo se usa según la tradición?
- ¿Se comprobaron científicamente las propiedades de la planta?
- ¿Es común su uso en la medicina científica?

Las farmacias

Ya has leído sobre el interés renovado por conocer las propiedades medicinales de las plantas en Colombia. En este episodio de **Flash Cultura** conocerás las distintas opciones de farmacias que existen actualmente en su país vecino, Ecuador.

Corresponsal: Mónica Díaz
País: Ecuador

VOCABULARIO ÚTIL

la arruga *wrinkle*	**el mostrador** *counter*
la baba de caracol *snail slime*	**la piel tersa** *smooth skin*
la cicatriz *scar*	**el ungüento** *ointment*
el estante *shelf*	**la vitrina** *display window*

Los consejos personales que el farmacéutico ofrece al cliente es lo que distingue a las pequeñas farmacias de las grandes.

Preparación ¿Qué haces cuando sientes algún dolor? ¿Alguna vez tomaste medicamentos sin visitar antes al médico?

Comprensión Indica si estas afirmaciones son ciertas o falsas. Después, en parejas, corrijan las falsas.

1. En Ecuador pueden encontrarse farmacias similares a las que hay en Estados Unidos o en Europa.

2. Las grandes farmacias no ofrecen remedios caseros como ungüentos y cremas.

3. No es costumbre en Ecuador que el farmacéutico recete a los clientes.

4. En las farmacias tradicionales, los clientes no tienen acceso a los productos, que se guardan en estantes o vitrinas detrás del mostrador.

5. La crema de baba de caracol sirve para dolores e inflamación de la piel.

6. Para la medicina tradicional, algunas plantas son malas.

A veces, las personas en el mundo hispano utilizan medicina alternativa para curar sus dolencias°.

Expansión En parejas, contesten estas preguntas.

- Imagina que viajas a Ecuador y te enfermas. ¿Buscarías el consejo de un farmacéutico en vez de ir al médico? Justifica tu respuesta.

- Entre unas píldoras recetadas por el médico y una limpia de energía, ¿cuál elegirías? ¿Te parece que alguna de esas opciones puede ser mala para la salud?

- ¿En qué se parecen las farmacias de Ecuador a las de tu ciudad? ¿En qué se diferencian? ¿Qué tipo de farmacia te parece mejor? ¿Por qué?

Para la medicina tradicional, la gripe es un bajón° de energía; a través de la limpia°, se aumenta la energía y de esa manera se sale de ese proceso.

dolencias *ailments* **bajón** *weakening* **limpia** *cleansing*

Practice more at **facetas.vhlcentral.com.**

4.1 The subjunctive in noun clauses

Forms of the present subjunctive

- The subjunctive (**el subjuntivo**) is used mainly in the subordinate (dependent) clause of multiple-clause sentences to express will, influence, emotion, doubt, or denial. The present subjunctive is formed by dropping the **–o** from the **yo** form of the present indicative and adding these endings.

TALLER DE CONSULTA

MANUAL DE GRAMÁTICA
Más práctica

4.1 The subjunctive in noun clauses, p. A23
4.2 Commands, p. A24
4.3 **Por** and **para**, p. A25

Más gramática

4.4 The subjunctive with impersonal expressions, p. A26

The present subjunctive		
hablar	**comer**	**escribir**
hable	coma	escriba
hables	comas	escribas
hable	coma	escriba
hablemos	comamos	escribamos
habléis	comáis	escribáis
hablen	coman	escriban

- Verbs with irregular **yo** forms show that same irregularity in all forms of the present subjunctive.

conocer	conozca		seguir	siga
decir	diga		tener	tenga
hacer	haga		traer	traiga
oír	oiga		venir	venga
poner	ponga		ver	vea

¡ATENCIÓN!

The *indicative* is used to express actions, states, or facts the speaker considers to be certain. The *subjunctive* expresses the speaker's attitude toward events, as well as actions or states that the speaker views as uncertain.

· · · · ·

Verbs that end in **–car, –gar,** and **–zar** undergo spelling changes in the present subjunctive.

sacar: saque

jugar: juegue

almorzar: almuerce

· · · · ·

The present subjunctive form of **hay** is **haya**.

No creo que haya una solución.
I don't think there is a solution.

- Verbs with stem changes in the present indicative show the same changes in the present subjunctive. Stem-changing **–ir** verbs also undergo a stem change in the **nosotros/as** and **vosotros/as** forms of the present subjunctive.

pensar (e:ie)	piense, pienses, piense, pensemos, penséis, piensen
jugar (u:ue)	juegue, juegues, juegue, juguemos, juguéis, jueguen
mostrar (o:ue)	muestre, muestres, muestre, mostremos, mostréis, muestren
entender (e:ie)	entienda, entiendas, entienda, entendamos, entendáis, entiendan
resolver (o:ue)	resuelva, resuelvas, resuelva, resolvamos, resolváis, resuelvan
pedir (e:i)	pida, pidas, pida, pidamos, pidáis, pidan
sentir (e:ie)	sienta, sientas, sienta, sintamos, sintáis, sientan
dormir (o:ue)	duerma, duermas, duerma, durmamos, durmáis, duerman

- The following five verbs are irregular in the present subjunctive.

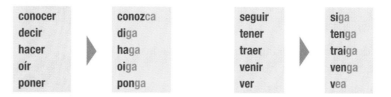

dar	dé, des, dé, demos, deis, den
estar	esté, estés, esté, estemos, estéis, estén
ir	vaya, vayas, vaya, vayamos, vayáis, vayan
saber	sepa, sepas, sepa, sepamos, sepáis, sepan
ser	sea, seas, sea, seamos, seáis, sean

Verbs of will and influence

- A clause is a group of words that contains both a conjugated verb and a subject (expressed or implied). In a subordinate noun clause (**oración subordinada sustantiva**), a group of words function together as a noun.

Quiero que hagas unos cambios en estos diseños.

- When the subject of the main (independent) clause of a sentence exerts influence or will on the subject of the subordinate clause, the verb in the subordinate clause takes the subjunctive.

MAIN CLAUSE	CONNECTOR	SUBORDINATE CLAUSE
Yo quiero	**que**	**tú vayas al médico.**

Verbs and expressions of will and influence

aconsejar *to advise*	**gustar** *to like*	**preferir (e:ie)** *to prefer*
desear *to desire;*	**hacer** *to make*	**prohibir** *to prohibit*
to wish	**importar** *to be important*	**proponer** *to propose*
es importante	**insistir en** *to insist (on)*	**querer (e:ie)** *to want; to wish*
it's important	**mandar** *to order*	**recomendar (e:ie)**
es necesario	**necesitar** *to need*	*to recommend*
it's necessary	**oponerse a** *to oppose*	**rogar (o:ue)** *to beg; to plead*
es urgente *it's urgent*	**pedir (e:i)** *to ask for;*	**sugerir (e:ie)** *to suggest*
exigir *to demand*	*to request*	

Necesito que **consigas** estas pastillas en la farmacia.
I need you to get these pills at the pharmacy.

Insisto en que **vayas** a la sala de emergencias.
I insist that you go to the emergency room.

El médico siempre me **recomienda** que **deje** de fumar.
The doctor always recommends that I quit smoking.

Se oponen a que **salgas** si estás enfermo.
They object to your going out if you're sick.

- The infinitive, not the subjunctive, is used with verbs and expressions of will and influence if there is no change of subject in the sentence. The **que** is unnecessary in this case.

Quiero **ir** a Bogotá en junio.
I want to go to Bogotá in June.

Prefiero que **vayas** en agosto.
I prefer that you go in August.

¡ATENCIÓN!

Pedir is used with the subjunctive to ask someone to do something.

Preguntar is used to ask questions, and is not followed by the subjunctive.

No te pido que lo hagas ahora.
I'm not asking you to do it now.

No te pregunto si lo haces ahora.
I'm not asking you if you are doing it now.

La salud y el bienestar

ciento treinta y cinco 1

Verbs of emotion

• When the main clause expresses an emotion like hope, fear, joy, pity, or surprise, the verb in the subordinate clause must be in the subjunctive if its subject is different from that of the main clause.

Espero que **te recuperes** pronto.
I hope you recover quickly.

Qué pena que **necesites** una operación.
What a shame you need an operation.

Verbs and expressions of will and influence		
alegrarse (de) *to be happy (about)*	**es terrible** *it's terrible*	**molestar** *to bother*
es bueno *it's good*	**es una lástima** *it's a shame*	**sentir (e:ie)** *to be sorry; to regret*
es extraño *it's strange*	**es una pena** *it's a pity*	**sorprender** *to surprise*
es malo *it's bad*	**esperar** *to hope; to wish*	**temer** *to fear*
es mejor *it's better*	**gustar** *to like; to be pleasing*	**tener miedo a/de** *to be afraid (of)*
es ridículo *it's ridiculous*		

• The infinitive, not the subjunctive, is used with verbs and expressions of emotion if there is no change of subject in the sentence.

No me gusta **llegar** tarde.
I don't like to be late.

Es mejor que lo **hagas** ahora.
It's better that you do it now.

Verbs of doubt or denial

• When the main clause implies doubt, uncertainty, or denial, the verb in the subordinate clause must be in the subjunctive if its subject is different from that of the main clause.

No creo que él nos **quiera** engañar.
I don't believe that he wants to deceive us.

Dudan que el jarabe **sea** un buen remedio.
They doubt that the syrup will be a good remedy.

Verbs and expressions of doubt and denial	
dudar *to doubt*	**negar (e:ie)** *to deny*
es imposible *it's impossible*	**no creer** *not to believe*
es improbable *it's improbable*	**no es evidente** *it's not evident*
es poco seguro *it's uncertain*	**no es seguro** *it's not certain*
(no) es posible *it's (not) possible*	**no es verdad/cierto** *it's not true*
(no) es probable *it's (not) probable*	**no estar seguro de** *not to be sure (of)*

• The infinitive, not the subjunctive, is used with verbs and expressions of doubt or denial if there is no change in the subject of the sentence.

Es imposible **viajar** hoy.
It's impossible to travel today.

Es improbable que él **viaje** hoy.
It's unlikely that he would travel today.

Práctica

TALLER DE CONSULTA

MANUAL DE GRAMÁTICA
Más práctica

4.1 The subjunctive in noun clauses, p. A23

1 **Opiniones contrarias** Escribe una oración que exprese lo opuesto en cada ocasión.

> **MODELO** Dudo que la comida rápida sea buena para la salud.
> —No dudo que la comida rápida es buena para la salud.

1. Están seguros de que Pedro puede dejar de fumar.
2. Es evidente que estás agotado.
3. No creo que las medicinas naturales sean curativas.
4. Es verdad que la cirujana no quiere operarte.
5. No es seguro que este médico conozca el mejor tratamiento.

2 **Siempre enferma** Últimamente, Ana María se enferma demasiado y sus amigas están preocupadas por ella. Completa la conversación con el infinitivo, el indicativo o el subjuntivo.

MARTA Es una pena que Ana María (1) _____ (estar / está / esté) enferma otra vez.

ADRIANA El problema es que no le gusta (2) _____ (tomar / toma / tome) vitaminas. Además, ella casi nunca (3) _____ (comer / come / coma) verduras.

MARTA Y no creo que Ana María (4) _____ (hacer / hace / haga) ejercicio. Yo siempre le (5) _____ (pedir / pido / pida) que (6) _____ (venir / viene / venga) conmigo al gimnasio, pero ella prefiere (7) _____ (quedarse / se queda / se quede) en casa.

ADRIANA Y cuando ella se enferma, no (8) _____ (seguir / sigue / siga) los consejos del médico. Si él le recomienda que (9) _____ (permanecer / permanece / permanezca) en cama, ella dice que no es necesario (10) _____ (descansar / descansa / descanse). Si él le da una receta, ella ni (11) _____ (comprar / compra / compre) las medicinas. ¿Qué vamos a hacer, Marta?

MARTA Es necesario que (12) _____ (hablar / hablamos / hablemos) con ella. Si no, ¡temo que un día de éstos ella nos (13) _____ (llamar / llama / llame) para llevarla a la sala de emergencias!

ADRIANA Bueno, creo que (14) _____ (tener / tienes / tengas) razón. ¡Sólo espero que ella nos (15) _____ (escuchar / escucha / escuche)!

3 **Consejos** Adriana y Marta le dan consejos a Ana María. Combina los elementos de cada columna para escribir cinco oraciones. Usa el presente del subjuntivo.

> **MODELO** —Te recomendamos que hagas más ejercicio.

aconsejar		comer frutas y verduras
es importante		descansar
es necesario	que	hacer más ejercicio
querer		ir al gimnasio
recomendar		seguir las recomendaciones del médico
sugerir		tomar las medicinas

Práctica

4. **Ojalá** Para muchos, el amor es una enfermedad. El cantante Silvio Rodríguez sugiere en esta canción una cura para el amor.

A. Utiliza el presente del subjuntivo de los verbos entre paréntesis para completar la estrofa (*verse*) de la canción.

> Ojalá que las hojas no te (1) _____ (tocar) el cuerpo cuando (2) _____ (caer) para que no las puedas convertir en cristal.
> Ojalá que la lluvia (3) _____ (dejar) de ser milagro que baja por tu cuerpo.
> Ojalá que la luna (4) _____ (poder) salir sin ti.
> Ojalá que la tierra no te (5) _____ (besar) los pasos.

B. Ahora, escribe tu propia estrofa.

1. Ojalá que los sueños _____.
2. Ojalá que la noche _____.
3. Ojalá que la herida _____.
4. Ojalá una persona _____.

5. **El hombre ideal** Roberto está enamorado de Lucía, pero ella no le presta atención. Mira el dibujo del hombre ideal de Lucía y escribe cinco recomendaciones para Roberto. Utiliza el presente del subjuntivo y las palabras de la lista.

MODELO Roberto, es necesario que te vistas mejor.

aconsejar	insistir en
es importante	proponer
es malo	recomendar
es mejor	rogar
es necesario	sugerir

Roberto   Hombre ideal

Practice more at **facetas.vhlcentral.com.**

Comunicación

6 **El doctor Sánchez responde** Los lectores de una revista de salud envían sus consultas al doctor Sánchez. Trabajen en parejas para decidir qué consejos corresponden a cada consulta. Luego redacten la respuesta para cada lector usando las expresiones de la lista.

Los lectores preguntan. **El Dr. Sánchez responde.**

1. Estimado Dr. Sánchez:
Tengo 55 años y quiero bajar 10 kilos. Mi médico insiste en que mejore mi alimentación. Probé varias dietas, pero no logro bajar de peso. ¿Qué puedo hacer?
Ana J.

2. Querido Dr. Sánchez:
Tengo 38 años y sufro fuertes dolores de espalda (*back*). Trabajo en una oficina y estoy muchas horas sentada. Después de varios análisis, mi médico dijo que todo está bien en mis huesos (*bones*). Me recetó unas pastillas para los músculos, pero no quiero tomar medicinas. ¿Hay otra solución?
Isabel M.

3. Dr. Sánchez:
Siempre me duele mucho el estómago. Soy muy nervioso y no puedo dormir. Mi médico me aconseja que trabaje menos. Pero eso es imposible.
Andrés S.

A. No comer con prisa.
Pasear mucho.
No tomar café.
Practicar yoga.

B. Caminar mucho.
Practicar natación.
No comer las cuatro "p":
papas, pastas, pan y postres.
Tomar dos litros de agua
por día.

C. No permanecer sentada más
de dos horas seguidas.
Hacer cincuenta minutos
de ejercicio por día.
Adoptar una buena postura
al estar sentada.
Elegir una buena cama.
Usar una almohada dura.

es importante que	le aconsejo que
es improbable que	le propongo que
es necesario que	le recomiendo que
es poco seguro que	le sugiero que
es urgente que	no es seguro que

7 **Estilos de vida** En parejas, cada uno/a debe elegir una de estas personalidades. Después, dense consejos para cambiar su estilo de vida. Utilicen el subjuntivo.

1. Voy al gimnasio tres veces al día. Lo más importante en mi vida es mi cuerpo.

2. Me gusta salir por las noches. Trasnocho casi todos los días.

3. Siempre como comida rápida porque es más fácil y mucho más barata.

4. No hago nada de ejercicio. Estoy todo el día trabajando en una oficina.

4.2 Commands

Formal (*Ud.* and *Uds.*) commands

- Formal commands (**mandatos**) are used to give orders or advice to people you address as **usted** or **ustedes**. Their forms are identical to the present subjunctive forms for **usted** and **ustedes**.

Formal commands		
Infinitive	Affirmative command	Negative command
tomar	**tome** (usted)	**no tome** (usted)
	tomen (ustedes)	**no tomen** (ustedes)
volver	**vuelva** (usted)	**no vuelva** (usted)
	vuelvan (ustedes)	**no vuelvan** (ustedes)
salir	**salga** (usted)	**no salga** (usted)
	salgan (ustedes)	**no salgan** (ustedes)

¡ATENCIÓN!

***Vosotros/as* commands**

In Latin America, **ustedes** commands serve as the plural of familiar (**tú**) commands. The familiar plural **vosotros/as** command is used in Spain. The affirmative command is formed by changing the **–r** of the infinitive to **–d**. The negative command is identical to the **vosotros/as** form of the present subjunctive.

bailar: bailad/no bailéis

For reflexive verbs, affirmative commands are formed by dropping the **–r** and adding the reflexive pronoun **–os**. In negative commands, the pronoun precedes the verb.

levantarse: levantaos/ no os levantéis

The verb **irse** is irregular: **idos/no os vayáis**

Familiar (*tú*) commands

- Familar commands are used with people you address as **tú**. Affirmative **tú** commands have the same form as the **él, ella**, and **usted** form of the present indicative. Negative **tú** commands have the same form as the **tú** form of the present subjunctive.

> Piensa en él como un amigo que tiene siempre razón.

> No pienses en mí como tu jefe.

Formal commands		
Infinitive	Affirmative command	Negative command
viajar	viaja	no viajes
empezar	empieza	no empieces
pedir	pide	no pidas

- These verbs have irregular affirmative **tú** commands. Their negative forms are still the same as the **tú** form of the present subjunctive.

decir	di	salir	sal
hacer	haz	ser	sé
ir	ve	tener	ten
poner	pon	venir	ven

Nosotros/as commands

- **Nosotros/as** commands are used to give orders or suggestions that include yourself as well as other people. In Spanish, **nosotros/as** commands correspond to the English *let's* + [*verb*]. Affirmative and negative **nosotros/as** commands are generally identical to the **nosotros/as** forms of the present subjunctive.

Nosotros/as commands		
Infinitive	Affirmative command	Negative command
bailar	bailemos	no bailemos
beber	bebamos	no bebamos
abrir	abramos	no abramos

- The **nosotros/as** commands for **ir** and **irse** are irregular: **vamos** and **vámonos**. The negative commands are regular: **no vayamos** and **no nos vayamos**.

Using pronouns with commands

- When object and reflexive pronouns are used with affirmative commands, they are always attached to the verb. When used with negative commands, the pronouns appear between **no** and the verb.

Levántense temprano.	**No se levanten** temprano.
Wake up early.	*Don't wake up early.*
Dime todo.	**No me digas**.
Tell me everything.	*Don't tell me.*

- When the pronouns **nos** or **se** are attached to an affirmative **nosotros/as** command, the final **s** of the command form is dropped.

Sentémonos aquí.	**No nos sentemos** aquí.
Let's sit here.	*Let's not sit here.*
Démoselo mañana.	**No se lo demos** mañana.
Let's give it to him/her tomorrow.	*Let's not give it to him/her tomorrow.*

Indirect (él, ella, ellos, ellas) commands

- The construction **que** + [*subjunctive*] can be used with a third-person form to express indirect commands that correspond to the English *let someone do something*. If the subject of the indirect command is expressed, it usually follows the verb.

Que pase el siguiente.	**Que** lo **haga** ella.
Let the next person pass.	*Let her do it.*

- As with other uses of the subjunctive, pronouns are never attached to the conjugated verb, regardless of whether the indirect command is affirmative or negative.

Que se lo den los otros.	**Que no se lo den**.
Que lo vuelvan a hacer.	**Que no lo vuelvan** a hacer.

¡ATENCIÓN!

When one or more pronouns are attached to an affirmative command, an accent mark may be necessary to maintain the original stress. This usually happens when the combined verb form has three or more syllables.

decir

di, dile, dímelo

diga, dígale, dígaselo

digamos, digámosle, digámoselo

TALLER DE CONSULTA

See **2.1**, pp. 54–55 for object pronouns.

See **2.3**, pp. 62–63 for reflexive pronouns.

Práctica

TALLER DE CONSULTA

MANUAL DE GRAMÁTICA
Más práctica

4.2 Commands, p. A24

(1) Mandatos Cambia estas oraciones para que sean mandatos.

1. Te conviene descansar.
2. Deben relajarse.
3. Es hora de que usted tome su pastilla.
4. ¿Podría usted describir sus síntomas?
5. ¿Y si dejamos de fumar?
6. ¿Podrías consultar con un especialista?
7. Ustedes necesitan comer bien.
8. Le pido que se vaya de mi consultorio.

(2) El cuidado de los dientes

A. Un dentista visita una escuela para hablar a los estudiantes sobre el cuidado de los dientes. Escribe los consejos que dio el dentista. Usa el imperativo formal de la segunda persona del plural.

1. prevenir las caries (*cavities*)
2. cepillarse los dientes después de cada comida
3. no comer dulces
4. poner poco azúcar en el café o el té
5. comer o beber alimentos que tengan calcio
6. consultar al dentista periódicamente

B. Un estudiante estuvo ausente el día de la charla con el dentista. Al día siguiente, sus compañeros le contaron sobre la charla y le dieron los mismos consejos. Reescribe los consejos usando el imperativo informal.

(3) El doctor de Felipito Felipito es un niño muy inquieto. A cada rato tiene pequeños accidentes. Su doctor decide explicarle cómo evitarlos y cómo cuidar su salud. Utiliza mandatos informales para escribir las indicaciones del médico.

1.   2.   3.

4.   5.   6.

Practice more at **facetas.vhlcentral.com**.

Comunicación

4 **Que lo hagan ellos** Carlos está tan entretenido con su nuevo videojuego que no quiere hacer nada más. En parejas, preparen una conversación entre Carlos y su madre en la que ella le da mandatos y Carlos sugiere que otras personas la ayuden. Utilicen mandatos indirectos en la conversación.

MODELO **MADRE** Limpia tu cuarto, Carlos.

CARLOS Que lo limpie mi hermano. ¡Estoy a punto de alcanzar el próximo nivel!

ayudarme en la cocina	mis amigos
cortar cebollas	mi hermana
pasear al perro	mi hermano
llamar a la abuela	mi padre
ir a la farmacia	tú/Ud.

5 **Hasta el siglo XXII**

A. ¿Qué consejos le darías a un(a) amigo/a para que viva hasta el siglo XXII? En grupos pequeños, escriban ocho recomendaciones utilizando mandatos informales afirmativos y negativos. Sean creativos/as.

MODELO No tomes mucho café. Toma sólo agua y jugos naturales.

B. Ahora reúnanse con otro grupo y lean las dos listas. ¿En qué se parecen y en qué se diferencian sus recomendaciones?

6 **Anuncios** En grupos, elijan tres de estos productos y escriban un anuncio (*commercial*) de televisión para promocionar cada uno de ellos. Utilicen los mandatos formales para convencer al público de que lo compre.

MODELO El nuevo perfume "Enamorar" de Rita Ferrero le va a encantar. Cómprelo en cualquier perfumería de su ciudad. Pruébelo y…

perfume "Enamorar"	computadora portátil "Digitex"
chocolate sin calorías "Deliz"	crema hidratante "Suavidad"
raqueta de tenis "Rayo"	todo terreno "Intrepid"
pasta de dientes "Sonrisa Sana"	cámara digital "Flimp"

4.3 *Por* and *para*

- **Por** and **para** are both translated as *for*, but they are not interchangeable.

Madrugué para
ir al gimnasio.

Por mucho que
insistan, los tendré
que tirar.

Uses of *para*

Destination *(toward; in the direction of)*	El cirujano sale de su casa **para** la clínica a las ocho. *The surgeon leaves his house at eight to go to the clinic.*
Deadline or a specific time in the future *(by; for)*	El resultado del análisis va a estar listo **para** mañana. *The results of the analysis will be ready by tomorrow.*
Goal (**para** + [*infinitive*]) *(in order to)*	El doctor usó un termómetro **para** ver si el niño tenía fiebre. *The doctor used a thermometer to see if the boy had a fever.*
Purpose (**para** + [*noun*]) *(for; used for)*	El investigador descubrió una cura **para** la enfermedad. *The researcher discovered a cure for the illness.*
Recipient *(for)*	La enfermera preparó la cama **para** doña Ángela. *The nurse prepared the bed for Doña Ángela.*
Comparison with others or opinion *(for; considering)*	**Para** su edad, goza de muy buena salud. *For her age, she enjoys very good health.*
	Para mí, lo que tienes es gripe y no un resfriado. *To me, what you have is the flu, not a cold.*
Employment *(for)*	Mi hijo trabaja **para** una empresa farmacéutica. *My son works for a pharmaceutical company.*

Expressions with *para*

no estar para bromas *to be in no mood
   for jokes*

no ser para tanto *to not be so important*

para colmo *to top it all off*

para que *so that*

para que sepas *just so you know*

para siempre *forever*

- Note that the expression **para que** is followed by the subjunctive.

  Te compré zapatos deportivos **para que** hagas ejercicio.
  I got you tennis shoes so that you will work out.

Para ponerse en forma hay que trabajar duro.

Yo, por ejemplo, trato de comer cosas sanas.

Uses of *por*

Motion or a general location *(along; through; around; by)*	Me quebré la pierna corriendo **por** el parque. *I broke my leg running through the park.*
Duration of an action *(for; during; in)*	Estuvo en cama **por** dos meses. *He was in bed for two months.*
Reason or motive for an action *(because of; on account of; on behalf of)*	Rezó **por** su hijo enfermo. *She prayed for her sick child.*
Object of a search *(for; in search of)*	El enfermero fue **por** un termómetro. *The nurse went for a thermometer.*
Means by which *(by; by way of; by means of)*	Consulté con el doctor **por** teléfono. *I consulted with the doctor by phone.*
Exchange or substitution *(for; in exchange for)*	Cambiamos ese tratamiento **por** uno nuevo. *We changed from that treatment to a new one.*
Unit of measure *(per; by)*	Tengo que tomar las pastillas cinco veces **por** día. *I have to take the pills five times per day.*
Agent (passive voice) *(by)*	La nueva política de salud pública fue anunciada **por** la prensa. *The new public health policy was announced by the press.*

Expressions with *por*

por ahora *for the time being*	**por lo general** *in general*
por allí/aquí *around there/here*	**por lo menos** *at least*
por casualidad *by chance/accident*	**por lo tanto** *therefore*
por cierto *by the way*	**por lo visto** *apparently*
¡Por Dios! *For God's sake!*	**por más/mucho que** *no matter how much*
por ejemplo *for example*	**por otro lado/otra parte** *on the other hand*
por escrito *in writing*	**por primera vez** *for the first time*
por eso *therefore; for that reason*	**por si acaso** *just in case*
por fin *finally*	**por supuesto** *of course*

¡ATENCIÓN!

In many cases it is grammatically correct to use either **por** or **para** in a sentence. However, the meaning of each sentence is different.

Trabajó por su tío.
He worked for (in place of) his uncle.

Trabajó para su tío.
He worked for his uncle('s company).

Práctica

TALLER DE CONSULTA

MANUAL DE GRAMÁTICA
Más práctica

4.3 **Por** and **para**, p. A25

1 Otra manera Lee la primera oración y completa la segunda versión con **por** o **para**.

1. Mateo pasó el verano en Colombia con su abuela.
   Mateo fue a Colombia _____ visitar a su abuela.

2. Ella estaba enferma y quería la compañía de su nieto.
   Ella estaba enferma; _____ eso, Mateo decidió ir.

3. La familia le envió muchos regalos a la abuela.
   La familia envió muchos regalos _____ la abuela.

4. La abuela se alegró mucho de la visita de Mateo.
   La abuela se puso muy feliz _____ la visita de Mateo.

5. Mateo pasó tres meses allá.
   Mateo estuvo en Colombia _____ tres meses.

Cartagena, Colombia

2 Carta de amor Completa la carta con **por** y **para**.

De:	mateo25@tucorreo.com
A:	cata@tucorreo.com
Tema:	Noticias desde Cartagena

Mi amada Catalina:

(1) _____ fin encuentro un momento (2) _____ escribirte. Es que mi abuela me tiene a su lado (3) _____ horas y horas cada día, contándome historias de su niñez aquí en Cartagena. Poquito a poco va recuperándose, pero no sé de dónde saca tantas fuerzas (4) _____ hablar. Pero estoy aquí sólo (5) _____ ella, así que no me quejo de nada. En las tardes ella descansa y yo suelo caminar (6) _____ la playa y, (7) _____ supuesto, pienso en ti…

Hoy mi abuelita me pidió llamar (8) _____ teléfono a la clínica, pues le duele mucho el estómago y cree que es (9) _____ las otras medicinas que le recetó el cirujano. Mientras tío Javi la lleva a la clínica, yo iré al centro (10) _____ hacer unas compras. Ya sé lo que voy a comprar (11) _____ ti.
Ya pronto nos veremos…
Te amaré (12) _____ siempre…

Mateo

3 Oraciones Utiliza palabras de cada columna para formar oraciones lógicas.

MODELO   Mi hermana preparó una cena especial para la fiesta.

caminar		él
comprar		la fiesta
jugar	por	mi mamá
hacer	para	su hermana
preparar		el parque

: Practice more at **facetas.vhlcentral.com.**

Comunicación

4 **Soluciones** En parejas, comenten cuáles son las mejores maneras de lograr los objetivos de la lista. Sigan el modelo y utilicen **por** y **para**.

MODELO —Para tener buena salud, lo mejor es comer cinco frutas o verduras por día porque tienen muchas vitaminas.

concentrarse al estudiar	relajarse
divertirse	ser famoso/a
hacer muchos amigos	ser organizado/a
mantenerse en forma	tener buena salud

5 **Conversación** En parejas, elijan una de las situaciones y escriban una conversación. Utilicen **por** y **para** y algunas de las expresiones de la lista.

A. Tu vecino, don José, ganó en un concurso unas vacaciones a Medellín, Colombia, pero él no puede ir. Está pensando en ti y en otro/a vecino/a. Convence a don José de que te dé a ti las vacaciones.

B. Hace un año que trabajas en una librería y nunca has tenido vacaciones. Habla con tu jefe/a y dile que quieres tomarte unas vacaciones de dos semanas. Tu jefe/a dice que no necesitas tomarte vacaciones y te da algunas razones. Explícale tus razones y dile que si te vas de vacaciones vas a ser un(a) mejor empleado/a al regresar.

no es para tanto	por casualidad	por lo menos
para colmo	por eso	por lo tanto
para siempre	por fin	por supuesto

6 **Síntesis** En parejas, miren la foto e inventen una conversación. Deben usar por lo menos tres verbos en el subjuntivo, tres mandatos y tres expresiones con **por** o **para**. Dramaticen la conversación para el resto de la clase.

La salud y el bienestar

Antes de ver el corto

ÉRAMOS POCOS

país España

duración 16 minutos

director Borja Cobeaga

protagonistas Joaquín (padre), Fernando (hijo), Lourdes (abuela)

Vocabulario

el álbum (de fotos) *(photo) album*	**enseguida** *right away*
apañar *to mend; to fix*	**largarse** *to take off*
apañarse *to manage*	**el marco** *frame*
el asilo (de ancianos) *nursing home*	**la paella** *(Esp.) traditional rice and seafood dish*
descalzo/a *barefoot*	**la tortilla** *(Esp.) potato omelet*
el desorden *mess*	**el trastero** *storage room*

1. **Oraciones incompletas** Completa las oraciones con las palabras apropiadas.

1. Pones las fotos en un _____ para colocarlas en la pared.

2. Te vas a vivir a un _____ cuando eres un anciano.

3. Guardas los muebles antiguos en un _____.

4. Cuando no llevas zapatos, vas _____.

5. La _____ es un plato que se cocina con huevos y patatas.

2. **Preguntas** En parejas, contesten las preguntas.

1. ¿Crees que los hombres ayudan en las tareas del hogar más que hace unos años?

2. ¿Conoces a alguna mujer que sea ama de casa? ¿Le gusta serlo?

3. ¿Cuáles son las ventajas y las desventajas de vivir en un asilo o vivir con la familia cuando una persona es anciana? ¿Qué vas a preferir tú: vivir en un asilo o vivir con la familia? ¿Por qué?

4. ¿Cómo crees que va a ser la situación de los ancianos dentro de unos años?

3. **¿Qué sucederá?** En parejas, miren el fotograma e imaginen lo que va a ocurrir en la historia. Compartan sus ideas con la clase.

Practice more at **facetas.vhlcentral.com**.

Escenas

ARGUMENTO Tras ser abandonado por su mujer, Joaquín decide traer a su suegra a casa para que haga las labores del hogar.

FERNANDO ¿Por qué estás descalzo?
JOAQUÍN Porque no encuentro mis zapatillas.
FERNANDO ¿Y estás seguro de que se ha ido sin más°?
JOAQUÍN Eso parece.

FERNANDO Cuánto tiempo sin verte.
LOURDES Mucho tiempo.
FERNANDO Mira, papá, es la abuela.
LOURDES Hola.
JOAQUÍN Hola, soy tu yerno Joaquín. No sé si te acuerdas de mí.

LOURDES ¿Y mi habitación?
JOAQUÍN Esto se arregla en un momento. Desde que te fuiste usamos este cuarto como un trastero, pero enseguida lo apañamos. ¡Fernando!
LOURDES No te preocupes, no pasa nada.
JOAQUÍN ¡Fernando!

JOAQUÍN Creo que se ha dado cuenta. Que sabe para qué la hemos traído.
FERNANDO ¿Qué dices?
JOAQUÍN ¿No la notas demasiado… contenta?

ABUELA ¿Qué? ¿No coméis?
JOAQUÍN Que te diga esto a lo mejor te parece desproporcionado, Lourdes. Pero es que Julia lleva mucho tiempo de viaje.
FERNANDO Mucho, mucho.
JOAQUÍN No sabes lo que esta tortilla significa para nosotros.

JOAQUÍN Julia, soy yo. No me cuelgues°, ¿eh? Es importante. Es sobre tu madre. Ya sé que fui yo el que insistió en meterla en un asilo pero ahora está aquí, con nosotros. Es para pedirte perdón y para que veas que puedo cambiar.

sin más *just like that* **No me cuelgues** *Don't hang up on me*

(1) **Comprensión** Contesta las preguntas con oraciones completas.

1. ¿Dónde está Julia?
2. ¿Qué ha pasado con las zapatillas de Joaquín?
3. ¿Por qué van a recoger a la abuela?
4. ¿Por qué cree Joaquín que la abuela se ha dado cuenta del plan?
5. ¿Para qué llama Joaquín a su mujer?
6. ¿Qué le dice su mujer?
7. ¿Para qué mira Joaquín el álbum de fotos?
8. ¿Qué descubre Joaquín?

(2) **Ampliación** Contesta las preguntas.

1. ¿Por qué piensas que Joaquín y Fernando son incapaces de vivir sin una mujer?
2. Según Joaquín, ¿por qué es importante la tortilla?
3. ¿Por qué está tan contenta Lourdes a pesar de trabajar tanto?
4. ¿Por qué crees que Joaquín no dice que la mujer no es su suegra?
5. ¿Qué opinas del final del corto? ¿Te parece que los personajes se están engañando unos a otros o se están ayudando? ¿Por qué?
6. ¿Cómo se relaciona el título con lo que sucede en el corto?

(3) **Julia** En parejas, imaginen cómo es la esposa de Joaquín y cómo es su vida.

- ¿Cómo es?
- ¿Por qué se fue de casa?
- ¿Dónde está ahora?
- ¿Crees que sigue haciendo las labores del hogar?
- ¿Volverá con su familia?

(4) **Salud mental** En parejas, imaginen que un día Julia llama a su hijo para explicarle por qué se fue. Según ella, era necesario para su salud mental y su bienestar. Piensen en estas preguntas y ensayen la conversación telefónica entre Fernando y Julia. Represéntenla delante de la clase.

- ¿Está Fernando de acuerdo con la explicación de su madre?
- ¿Perdona Fernando a su madre?
- ¿Le importa realmente que su madre se haya ido?
- ¿Está arrepentida Julia?
- ¿Estaba realmente enferma Julia cuando se fue de la casa?

(5) **Cartas** Elige una de estas dos situaciones y escribe una carta.

1. Eres la anciana que se hace pasar por Lourdes y decides escribirle una carta a tu verdadera familia explicando por qué te fuiste del asilo con otra familia.
2. Eres un(a) anciano/a que acaba de irse a un asilo. Escribe una carta a tu familia describiendo qué cosas extrañas de vivir en casa y qué te gusta del asilo.

Practice more at **facetas.vhlcentral.com.**

Maru, 2010
Fernando Miñarro, España

"Cuando sientes que la mano de la muerte
se posa sobre el hombro, la vida se ve
iluminada de otra manera…"

— Isabel Allende

Antes de leer

Mujeres de ojos grandes

Sobre la autora

Ángeles Mastretta nació en Puebla, México, en 1949. Estudió periodismo y colaboró en periódicos y revistas: "Escribía de todo: de política, de mujeres, de niños, de lo que veía, de lo que sentía, de literatura, de cultura, de guerra". Su primer libro fue de poemas: *La pájara pinta* (1978), pero fue *Arráncame la vida* (1985), su primera novela, la que le dio fama y reconocimiento. En 1997 fue la primera mujer en ganar el Premio Rómulo Gallegos con su novela *Mal de amores*. En su obra se destaca el pensamiento femenino. *Mujeres de ojos grandes* está compuesto de relatos sobre mujeres que muestran "el poder que tienen en sus cosas y el poder que tienen para hacer con sus vidas lo que quieran, aunque no lo demuestren. Son mujeres poderosas que se saben poderosas pero no lo ostentan (*boast*)".

Vocabulario

el adelanto *improvement*	el/la enfermero/a *nurse*	el ombligo *navel*
la aguja *needle*	el hallazgo *finding; discovery*	la pena *sorrow*
la cordura *sanity*	la insensatez *folly*	el regocijo *joy*
desafiante *challenging*	latir *to beat*	la terapia intensiva *intensive care*

La historia de Julio Completa el párrafo con las palabras apropiadas.

Julio prefería una vida (1) _____ que no lo aburriera. Sin embargo, al perder todo por la caída de la bolsa (*stock market crash*), Julio —siempre una persona tan sensata— perdió la (2) _____. Después de unos meses, los síntomas desaparecieron para gran (3) _____ de la familia. Sin embargo, pensar en su trabajo lo llenaba de (4) _____ y en su corazón latía el deseo de hacer algo nuevo. Tan agradecido estaba con los médicos que decidió estudiar para ser (5) _____.

Conexión personal Cuando te sientes enfermo/a, ¿intentas curarte por tus propios medios? ¿Alguna vez estuviste en un hospital? ¿Confías en la medicina tradicional o has probado la medicina alternativa? ¿Crees que la ciencia puede resolverlo todo?

Análisis literario: el símil o la comparación

El símil, o la comparación, es un recurso literario que consiste en comparar una cosa con otra por su semejanza, parecido o relación. De esa manera, se logra mayor expresividad. Implica el uso del término comparativo explícito: **como**. Por ejemplo: "*ojos grandes* **como** *lunas*". Crea algunas comparaciones con estos pares de palabras o inventa tus propias comparaciones: muerte/noche, rostro/fantasma, mejillas/manzanas, hombre/ratón, lugar/cementerio.

Practice more at **facetas.vhlcentral.com**.

Mujeres de ojos grandes

Último cuento; sin título

Ángeles Mastretta

Tía Jose Rivadeneira tuvo una hija con los ojos grandes como dos lunas, como un deseo. Apenas colocada en su abrazo, todavía húmeda y vacilante°, la niña mostró los ojos y algo en las alas° de sus labios que parecía pregunta.

—¿Qué quieres saber? —le dijo tía Jose jugando a que entendía ese gesto.

Como todas las madres, tía Jose pensó que no había en la historia del mundo una criatura tan hermosa como la suya. La deslumbraban° el color de su piel, el tamaño de sus pestañas° y la placidez con que dormía. Temblaba de orgullo imaginando lo que haría con la sangre y las quimeras° que latían en su cuerpo.

Se dedicó a contemplarla con altivez° y regocijo durante más de tres semanas. Entonces la inexpugnable° vida hizo caer sobre la niña una enfermedad que en cinco horas convirtió su extraordinaria viveza° en un sueño extenuado° y remoto° que parecía llevársela de regreso a la muerte.

Cuando todos sus talentos curativos no lograron mejoría alguna, tía Jose, pálida de terror, la cargó hasta el hospital. Ahí se la quitaron de los brazos y una docena de médicos y enfermeras empezaron a moverse agitados y confundidos en torno a la niña. Tía Jose la vio irse tras una puerta que le prohibía la entrada y se dejó caer al suelo incapaz de cargar consigo misma y con aquel dolor como un acantilado°.

Ahí la encontró su marido, que era un hombre sensato y prudente como los hombres acostumbran fingir° que son. La ayudó a levantarse y la regañó° por su falta de cordura y esperanza. Su marido confiaba en la ciencia médica y hablaba de ella como otros hablan de Dios. Por eso lo turbaba° la insensatez en que se había colocado su mujer, incapaz de hacer otra cosa que llorar y maldecir° al destino.

Aislaron a la niña en una sala de terapia intensiva. Un lugar blanco y limpio al que las madres sólo podían entrar media hora diaria. Entonces se llenaba de oraciones° y ruegos.

Todas las mujeres persignaban° el rostro de sus hijos, les recorrían el cuerpo con estampas y agua bendita°, pedían a todo Dios que los dejara vivos. La tía Jose no conseguía sino llegar junto a la cuna° donde su hija apenas respiraba para pedirle: "no te mueras". Después lloraba y lloraba sin secarse los ojos ni moverse hasta que las enfermeras le avisaban que debía salir.

Entonces volvía a sentarse en las bancas cercanas a la puerta, con la cabeza sobre las piernas, sin hambre y sin voz, rencorosa° y arisca°, ferviente° y desesperada. ¿Qué podía hacer? ¿Por qué tenía que vivir su hija? ¿Qué sería bueno ofrecerle a su cuerpo pequeño lleno de agujas y sondas° para que le interesara quedarse en este mundo? ¿Qué podría decirle para convencerla de que valía la pena hacer el esfuerzo en vez de morirse?

Una mañana, sin saber la causa, iluminada sólo por los fantasmas de su corazón, se le acercó a la niña y empezó a contarle las historias de sus antepasadas°. Quiénes habían sido, qué mujeres tejieron° sus vidas con qué hombres antes de que la boca y el ombligo de su hija se anudaran° a ella. De qué estaban hechas, cuántos trabajos° habían pasado, qué penas y jolgorios° traía ella como herencia. Quiénes sembraron con intrepidez° y fantasías la vida que le tocaba prolongar.

Durante muchos días recordó, imaginó, inventó. Cada minuto de cada hora disponible habló sin tregua° en el oído de su hija. Por fin, al atardecer de un jueves, mientras contaba implacable alguna historia, su hija abrió los ojos y la miró ávida° y desafiante, como sería el resto de su larga existencia.

El marido de tía Jose dio las gracias a los médicos, los médicos dieron gracias a los adelantos de su ciencia, la tía abrazó a su niña y salió del hospital sin decir una palabra. Sólo ella sabía a quiénes agradecer la vida de su hija. Sólo ella supo siempre que ninguna ciencia fue capaz de mover tanto, como la escondida en los ásperos° y sutiles° hallazgos de otras mujeres con los ojos grandes. ■

Marginal glosses (left column):
- hesitating
- wings 5
- dazzled
- eyelashes
- fancy ideas 15
- arrogance; pride
- impregnable
- liveliness/ exhausted 20
- remote; far off
- cliff
- to feign
- scolded 35
- disturbed; embarrassed
- to damn; to curse 40
- prayers

Marginal glosses (right column):
- 45 crossed
- holy
- cradle 50
- 55 spiteful
- churlish/ fervent
- probes; catheters 60
- 65 ancestors
- wove
- tied
- 70 hardships
- boisterous frolic
- bravery
- 75
- relentlessly
- avid; eager 80
- 85
- rough; harsh/ subtle

Después de leer

Mujeres de ojos grandes
Ángeles Mastretta

1 Comprensión Contesta las siguientes preguntas con oraciones completas.

1. ¿Quiénes son los tres personajes principales de este relato?
2. ¿Tía Jose lleva inmediatamente a su hija al hospital?
3. ¿Qué piensa el marido de la ciencia de los médicos y del comportamiento de su esposa?
4. ¿Qué historias le cuenta tía Jose a su hija? ¿Son todas reales?
5. Para el padre de la niña, ¿qué o quién le salvó la vida? ¿Y para tía Jose?

2 Análisis Lee el relato nuevamente y contesta las preguntas.

1. Los ojos de la hija de tía Jose son "grandes como dos lunas, como un deseo". ¿Por qué se eligen estos dos términos para la comparación? ¿Puedes encontrar otras comparaciones en el cuento?
2. La expresión "las alas de sus labios" es un recurso ya analizado. ¿Cómo se llama?
3. En el hospital, la niña es llevada lejos de su madre, "tras una puerta que le prohibía la entrada". ¿A qué lugar se refiere?
4. Tía Jose comienza a contarle historias a su hija "iluminada por los fantasmas de su corazón". Reflexiona: ¿los fantasmas se asocian con la luz o con la oscuridad? ¿A quiénes se refiere la palabra "fantasmas" en el relato?

3 Interpretación En parejas, respondan las preguntas.

1. El personaje de la tía Jose pierde la voz ante la enfermedad de su hija. ¿Cómo recupera la voz? ¿Por qué?
2. La hija de tía Jose tiene ojos grandes, al igual que las mujeres de los relatos que le cuenta su madre. ¿Qué creen que simboliza esto?
3. El padre agradece a los médicos por haber salvado a la niña; los médicos agradecen a la ciencia. ¿Por qué tía Jose "salió del hospital sin decir una palabra"?
4. ¿Qué creen que salvó la vida de la niña? ¿Conocen algún caso de recuperación asombrosa en la vida real?

4 Debate Formen dos grupos: uno debe hacer una lista de los argumentos que usó el marido de tía Jose para tranquilizarla en el hospital; el otro grupo debe imaginar cuáles eran las razones de las mujeres que rezaban (*prayed*) para sanar a sus hijos. Después, organicen un debate para discutir las alternativas, defendiendo su argumento y señalando las debilidades del argumento contrario.

5 Historias Redacta una de las historias que la tía Jose le contó a su hija. Utiliza algunos de los usos de **por** y **para**. Incluye por lo menos dos símiles.

Practice more at **facetas.vhlcentral.com.**

Antes de leer

Vocabulario

afligir *to afflict*	**el/la investigador(a)** *researcher*
descubrir *to discover*	**la lesión** *injury*
la dolencia *illness*	**la población** *population*
la genética *genetics*	**el pueblo** *people*
el/la indígena *indigenous person*	**recetar** *to prescribe*

Oraciones incompletas Completa las oraciones con la palabra apropiada. No repitas palabras.

1. La diversidad cultural de Latinoamérica se debe al contacto entre múltiples _____.

2. La _____ es la ciencia que estudia la herencia biológica.

3. La _____ de este laboratorio trabaja para _____ un tratamiento nuevo para el cáncer.

4. Cuando los españoles llegaron a Latinoamérica, se encontraron con los _____ que estaban allí.

5. Los doctores trabajan para curar las _____ que _____ a los enfermos.

6. Debido a la epidemia, toda la _____ debe ponerse la vacuna.

Conexión personal ¿Puedes pensar en alguna enfermedad o dolencia que afecta a tu comunidad o a un grupo que conoces? ¿Ha recibido la comunidad alguna ayuda?

Contexto cultural

Situada en una zona de tránsito entre Norteamérica y Suramérica, Colombia presenta un lugar ideal para la convergencia de múltiples culturas. La mayoría de los habitantes son mestizos, es decir, descendientes de europeos y amerindios. Hay también más de diez millones de afrocolombianos —casi el veinte por ciento de la nación entera— y una población indígena que cuenta con más de un millón de habitantes. De esta diversidad étnica han surgido (*have arisen*) costumbres variadas, una riquísima tradición musical y la pluralidad lingüística. La lengua oficial del país es el español, pero todavía se hablan más de sesenta lenguas indígenas.

Practice more at **facetas.vhlcentral.com**.

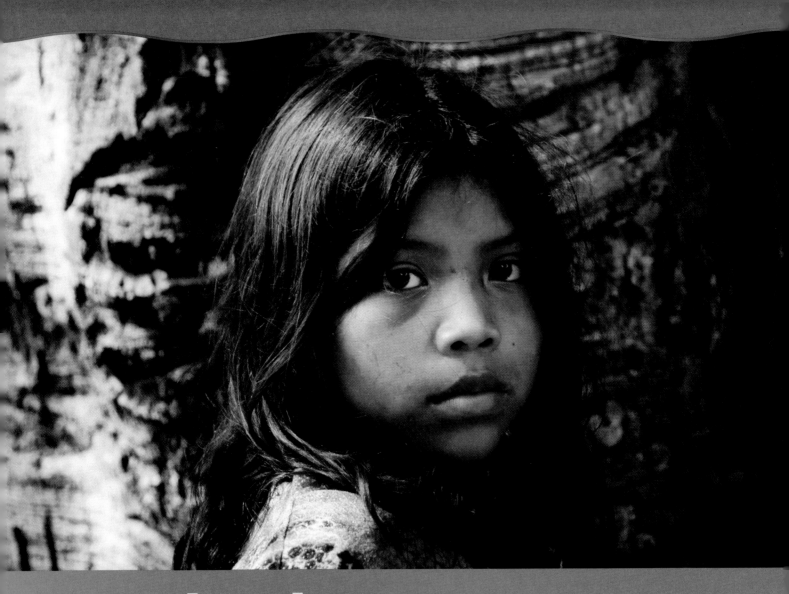

La ciencia: la nueva arma en una guerra antigua

Famoso por su talento especial con el arco y la flecha°, el pueblo indígena chimila tiene una historia larga de rebelión y resistencia contra los españoles de la época colonial. Estos valientes guerreros° formaron una sorprendente potencia militar que parecía imposible
5 de conquistar. Ahora, en nuestra época, los indígenas chimila hacen guerra a° unos enemigos muy distintos: la pobreza, la falta de recursos° médicos y enfermedades endémicas sin solución.

bow and arrow

warriors

wage war against/ lack of resources

allies/fight   Por fortuna, tienen aliados° en su lucha°.
La Expedición Humana es una organización
tries   10 que identifica y trata de° resolver los
problemas que afligen particularmente a las
comunidades indígenas y afrocolombianas.
            En los últimos quince años, varios grupos
de la Expedición Humana se han integrado
with the aim of 15 en numerosas comunidades con el fin de°
determinar sus verdaderas necesidades.
De esta manera, los investigadores han
discovered   descubierto° que los chimila tienen una
incidencia sorprendentemente alta de
        20 una enfermedad dermatológica llamada
a chronic   prurigo actínico°. Esta enfermedad
skin disorder   ataca a varios grupos indígenas en toda
Latinoamérica y se considera incurable.
It appears   Aparece° normalmente en niños pequeños
        25 en forma de lesiones y, en situaciones
graves, puede afectar los ojos y la vista.
A pesar de su potencial gravedad, el prurigo
actínico ha recibido muy poca atención por
parte de la comunidad médica mundial.
        30 Al estudiar el caso desde muchos ángulos,
el equipo de la Expedición Humana encontró
sources   información en varias fuentes° interesantes,
pre-Columbian   incluyendo los artefactos precolombinos°. De
las cerámicas con dibujos de enfermos que
dug up   35 desenterraron° los arqueólogos, aprendieron
que problemas similares han afectado a
las poblaciones colombianas desde hace
2.500 años. Los investigadores sabían que
la exposición al sol provoca la aparición
        40 del prurigo actínico, pero tenían muchas
preguntas. ¿Por qué afecta especialmente
a ciertas comunidades? En una población
como los indígenas chimila, ¿por qué aflige
sólo a ciertas personas? ¿Qué tienen en
        45 común estos pacientes?
            Los científicos decidieron explorar la
base genética de la enfermedad. Después
de años de investigación, el equipo de la
Expedición Humana confirmó que existe una
        50 predisposición genética que, en combinación

con la exposición al sol, causa las lesiones.
Gracias a la cooperación de los chimila en
los estudios, los investigadores pudieron
desarrollar° tratamientos más efectivos que   to develop
utilizan medicamentos con menos efectos 55
secundarios que los que habitualmente
recetaban los médicos. Estos medicamentos
alternativos, asimismo, son de fácil adquisición
y de bajo costo.
    Según los Centros para el Control y 60
la Prevención de Enfermedades° del   Centers for
gobierno de los Estados Unidos, la mayoría   Disease Control
de las dolencias más comunes son el   and Prevention
resultado de la interacción entre genes y   (CDC)
ciertos factores medioambientales°. Los 65   environmental
estudios que ha realizado la Expedición
Humana son un modelo de cooperación
entre personas de diferentes comunidades
y de integración de muchas maneras de
investigar. Nos ofrecen un ejemplo a imitar 70
en la gran batalla° contra las enfermedades   battle
del mundo. ■

Detalles de la investigación

- El prurigo actínico afecta principalmente a poblaciones indígenas y mestizas de países como México, Guatemala, Honduras, Colombia, Perú, Bolivia y el norte de Argentina, así como Canadá y Estados Unidos.

- Entre 704 habitantes de la comunidad chimila, se diagnosticaron 56 casos.

- Fundada por el Instituto de Genética Humana de la Pontificia Universidad Javeriana de Bogotá, la Expedición Humana reúne a profesores, científicos y estudiantes. El propósito es servir a los pueblos colombianos que viven aislados de la capital y que tradicionalmente están menos representados en los estudios científicos del país.

- En la etapa llamada la Gran Expedición Humana (1992–3), los investigadores realizaron 17 viajes en los que participaron 320 personas, que visitaron 35 comunidades y atendieron a alrededor de 8.000 pacientes en los lugares más apartados de Colombia.

La ciencia: la nueva arma en una guerra antigua

(1) Comprensión Responde a las preguntas con oraciones completas.

1. ¿Contra quiénes lucharon los chimila durante la época colonial?
2. ¿Qué han descubierto los investigadores de la Expedición Humana?
3. ¿Qué es el prurigo actínico?
4. ¿Ha recibido el prurigo actínico mucha atención por parte de la comunidad médica mundial?
5. ¿Qué descubrimiento por parte de unos arqueólogos ayudó a la Expedición Humana?
6. ¿Qué decidieron explorar los científicos de la Expedición Humana?

(2) Preguntas Contesta las preguntas con oraciones completas.

1. ¿Cuál es la fama de los indígenas chimila?
2. ¿Cuáles son algunos de los problemas que afectan al pueblo chimila?
3. ¿Por qué es importante el desarrollo de nuevos tratamientos?
4. ¿Cuáles son los dos factores principales relacionados con la aparición de la enfermedad?
5. ¿Cuál es el objetivo de la Expedición Humana?
6. Según la perspectiva de los Centros para el Control y la Prevención de Enfermedades, ¿es el prurigo actínico una enfermedad inusual? Explica tu respuesta.

(3) Los peligros del sol En parejas, imaginen que son médicos y que están hablando con un grupo de niños que no comprenden los peligros de la exposición al sol. ¿Qué preguntas deben hacerles? ¿Qué consejos pueden darles? Usen el imperativo para los consejos.

(4) Debate Considerando el dinero y el tiempo que se necesita para curar o combatir una enfermedad como el prurigo actínico, ¿es aceptable utilizar gran cantidad de recursos para investigar sobre productos de belleza? Divídanse en grupos de cuatro para debatir el tema. Compartan sus conclusiones con la clase.

(5) Opiniones Uno de los objetivos de la Expedición Humana es ayudar a comunidades particulares. En tu opinión, ¿es bueno que una universidad gaste dinero en la investigación de una enfermedad poco estudiada aunque afecte a pocas personas o es más importante que los científicos piensen en los problemas de la mayor parte de la población? Utilizando expresiones con el subjuntivo, describe en tres párrafos lo que piensas de los objetivos de la Expedición Humana y defiende tu posición.

> **MODELO** No pienso que sea una buena idea gastar tanto dinero en investigar enfermedades que afectan a pocas personas./Creo que es fundamental que la Expedición Humana trabaje para ayudar a comunidades pequeñas con pocos recursos económicos.

 Practice more at **facetas.vhlcentral.com**.

Atando cabos

¡A conversar!

La nueva cafetería Trabajen en grupos de cuatro. Imaginen que son consultores/as contratados/as por una escuela o universidad para diseñar una nueva cafetería que cumpla con los objetivos del recuadro. Presenten su plan a la clase.

Objetivos de la nueva cafetería

- brindar a los estudiantes un espacio para socializar y relajarse
- ofrecer una selección de alimentos que sea atractiva, pero que, al mismo tiempo, sea saludable y lo más natural posible
- informar a los estudiantes acerca de temas relacionados con la salud, la alimentación y el bienestar a través de afiches y otros elementos visuales

---

¡A escribir!

Un decálogo Imagina que eres médico/a. Sigue el **Plan de redacción** para escribir un decálogo en el que das diez consejos generales a tus pacientes para que lleven una vida sana.

Plan de redacción

Preparación: Prepara un esquema (*outline*) con los diez consejos más importantes.

Título: Elige un título para el decálogo.

Contenido: Escribe los diez consejos. Utiliza el subjuntivo o el imperativo en todos los consejos. Puedes incluir la siguiente información.

- qué alimentos se deben comer y cuáles se deben evitar
- cuántas comidas se deben consumir al día
- cuántas horas se debe dormir
- qué hábitos se deben evitar

Cuídese:

1. Haga ejercicio tres veces a la semana como mínimo.

2. Es importante que no consuma muchas grasas.

3. Es esencial que...

Los síntomas y las enfermedades

la depresión	depression
la enfermedad	disease; illness
la gripe	flu
la herida	injury
el malestar	discomfort
la obesidad	obesity
el resfriado	cold
la respiración	breathing
la tensión (alta/baja)	(high/low) blood pressure
la tos	cough
el virus	virus
contagiarse	to become infected
desmayarse	to faint
empeorar	to deteriorate; to get worse
enfermarse	to get sick
estar resfriado/a	to have a cold
lastimarse	to get hurt
permanecer	to remain; to last
ponerse bien/mal	to get well/sick
sufrir (de)	to suffer (from)
tener buen/mal aspecto	to look healthy/sick
tener fiebre	to have a fever
toser	to cough
agotado/a	exhausted
inflamado/a	inflamed
mareado/a	dizzy

La salud y el bienestar

la alimentación	diet (nutrition)
la autoestima	self-esteem
el bienestar	well-being
el estado de ánimo	mood
la salud	health
adelgazar	to lose weight
dejar de fumar	to quit smoking
descansar	to rest
engordar	to gain weight
estar a dieta	to be on a diet

mejorar(se)	to improve
prevenir (e:ie)	to prevent
relajarse	to relax
trasnochar	to stay up all night
sano/a	healthy

Los médicos y el hospital

la cirugía	surgery
el/la cirujano/a	surgeon
la consulta	doctor's appointment
el consultorio	doctor's office
la operación	operation
los primeros auxilios	first aid
la sala de emergencias	emergency room

Las medicinas y los tratamientos

el analgésico	painkiller
la aspirina	aspirin
el calmante	tranquilizer
los efectos secundarios	side effects
el jarabe	syrup
la pastilla	pill
la receta	prescription
el tratamiento	treatment
la vacuna	vaccine
la venda	bandage
el yeso	cast
curarse	to heal; to be cured
poner(se) una inyección	to give/get a shot
recuperarse	to recover
sanar	to heal
tratar	to treat
vacunar(se)	to vaccinate/to get vaccinated
curativo/a	healing

Más vocabulario

Expresiones útiles	Ver p. 127
Estructura	Ver pp. 134–136, 140–141 y 144–145

Cinemateca

el álbum (de fotos)	(photo) album
el asilo (de ancianos)	nursing home
el desorden	mess
el marco	frame
la paella	(Esp.) traditional rice and seafood dish
la tortilla	(Esp.) potato omelet
el trastero	storage room
apañar	to mend; to fix
apañarse	to manage
largarse	to take off
descalzo/a	barefoot
enseguida	right away

Literatura

el adelanto	improvement
la aguja	needle
la cordura	sanity
el/la enfermero/a	nurse
el hallazgo	finding; discovery
la insensatez	folly
el ombligo	navel
la pena	sorrow
el regocijo	joy
la terapia intensiva	intensive care
latir	to beat
desafiante	challenging

Cultura

la dolencia	illness
la genética	genetics
el/la indígena	indigenous person
el/la investigador(a)	researcher
la lesión	injury
la población	population
el pueblo	people
afligir	to afflict
descubrir	to discover
recetar	to prescribe

Los viajes

Communicative Goals

You will expand your ability to...

- make comparisons
- use negative, affirmative, and indefinite expressions
- express uncertainty and indefiniteness

Los viajes

De viaje

Para sus vacaciones, Cecilia y Juan **hicieron un viaje** al Caribe. El último día decidieron descansar en la piscina antes de **hacer las maletas**. Se durmieron... ¡y **perdieron el vuelo**! De todos modos, no querían **regresar**.

la bienvenida *welcome*
la despedida *farewell*
el destino *destination*
el itinerario *itinerary*
la llegada *arrival*
el pasaje (de ida y vuelta) *(round-trip) ticket*
el pasaporte *passport*
la tarjeta de embarque *boarding pass*
la temporada alta/baja *high/low season*
el/la viajero/a *traveler*

hacer las maletas *to pack*
hacer transbordo *to change (planes/trains)*
hacer un viaje *to take a trip*
ir(se) de vacaciones *to take a vacation*
perder (e:ie) (el vuelo) *to miss (the flight)*
regresar *to return*

a bordo *on board*
retrasado/a *delayed*
vencido/a *expired*
vigente *valid*

El alojamiento

el albergue *hostel*
el alojamiento *lodging*
la habitación individual/doble *single/double room*
la recepción *front desk*
el servicio de habitación *room service*

alojarse *to stay*
cancelar *to cancel*
estar lleno/a *to be full*
quedarse *to stay*
reservar *to reserve*

de (buena) categoría *high-quality*
incluido/a *included*
recomendable *recommendable; advisable*

La seguridad y los accidentes

el accidente (automovilístico) *(car) accident*
el/la agente de aduanas *customs agent*
el aviso *notice; warning*
el cinturón de seguridad *seatbelt*
el congestionamiento *traffic jam*
las medidas de seguridad *security measures*
la seguridad *safety; security*
el seguro *insurance*

aterrizar *to land*
despegar *to take off*
ponerse/quitarse el cinturón *to fasten/to unfasten the seatbelt*
reducir (la velocidad) *to reduce (speed)*

peligroso/a *dangerous*
prohibido/a *prohibited*

Las excursiones

Después de **recorrer** el Canal de Panamá, el **crucero navegó** hasta **Puerto** Limón, donde los viajeros pudieron disfrutar de dos días de **ecoturismo** en Costa Rica.

la aventura *adventure*
el/la aventurero/a *adventurer*
la brújula *compass*
el buceo *scuba diving*
el campamento *campground*
el crucero *cruise (ship)*
el (eco)turismo *(eco)tourism*
la excursión *excursion; tour*
la frontera *border*
el/la guía turístico/a *tour guide*
la isla *island*

las olas *waves*
el puerto *port*
las ruinas *ruins*
la selva *jungle*
el/la turista *tourist*

navegar *to sail*
recorrer *to visit; to go around*

lejano/a *distant*
turístico/a *tourist (adj.)*

Práctica

1 **Escuchar**

A. Escucha lo que dice Julia, una guía turística, y después marca las oraciones que contienen la información correcta.

1. a. Los turistas llegaron hace una semana.
   b. La guía turística les da la bienvenida.
2. a. Los turistas van a ir al campamento en autobús.
   b. Los turistas van a ir al campamento en tren.
3. a. Los turistas se van a alojar en un campamento.
   b. Los turistas van a ir a un albergue.
4. a. El destino es una isla.
   b. El destino es la selva.
5. a. Les van a dar el itinerario mañana.
   b. El itinerario se lo darán la semana que viene.

B. Dos aventureros se separaron del grupo y tuvieron problemas. Escucha la conversación telefónica entre Mariano y el agente de viajes, y después contesta las preguntas.

1. ¿Qué les ha pasado a Mariano y a su novia?
2. ¿Adónde iban ellos cuando tuvieron el accidente?
3. ¿Quién fue el responsable del accidente? ¿Por qué?
4. ¿Tienen que pagar mucho por los médicos?
5. ¿Qué ha decidido la pareja?

2 **Definiciones** Escribe la palabra adecuada para cada definición.

1. documento necesario para ir a otro país
   _____
2. las forma el movimiento del agua del mar
   _____
3. vacaciones en un barco _____
4. instrumento que ayuda a saber dónde está el Polo Norte _____
5. línea que separa dos países _____
6. lugar del hotel donde te dan las llaves de la habitación _____
7. documento necesario para poder subir a un avión _____
8. lo contrario de vencido _____

Práctica

3 Oraciones incompletas Completa las oraciones con las palabras apropiadas de **Contextos**.

1. Si vas a estar solo/a en el hotel, tomas una habitación _____.
2. Cuando hay muchos coches en la calle al mismo tiempo, se producen _____.
3. Los barcos, cuando llegan a tierra, se amarran (*dock*) en los _____.
4. Si vas a viajar a otro país, tienes que comprobar que tu pasaporte no esté _____.
5. El deporte que se practica debajo del agua del mar es el _____.

4 Planes Completa la conversación con las palabras adecuadas del recuadro. Haz los cambios que sean necesarios.

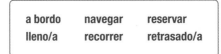

a bordo	navegar	reservar
lleno/a	recorrer	retrasado/a

MAR ¿Qué quieres hacer hoy? ¿Quieres ir al crucero que (1) _____ las islas de la zona?

PEDRO ¿No hay que llamar antes para (2) _____ las plazas (*seats*)?

MAR No creo que el barco esté (3) _____. Espera, llamo por teléfono...

MAR ¡Tenemos suerte! El barco está (4) _____, ahora sale a las diez y media. Tenemos que estar (5) _____ a las diez. ¡En marcha!

PEDRO Perfecto, me gusta la idea. Hoy es un buen día para (6) _____.

5 De viaje En parejas, utilicen palabras y expresiones de **Contextos** para escribir oraciones completas sobre cada dibujo. Sigan el modelo.

MODELO Primero, Eva hizo las maletas. Metió camisetas, un traje de baño y...

1.

2.

3.

4.

5.

6.

Practice more at **facetas.vhlcentral.com**.

Comunicación

6 **Problemas** En parejas, representen una de estas situaciones. Den detalles, excusas y razones y traten de buscar una solución al problema. Luego representen la situación para la clase.

1.
ESTUDIANTE 1	Eres un(a) huésped en un hotel que está muy sucio. No te gusta el servicio de habitación y además hace demasiado calor en tu cuarto.
ESTUDIANTE 2	Tu tío te ha dejado a cargo de su hotel. No sabes qué hacer. Es temporada alta y, como el hotel está lleno, tienes mucho que hacer.

2.
ESTUDIANTE 1	Llegas al aeropuerto y te das cuenta de que te dejaste el pasaporte en tu casa. Además, en la ciudad hay mucho congestionamiento.
ESTUDIANTE 2	Eres taxista en el aeropuerto. Como has estado muy estresado/a, el médico te ha recomendado no apurarte por ningún motivo.

3.
ESTUDIANTE 1	Ibas manejando y has tenido un accidente. Te bajas del carro para hablar con el/la otro/a conductor(a). No tienes los papeles del seguro.
ESTUDIANTE 2	Ibas manejando y has tenido un accidente. No llevabas el cinturón de seguridad puesto y te has roto una pierna.

7 **¡Bienvenidos!**

A. En grupos de cuatro, imaginen que trabajan en la Secretaría de Turismo de su ciudad. Tienen que organizar una visita turística de tres días. Conversen sobre las preguntas de la lista y luego preparen un itinerario detallado para los turistas.

- ¿Quiénes son los/las turistas?
- ¿A qué aeropuerto/puerto/estación llegan?
- ¿En qué hotel se alojan?
- ¿Qué excursiones pueden hacer?
- ¿Qué lugares exóticos hay para visitar?
- ¿Adónde pueden ir con un(a) guía turístico/a?
- ¿Pueden navegar en algún mar/río? ¿En cuál?
- ¿Qué museos/parques/edificios hay para visitar?
- ¿Qué deportes pueden practicar?

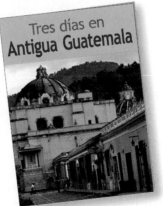

Tres días en Antigua Guatemala

B. Ahora reúnanse con otro grupo y túrnense para explicar sus itinerarios. Un grupo representa a los empleados de la Secretaría de Turismo y el otro a los turistas. Háganse preguntas específicas.

Video: *Fotonovela*

Fabiola y Éric se preparan para un viaje de ecoturismo a la selva amazónica.

DIANA Aquí están los boletos para Venezuela, la guía de la selva amazónica y los pasaportes… Después les doy la información del hotel.

ÉRIC Gracias.

FABIOLA Gracias.

ÉRIC ¿Me dejas ver tu pasaporte?

FABIOLA No me gusta como estoy en la foto. Me hicieron esperar tanto que salí con cara de enojo.

ÉRIC No te preocupes… Ésa es la cara que vas a poner cuando estés en la selva.

DIANA Es necesario que memoricen esto. A ver, repitan: tenemos que salir por la puerta 12.

FABIOLA, ÉRIC Y JOHNNY Tenemos que salir por la puerta 12.

DIANA El autobús del hotel nos va a recoger a las 8:30.

FABIOLA Y ÉRIC El autobús del hotel nos va a recoger a las 8:30.

ÉRIC Sí, pero en el Amazonas, Fabiola. ¡Amazonas!

MARIELA Es tan arriesgado que van a tener un guía turístico y el alojamiento más lujoso de la selva.

ÉRIC Mientras ella escribe su artículo en la seguridad del hotel, yo voy a estar explorando y tomando fotos. Debo estar protegido.

FABIOLA Según parece, de lo único que debes estar protegido es de ti mismo.

Juegan a que están en la selva.

JOHNNY (*con la cara pintada*) ¿Cuál es el chiste? Los soldados llevan rayas… Lo he visto en las películas.

ÉRIC Intentémoslo nuevamente.

JOHNNY Esta vez soy un puma que te ataca desde un árbol.

ÉRIC Mejor.

Antes de despedirse, Éric guarda cosas en su maleta.

AGUAYO Por la seguridad de todos creo que debes dejar tu machete, Éric.

ÉRIC ¿Por qué debo dejarlo? Es un machete de mentiras.

DIANA Pero te puede traer problemas reales.

AGUAYO Todos en la selva te lo van a agradecer.

AGUAYO

DIANA

ÉRIC

FABIOLA

JOHNNY

MARIELA

DIANA El último número que deben recordar es cuarenta y ocho dólares con cincuenta centavos.

FABIOLA Y ÉRIC Cuarenta y ocho dólares con cincuenta centavos.

JOHNNY Y ese último número, ¿para qué es?

DIANA Es lo que van a tener que pagar por llegar en taxi al hotel si olvidan los dos números primeros.

ÉRIC (*Entra vestido de explorador.*) ¡Fuera, cobardes, la aventura ha comenzado!

MARIELA ¿Quién crees que eres? ¿México Jones?

ÉRIC No. Soy Cocodrilo Éric, el fotógrafo más valiente de la selva. Listo para enfrentar el peligro.

FABIOLA ¿Qué peligro? Vamos a hacer un reportaje sobre ecoturismo... ¡Ecoturismo!

ÉRIC ¿Alguien me puede ayudar a cerrar la maleta?

JOHNNY ¿Qué rayos hay acá dentro?

AGUAYO Es necesario que dejes algunas cosas.

ÉRIC Imposible. Todo lo que llevo es de primerísima necesidad.

JOHNNY ¿Cómo? ¿Esto?

Johnny saca un látigo de la maleta.

Diana cierra la maleta con cinta adhesiva.

DIANA Listo... ¡Buen viaje!

AGUAYO Espero que disfruten y que traigan el mejor reportaje que puedan.

JOHNNY Y es importante que no traten de mostrarse ingeniosos, ni cultos; sólo sean ustedes mismos.

DIANA Y no olviden sus pasaportes.

ÉRIC Ahora que me acuerdo... ¡lo había puesto en la maleta!

Expresiones útiles

Making comparisons

Soy el fotógrafo más valiente de la selva.
I am the bravest photographer in the jungle.

Van a tener el alojamiento más lujoso de la selva.
You're going to have the finest accommodations in the jungle.

Es el hotel menos costoso de la región.
It's the least expensive hotel in the region.

Ir en autobús es menos caro que ir en taxi.
It's less expensive to take a bus than a taxi.

El hotel es tan caro como el boleto.
The hotel is as expensive as the ticket.

Using negative, affirmative, and indefinite expressions

¿Alguien me puede ayudar?
Can somebody help me?

No hay nadie que te pueda ayudar.
There is no one who can help you.

Hay que dejar algunas cosas.
I/we/etc. have to leave some things behind.

No hay nada que pueda dejar.
There is nothing I can leave behind.

Additional vocabulary

arriesgado/a *risky*
de mentiras *pretend*
enfrentar *to confront*
lujoso/a *luxurious*
protegido/a *protected*
la puerta de embarque *(airline) gate*
¿Qué rayos...? *What on earth...?*
la raya *stripe*

Comprensión

(1) **Comprensión** Contesta las preguntas con oraciones completas.

1. ¿Adónde van Éric y Fabiola?
2. ¿Por qué a Fabiola no le gusta la foto del pasaporte?
3. ¿A qué hora los recoge el autobús del hotel?
4. ¿Por qué van de viaje?
5. ¿Será realmente un viaje arriesgado?
6. ¿Por qué Éric tiene que dejar algunas cosas?

(2) **Preguntas y respuestas** Une las preguntas de la **Fotonovela** con las respuestas apropiadas. Luego identifica quién dice cada oración.

AGUAYO   DIANA   ÉRIC   FABIOLA   JOHNNY   MARIELA

____ 1. ¿Me dejas ver tu pasaporte?

____ 2. Y ese último número, ¿para qué es?

____ 3. ¿Quién crees que eres? ¿México Jones?

____ 4. ¿Por qué debo dejarlo? Es un machete de mentiras.

____ 5. ¿Alguien me puede ayudar a cerrar la maleta?

a. Es lo que van a tener que pagar por llegar en taxi.

b. Es necesario que dejes algunas cosas.

c. No me gusta como estoy en la foto.

d. No, soy el fotógrafo más valiente de la selva.

e. Sí, pero te puede traer problemas reales.

(3) **Consejos**

A. Diana y Aguayo les dan varios consejos a Fabiola y a Éric antes de su viaje a la selva. Utiliza el subjuntivo o el infinitivo para completar las sugerencias que les dan.

1. Es necesario que _____ esto.
2. El último número que deben _____ es cuarenta y ocho dólares con cincuenta centavos.
3. Es el dinero que van a tener que _____ por tomar un taxi.
4. Creo que debes _____ tu machete.
5. Es necesario que _____ parte del equipaje.
6. Espero que _____ y que _____ el mejor reportaje que puedan.

B. ¿Qué sugerencias les darían ustedes? En parejas, escriban una lista de seis o siete consejos, órdenes y sugerencias para que disfruten de sus vacaciones y eviten problemas.

MODELO Creo que deben probar la comida típica de Venezuela.
Espero que no hagan nada arriesgado y que tengan cuidado con los animales de la selva.

Practice more at **facetas.vhlcentral.com.**

Ampliación

4 **¿Te gusta hacer ecoturismo?** En parejas, háganse las preguntas. Luego, recomienden un viaje ideal para su compañero/a según los resultados.

Sí	Más o menos	No	
☐	☐	☐	1. ¿Te gusta ir de campamento?
☐	☐	☐	2. ¿Sabes prender fuego?
☐	☐	☐	3. ¿Sabes cocinar?
☐	☐	☐	4. ¿Te gusta ver animales salvajes?
☐	☐	☐	5. ¿Te gusta caminar mucho?
☐	☐	☐	6. ¿Puedes estar una semana sin bañarte?

Clave

Sí	=	2 puntos
Más o menos	=	1 punto
No	=	0 puntos

Resultados

0 a 4   No intentes hacer ecoturismo.

5 a 8   Puedes hacer ecoturismo.

9 a 12 ¿A qué esperas para hacer ecoturismo?

5 **Apuntes culturales** En parejas, lean los párrafos y contesten las preguntas.

El felino más temido

Johnny juega a ser un puma dispuesto a atacar a Éric. El puma habita en todo el continente americano, especialmente en montañas y bosques (*forests*). Es el segundo felino más grande del continente americano, después del jaguar. Por su fortaleza y agilidad, los incas lo consideraron el símbolo supremo del poder y la fuerza. ¿Podrá Éric contra la astucia (*shrewdness*) de este felino?

Ecoturismo en Centroamérica

Fabiola y Éric van a realizar un reportaje sobre ecoturismo. En Centroamérica, el ecoturismo constituye no sólo una fuente importante de trabajo, sino también una forma de obtener recursos económicos para la administración de las áreas protegidas. Actualmente existen más de 550 áreas protegidas, lo que representa aproximadamente un 25% del territorio de la región.

El pulmón del planeta

La selva amazónica es la reserva ecológica generadora de oxígeno más grande del planeta. Comprende, entre otros países, Brasil, Colombia, Venezuela y Perú. Desafortunadamente, la deforestación de esta zona está reduciendo su área aceleradamente. ¿Podrán los personajes de *Facetas* fomentar en su reportaje la lucha contra la deforestación?

1. ¿Qué animales fueron considerados sagrados en el pasado? ¿Y en la actualidad?

2. ¿Hay áreas protegidas en la región donde vives? ¿Cuál es su importancia para los habitantes de la zona? ¿Contienen especies amenazadas (*threatened*)?

3. ¿Conoces otros lugares donde se puede hacer ecoturismo? ¿Cuáles son?

4. ¿Qué significa la expresión "el pulmón del planeta" (*the world's lung*)? ¿Qué otros "pulmones" existen? ¿Por qué es importante preservarlos?

En detalle

CENTROAMÉRICA

LA RUTA DEL CAFÉ

Los turistas que llegan a Finca° Esperanza Verde, "ecoalbergue" ubicado a 1.200 metros (4.000 pies) de altura en la selva tropical nicaragüense, descubren un paraíso natural con bosques, exuberantes montañas y aves tropicales. En este paraíso, los turistas pueden visitar un cafetal° y conocer los aspectos humanos y ecológicos que se conjugan° para que podamos disfrutar de algo tan simple como una taza de café.

El café, ese compañero de las mañanas, es el protagonista de la vida social, cultural y económica de Centroamérica. Para el visitante, esto salta a la vista apenas llega a estas tierras: el paisaje está cubierto de cafetales. Hoy día, dos terceras partes del café de todo el mundo son de origen americano.

Esta popular bebida llegó a América en el siglo XVIII. Pocos años después, su cultivo° se había extendido por México y Centroamérica. Los bajos precios del café en los últimos años han llevado a los productores centroamericanos a diversificar sus actividades: han iniciado el cultivo de café orgánico, han creado cooperativas de comercio justo° que buscan alcanzar° precios más equitativos° para productores y consumidores, y han empezado a promover el ecoturismo.

El país pionero fue Costa Rica, que organizó la primera Ruta del Café, pero ya todos los países centroamericanos, y también algunos sudamericanos, han creado sus rutas. Un día por la Ruta del Café suele constar de° una visita a las plantaciones de café, donde no sólo se conoce el proceso de cultivo y producción, sino que también se pueden tomar unas tazas de café. Después, se organizan almuerzos con platos típicos y, para terminar la jornada°, se visitan rutas históricas y pueblos cercanos donde los turistas pueden disfrutar del folklore local y comprar artesanías°. ■

La ruta del café en el siglo XVIII

Venecia 1615
Europa
Estambul 1555
Marsella 1644
Persia
Santo Domingo 1731
África
El Cairo 1510
Caribe
Martinica 1730
Etiopía

Finca *Farm* **cafetal** *coffee plantation* **se conjugan** *are combined* **cultivo** *cultivation* **comercio justo** *fair trade* **alcanzar** *to reach* **equitativos** *equal; fair* **constar de** *to consist of* **jornada** *day* **artesanías** *handicrafts*

ASÍ LO DECIMOS

Los viajes

el turismo sostenible   *sustainable tourism*
el turismo sustentable   *sustainable tourism*

el billete (Esp.)   *ticket*
el boleto (Amér. L.)   *ticket*
el boleto redondo (Méx.)   *round-trip ticket*

la autopista (Esp.)   *turnpike; toll road*
la autovía (Esp.)   *highway*
la carretera (Esp.)   *road*

la burra (Gua.)   *bus*
la guagua (Carib.)   *bus*

EL MUNDO HISPANOHABLANTE

De América al mundo

El tomate Su nombre se deriva de la palabra náhuatl° *tomatl*. Entró en Europa por la región de Galicia, en el noroeste de España, y se extendió luego a Francia e Italia. Los españoles y los portugueses lo difundieron° por el Oriente Medio, África, Estados Unidos y Canadá.

El maíz Es uno de los cereales de mayor producción mundial junto con el trigo y el arroz. A pesar de las controversias acerca de su origen exacto, los investigadores coinciden en que los indígenas de América Central y México lo difundieron por el continente, los conquistadores lo introdujeron a Europa y los comerciantes lo llevaron a Asia y África.

La papa o patata Estudios científicos ubican el origen de la papa en el Perú. En la actualidad, la papa se consume por todo el mundo, siendo Bielorrusia (Europa Oriental) el país donde más papas se consumen per cápita. Cada persona consume un promedio de 181 kilogramos (399 libras) al año.

PERFIL

EL CANAL DE PANAMÁ

El Canal de Panamá, una de las obras arquitectónicas más extraordinarias del planeta, une° los océanos Atlántico y Pacífico a través del istmo° de Panamá. Es, a su vez, una ruta importantísima para la economía mundial, pues lo cruzan° más de 14.000 barcos por año, es decir, unos 270 barcos por semana. La monumental obra, construida por los Estados Unidos entre 1904 y 1914, consta de dos lagos artificiales, varios canales, tres estructuras de compuertas° y una represa°. Como no todo el canal se encuentra al nivel del mar, la finalidad° de las esclusas° es subir y bajar los barcos entre los niveles de los dos océanos y el nivel del canal. Dependiendo del tránsito, la travesía° por este atajo° de 80 kilómetros (50 millas) puede demorar° hasta 10 horas. Panamá y Estados Unidos negociaron la entrega del canal a Panamá en 1977, que pasó a estar bajo control panameño el 31 de diciembre de 1999.

> **❝ Viajar es imprescindible y la sed de viaje, un síntoma neto de inteligencia. ❞** (Enrique Jardiel Poncela, escritor español)

⬛ Conexión Internet

¿Qué otras opciones de turismo sostenible hay en América Central?

To research this topic, go to **facetas.vhlcentral.com.**

une *links* **istmo** *isthmus* **cruzan** *cross* **compuertas** *lockgates* **represa** *dam* **finalidad** *purpose* **esclusas** *locks* **travesía** *crossing (by boat)* **atajo** *shortcut* **demorar** *last* **náhuatl** *Uto-Aztecan language* **difundieron** *spread*

¿Qué aprendiste?

1 **¿Cierto o falso?** Indica si estas afirmaciones son **ciertas** o **falsas**. Corrige las falsas.

1. El ecoalbergue Finca Esperanza Verde se encuentra en una zona montañosa de Costa Rica.

2. Los turistas que van a Finca Esperanza Verde pueden visitar un cafetal que se encuentra allí mismo.

3. La mitad del café mundial se produce en América.

4. El café es originario del continente americano.

5. El café llegó a América a través de México.

6. Los productores tuvieron que diversificar sus actividades debido a los bajos precios del café.

7. La finalidad de las cooperativas de comercio justo es ayudar a que los productores reciban un pago justo y los consumidores paguen precios razonables.

8. El primer país en crear una Ruta del Café fue Honduras.

9. Los turistas pueden visitar las plantaciones, pero no pueden presenciar el proceso de producción.

10. Los turistas que van a la Ruta del Café suelen visitar también las rutas históricas de la zona.

2 **Oraciones incompletas** Completa las oraciones con la información correcta.

1. El Canal de Panamá está en manos panameñas _____.

2. El Canal de Panamá tiene _____ artificiales.

3. Se usa un sistema de esclusas porque _____.

4. En el Caribe, *guagua* significa _____.

5. _____ difundieron el tomate por el Oriente Medio.

3 **Preguntas** En parejas, contesten las preguntas.

1. ¿Qué papel tiene el café en tu cultura? ¿Tiene la misma importancia que en la cultura centroamericana?

2. ¿Prefieres productos ecológicos y productos que garantizan el comercio justo o compras productos comunes?

3. ¿Qué tipo de turismo sueles hacer? ¿Hiciste alguna vez ecoturismo?

4. ¿Qué alimentos provenientes de otros continentes forman parte de tu dieta?

4 **Opiniones** En grupos de tres, contesten estas preguntas: ¿Es bueno para los países recibir turismo? ¿Por qué? ¿Qué consecuencias tiene la llegada del turismo a ciertas zonas? ¿Qué beneficios tiene viajar?

Practice more at **facetas.vhlcentral.com**.

PROYECTO

Príncipe Alberto II de Mónaco

Un viaje por la Ruta del Café

Busca información sobre una excursión organizada por una Ruta del Café. Imagina que vas a la excursión y escribe una pequeña descripción de un día de visita, basándote en la información que has encontrado.

Incluye información sobre:

- los platos típicos que comiste
- los pueblos que visitaste
- lo que aprendiste sobre el café
- lo que fue más interesante de la visita
- lo que compraste para llevar a casa

Video: Flash Cultura

¡Viajar y gozar!

Ya has visto algunos de los maravillosos lugares que puedes visitar en Latinoamérica. En este episodio de **Flash Cultura**, conocerás cómo debes preparar todo para que tu viaje por Costa Rica sea seguro y placentero.

Corresponsal: Alberto Cuadra
País: Costa Rica

Los viajes requieren preparación; desde conseguir información de los sitios que vas a visitar y de las costumbres locales, hasta cómo conseguir las visas, los boletos y el cambio° de dinero.

VOCABULARIO ÚTIL

amable *kind*	**la moneda local** *local currency*
brindar *to provide*	**regatear** *to bargain*
el cajero automático *ATM*	**sacar dinero** *to withdraw money*
jubilado/a *retired*	**la tarifa (fija)** *(fixed) rate*

Preparación ¿Adónde te gusta ir de vacaciones? ¿Vas siempre al mismo lugar o prefieres explorar sitios nuevos? ¿Qué debe tener un país para que decidas visitarlo?

Comprensión Indica si estas afirmaciones son ciertas o falsas. Después, en parejas, corrijan las falsas.

1. Aunque en algunas ciudades los taxis tienen taxímetro, en otras debes preguntar el precio y regatear antes de subir.

2. La moneda local de Costa Rica se llama "sanjosé".

3. En este país sólo se puede pagar con dinero en efectivo porque no existen las tarjetas de crédito.

4. El corresponsal recomienda recorrer San José en bicicleta el primer día.

5. El mayor flujo de turismo es de jóvenes que buscan aventuras y de personas jubiladas que quieren descansar.

6. Lo que más interesa de Costa Rica son los volcanes, los parques nacionales y las playas.

Si vas a estar varios días en una sola ciudad, pasa el primer día caminando, así te darás cuenta de las distancias.

Expansión En parejas, contesten estas preguntas.

- ¿Alguna vez regatearon algún precio? ¿Están dispuestos a hacerlo con un taxi en Costa Rica o prefieren aceptar el precio sin objeción?

- Cuando viajan, ¿compran una guía del lugar? ¿Saben leer mapas o se pierden fácilmente?

- ¿Les gustaría vivir en Costa Rica? ¿Por qué?

Practice more at **facetas.vhlcentral.com**.

Es un país de mucha paz°, tenemos buenas playas, buenas montañas… y la gente muy amable, por eso muchos vienen a Costa Rica… Y la policía… también somos simpáticos.

cambio *exchange* **paz** *peace*

5.1 Comparatives and superlatives

Comparisons of inequality

- With adjectives, adverbs, nouns, and verbs, use these constructions to make comparisons of inequality (*more than/less than*).

más/menos + ⌈ **adjective**
⌊ **adverb**
  noun ⌋ + que   ⌈ **verb** ⌋ + más/menos que

ADJECTIVE	NOUN
Este hotel es **más elegante que** aquél.	Juan tiene **menos tiempo que** Ema.
This hotel is more elegant than that one.	*Juan has less time than Ema does.*

ADVERB	VERB
¡Llegaste **más tarde que** yo!	Mi hermano **viaja menos que** yo.
You arrived later than I did!	*My brother travels less than I do.*

- When the focus of a comparison is a noun and the second term of the comparison is a verb or a clause, use these constructions to make comparisons of inequality.

más/menos + ⌈ **noun** ⌉ + **del/de la que**
de los/las que + ⌈ **verb or clause** ⌉

Había **más** asientos
de los que necesitábamos.
*There were more seats than
we needed.*

La ciudad tiene **menos** ruinas
de las que esperábamos.
*The city has fewer ruins than
we expected.*

Comparisons of equality

- Use these constructions to make comparisons of equality (*as... as*).

tan + ⌈ **adjective**
⌊ **adverb** ⌋ + como   tanto/a(s) + ⌈ **singular noun**
  plural noun ⌋ + como

⌈ **verb** ⌉ + tanto como

ADJECTIVE	NOUN
El vuelo de regreso no parece **tan largo como** el de ida.	Cuando viajo a la ciudad, tengo **tantas maletas como** tú.
The return flight doesn't seem as long as the flight over.	*When I travel to the city, I have as many suitcases as you do.*

ADVERB	VERB
Se puede ir de Madrid a Sevilla **tan rápido** en tren **como** en avión.	Guillermo **disfrutó tanto como** yo en las vacaciones.
You can get from Madrid to Sevilla as quickly by train as by plane.	*Guillermo enjoyed our vacation as much as I did.*

Superlatives

- Use this construction to form superlatives (**superlativos**). The noun is preceded by a definite article, and **de** is the equivalent of *in, on,* or *of.* Use **que** instead of **de** when the second part of the superlative construction is a verb or a clause.

$$\text{el/la/los/las} + \boxed{noun} + \text{más/menos} + \boxed{adjective} + \begin{array}{l} \textbf{de} + \boxed{noun} \\ \textbf{que} + \boxed{\textit{verb or clause}} \end{array}$$

Ésta es **la playa más bonita de** todas.
This is the prettiest beach of them all.

Es **el hotel menos caro que** he visto.
It is the least expensive hotel I've seen.

- The noun may also be omitted from a superlative construction.

Me gustaría comer en **el** restaurante **más elegante** de la ciudad.
I would like to eat at the most elegant restaurant in the city.

Las Dos Palmas es **el más elegante de** la ciudad.
Las Dos Palmas is the most elegant one in the city.

Irregular comparatives and superlatives

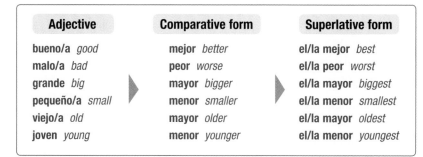

Adjective	Comparative form	Superlative form
bueno/a *good*	**mejor** *better*	**el/la mejor** *best*
malo/a *bad*	**peor** *worse*	**el/la peor** *worst*
grande *big*	**mayor** *bigger*	**el/la mayor** *biggest*
pequeño/a *small*	**menor** *smaller*	**el/la menor** *smallest*
viejo/a *old*	**mayor** *older*	**el/la mayor** *oldest*
joven *young*	**menor** *younger*	**el/la menor** *youngest*

- When **grande** and **pequeño/a** refer to size and not age or quality, the regular comparative and superlative forms are used.

Ernesto es **mayor** que yo.
Ernesto is older than I am.

Ese edificio es **el más grande** de todos.
That building is the biggest one of all.

- When **mayor** and **menor** refer to age, they follow the noun they modify. When they refer to quality, they precede the noun.

María Fernanda es mi hermana **menor**.
María Fernanda is my younger sister.

Hubo un **menor** número de turistas.
There was a smaller number of tourists.

- The adverbs **bien** and **mal** also have irregular comparatives, **mejor** and **peor**.

Mi esposo maneja muy mal.
¿Y el tuyo?
*My husband is a bad driver.
How about yours?*

¡Mi esposo maneja **peor** que los turistas!
My husband drives worse than the tourists!

Tú puedes hacerlo bien por ti mismo.
You can do it well by yourself.

Ayúdame, que tú lo haces **mejor** que yo.
Help me; you do it better than I do.

¡ATENCIÓN!

Absolute superlatives
The suffix **–ísimo/a** is added to adjectives and adverbs to form the absolute superlative.

This form is the equivalent of *extremely* or *very* before an adjective or adverb in English.

malo → malísimo

mucha → muchísima

difícil → dificilísimo

fácil → facilísimo

Adjectives and adverbs with stems ending in **c**, **g**, or **z** change spelling to **qu**, **gu**, and **c** in the absolute superlative.

rico → riquísimo

larga → larguísima

feliz → felicísimo

Adjectives that end in **–n** or **–r** form the absolute superlative by adding **–císimo/a**.

joven → jovencísimo

Práctica

TALLER DE CONSULTA

MANUAL DE GRAMÁTICA
Más práctica

5.1 Comparatives and
superlatives, p. A28

1 Demasiadas deudas Ágata trabaja en una agencia de viajes y su amiga Elena en un hotel. Completa la conversación con las palabras de la lista.

baratísimos	más	menor	muchísimas
como	mejor	menos	que

ELENA Tengo (1) _____ deudas (*debts*) y necesito ganar (2) _____ dinero.

ÁGATA ¿Por qué no mandas tu currículum a mi empresa? No es tan prestigiosa (3) _____ la tuya, pero paga mejor.

ELENA Tú trabajas (4) _____ horas (5) _____ yo, pero ganas más.

ÁGATA Y cuando quiero viajar, los pasajes me salen (6) _____, mientras que en el hotel no te dan ni el (7) _____ descuento.

ELENA ¡Sin duda tu trabajo es (8) _____ que el mío!

2 El peor viaje de su vida Conecta las frases de la izquierda con las correspondientes de la derecha para formar oraciones lógicas.

____ 1. El sábado pasado, Alberto y yo hicimos el peor

____ 2. Yo llegué al aeropuerto más temprano

____ 3. Pero él pasó por seguridad más rápido

____ 4. Luego anunciaron que el vuelo estaba retrasado más

____ 5. Por fin salimos, tan cansados

____ 6. De repente, hubo un olor

____ 7. Alberto gritaba tanto

____ 8. Al final, pasamos las vacaciones en casa. Lo bueno es que tuvimos más visitas

a. como enojados.

b. como yo hasta que logramos aterrizar (*land*).

c. de tres horas a causa de un problema mecánico.

d. malísimo; ¡el motor se había prendido fuego!

e. de las que esperábamos.

f. que Alberto y no lo podía encontrar.

g. que yo y por fin nos encontramos en la puerta de embarque.

h. viaje de nuestra vida.

3 Oraciones Mira la información del cuadro y escribe cinco oraciones con superlativos y cinco con comparativos. Sigue el modelo.

MODELO *Avatar* es más popular que *Luna nueva. Avatar* es la película más vista de los últimos años.

Harry Potter	libro	menor
Jessica Alba	actriz	famosa
Steve Jobs	hombre de negocios	rico
El Nilo	río	largo
Disneyland	lugar	feliz

Practice more at **facetas.vhlcentral.com.**

Comunicación

(4) Un viaje inolvidable

A. Habla con un(a) compañero/a sobre el viaje más inolvidable de tu vida. Puede ser un viaje buenísimo o un viaje malísimo, e incluso puede ser un viaje imaginario. Debes decir por lo menos siete u ocho oraciones usando comparativos y superlativos, y algunas de las palabras de la lista. Túrnense.

mejor/peor que	tan
más/menos que	como
de los mejores/peores	buenísimo/malísimo

B. Ahora describe el viaje de tu compañero/a al resto de la clase. La clase tratará de adivinar qué viajes son verdaderos y cuáles son ficticios.

(5) Las vacaciones ideales
En grupos de cuatro, imaginen que son miembros de una familia que ganó un viaje de tres semanas a cualquier país del mundo. El único problema es que tienen que ponerse de acuerdo acerca del destino.

A. Primero, cada uno/a debe decidir cuál es el país ideal para sus vacaciones y escribir una descripción breve con las razones para escogerlo. Utiliza comparativos y superlativos en tu descripción.

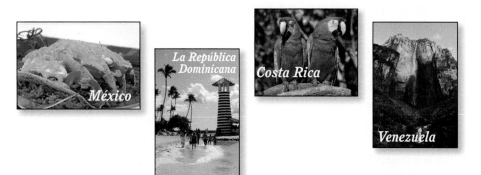

B. Luego, túrnense para presentar sus opiniones y traten de convencer a los demás de que su país ideal es el mejor de todos. Deben usar comparativos y superlativos para comparar las atracciones de cada país. Compartan su decisión final con la clase.

> **MODELO** Es obvio que Venezuela es el mejor país para nuestras vacaciones. Venezuela tiene la catarata más alta del mundo y unas playas tan bonitas como las de la República Dominicana. Además, ¡las arepas venezolanas son más ricas que las tortillas mexicanas! Venezuela tiene más atracciones de las que se pueden imaginar. Ya verán que no me equivoco.

5.2 Negative, affirmative, and indefinite expressions

Cocodrilo Éric no le tiene miedo a nada.

TALLER DE CONSULTA

To express contradictions, **pero** and **sino** are also used.

See **Manual de gramática**, 5.5, p. A32.

● The following chart shows negative, affirmative, and indefinite expressions.

algo *something; anything*	**nada** *nothing; not anything*
alguien *someone; somebody; anyone*	**nadie** *no one; nobody; not anyone*
alguno/a(s), algún *some; any*	**ninguno/a, ningún** *no; none; not any*
o... o *either... or*	**ni... ni** *neither... nor*
siempre *always*	**nunca, jamás** *never; not ever*
también *also; too*	**tampoco** *neither; not either*

● In Spanish, double negatives are perfectly acceptable.

¿Dejaste **algo** en la mesa?
Did you leave something on the table?

Siempre tuvimos ganas de viajar a Costa Rica.
We always wanted to travel to Costa Rica.

No, **no** dejé **nada**.
No, I didn't leave anything.

Hasta ahora, **no** tuvimos **ninguna** oportunidad de ir.
Until now, we had no chance to go there.

● Most negative statements use the pattern **no** + [*verb*] + [*negative word*]. When the negative word precedes the verb, **no** is omitted.

No lo extraño **nunca**.
I never miss him.

Su opinión sobre política internacional **no** le importa a **nadie**.
His opinion on international politics doesn't matter to anyone.

Nunca lo extraño.
I never miss him.

A **nadie** le importa su opinión sobre política internacional.
Nobody cares about his opinion on international politics.

● Once one negative word appears in an English clause, no other negative word may be used. In Spanish, however, once a negative word is used, all other elements must be expressed in the negative if possible.

No le digas **nada** a **nadie**.
Don't say anything to anyone.

No quiero **ni** pasta **ni** pizza.
I don't want pasta or pizza.

Tampoco hables **nunca** de esto.
Don't ever talk about this.

Tampoco quiero **nada** para tomar.
I don't want anything to drink.

- The personal **a** is used before negative and indefinite words that refer to people when they are the direct object of the verb.

Nadie me comprende. ¿Por qué será?
No one understands me. Why is that?

Porque tú no comprendes **a nadie**.
Because you don't understand anyone.

Algunos pasajeros prefieren no desembarcar en los puertos.
Some passengers prefer not to disembark at the ports.

Pues, no conozco **a ninguno** que se quede en el crucero.
Well, I don't know of any who stay on the cruise ship.

- Before a masculine, singular noun, **alguno** and **ninguno** are shortened to **algún** and **ningún**.

¿Ha sufrido **algún** daño en el choque?
Have you suffered any harm in the accident?

Me había puesto el cinturón de seguridad, por lo que no sufrí **ningún** daño.
I had fastened my seatbelt, and so I suffered no injuries.

- **Tampoco** means *neither* or *not either*. It is the opposite of **también**.

Mi novia no soporta los congestionamientos en el centro, ni yo **tampoco**.
My girlfriend can't stand the traffic jams downtown, and neither can I.

Por eso toma el metro, y yo **también**.
That's why she takes the subway, and so do I.

¿Esto también es de primerísima necesidad?

- The conjunction **o... o** (*either... or*) is used when there is a choice to be made between two options. **Ni... ni** (*neither... nor*) is used to negate both options.

Debo hablar **o** con el gerente **o** con la dueña.
I have to speak with either the manager or the owner.

El precio del pasaje **ni** ha subido **ni** ha bajado en los últimos días.
The price of the ticket has neither risen nor fallen in the past few days.

- The conjunction **ni siquiera** (*not even*) is used to add emphasis.

Ni siquiera se despidieron antes de salir.
They didn't even say goodbye before they left.

La señora Guzmán no viaja nunca, **ni siquiera** para visitar a sus nietos.
Mrs. Guzmán never travels, not even to visit her grandchildren.

Práctica

TALLER DE CONSULTA

MANUAL DE GRAMÁTICA
Más práctica

5.2 Negative, affirmative, and indefinite expressions, p. A29

1 **Comidas típicas** Marlene acaba de regresar de un viaje a Madrid y le fascinó la comida española. Completa su conversación con Frank usando las expresiones del recuadro.

alguna	ni... ni	o... o
nadie	ningún	tampoco
	nunca	

MARLENE Frank, ¿(1) _____ vez has probado las tapas españolas?

FRANK No, (2) _____ he probado la comida española.

MARLENE ¿De veras? ¿No has probado (3) _____ la tortilla de patata (4) _____ la paella?

FRANK No, no he comido (5) _____ plato español. (6) _____ conozco los ingredientes típicos de la cocina española.

MARLENE Entonces tenemos que salir a comer juntos. ¿Conoces el restaurante llamado Carmela?

FRANK No, no conozco (7) _____ restaurante con ese nombre.

MARLENE (8) _____ lo conoce. Es nuevo, pero es muy bueno. A mí me viene bien que vayamos (9) _____ el lunes (10) _____ el jueves que viene.

FRANK El jueves también me viene bien.

2 **El viajero** Imagina que eres un(a) viajero/a un poco especial y estás hablando de lo que no te gusta hacer en los viajes. Cambia las oraciones de positivas a negativas usando las expresiones correspondientes. Sigue el modelo.

MODELO Yo siempre como la comida del país.
Yo nunca como la comida del país.

1. Cuando voy de viaje, siempre compro algunos regalos típicos.
2. A mí también me gusta visitar todos los lugares turísticos.
3. Yo siempre hablo el idioma del país con todo el mundo.
4. Normalmente, o alquilo un carro o alquilo una motocicleta.
5. Siempre intento visitar a algún conocido de mi familia.
6. Cuando visito un lugar nuevo, siempre hago algunos amigos.

3 **Argumentos** En parejas, escriban los argumentos que provocarían estas respuestas.

¡Yo jamás haría eso!

¡Yo nunca iría!

Nadie lo sabe.

Yo tampoco.

Ni puedo ni quiero verla.

Practice more at **facetas.vhlcentral.com**.

Comunicación

4. Opiniones En grupos de cuatro, hablen sobre estos enunciados. Cada miembro da su opinión y el resto responde diciendo si está de acuerdo o no. Usen expresiones negativas, afirmativas e indefinidas.

- Nadie tendría que necesitar pasaporte ni visa para entrar a un país extranjero.
- El turismo es siempre conveniente: los turistas favorecen la economía del país.
- Ningún vuelo tendría que retrasarse, incluso cuando hace mal tiempo.
- Está bien que las compañías aéreas cobren por todas las maletas que llevan los pasajeros.
- No hay ningún tipo de turismo mejor que el ecoturismo.
- Siempre es mejor irse de vacaciones a relajarse que a ver museos y monumentos.
- Los turistas siempre deben hablar la lengua del país que visitan.
- Nunca se puede decir: "jamás viviría en otro país", porque nunca se sabe.

5. Escena

A. En grupos de tres, escriban una conversación entre un(a) hijo/a adolescente y sus padres usando expresiones negativas, afirmativas e indefinidas.

> **MODELO**
>
> **HIJA** ¿Por qué siempre desconfían de mí?
> No soy ninguna mentirosa y mis amigos tampoco lo son.
> No tienen ninguna razón para preocuparse.
> **MAMÁ** Sí, hija, muy bien, pero recuerda que...
> **HIJA** Por última vez, ¿puedo ir...?
> **PAPÁ** ...

B. Ahora representen ante la clase la conversación que escribieron.

5.3 The subjunctive in adjective clauses

- When an adjective clause describes an antecedent that is known to exist, use the indicative. When the antecedent is uncertain or unknown, use the subjunctive.

MAIN CLAUSE	CONNECTOR	SUBORDINATE CLAUSE
Busco un trabajo	**que**	**pague bien.**

¡ATENCIÓN!

An adjective clause (**oración subordinada adjetiva**) is one that modifies or describes a noun or pronoun in the main clause.

ANTECEDENT CERTAIN → INDICATIVE	ANTECEDENT UNCERTAIN → SUBJUNCTIVE
Necesito el libro que **tiene** información sobre las ruinas mayas.	Necesito un libro que **tenga** información sobre las ruinas mayas.
I need the book that has information about Mayan ruins.	*I need a book that has information about Mayan ruins.*
Buscamos los documentos que **describen** el itinerario del viaje.	Buscamos documentos que **describan** el itinerario del viaje.
We're looking for the documents that describe the itinerary for the trip.	*We're looking for (any) documents that (may) describe the itinerary for the trip.*
Las personas que **van** a Costa Rica todos los años conocen bien la zona.	Las personas que **vayan** a Costa Rica podrán visitar el nuevo museo.
People who go to Costa Rica every year know the area well.	*People going to Costa Rica will be able to visit the new museum.*

- When the antecedent of an adjective clause is a negative pronoun (**nadie, ninguno/a**), the subjunctive is used in the subordinate clause.

¡No hay nadie que la pueda cerrar, Éric!

No hay nada que pueda dejar.

ANTECEDENT CERTAIN → INDICATIVE	ANTECEDENT UNCERTAIN → SUBJUNCTIVE
Elena tiene tres parientes que **viven** en San Salvador.	Elena no tiene **ningún** pariente que **viva** en La Palma.
Elena has three relatives who live in San Salvador.	*Elena doesn't have any relatives who live in La Palma.*
Para su viaje, hay dos países que **requieren** una visa.	Para su viaje, no hay **ningún** país que **requiera** una visa.
For your trip, there are two countries that require visas.	*For your trip, there are no countries that require a visa.*
Hay muchos viajeros que **quieren** quedarse en el hotel.	No hay **nadie** que **quiera** alojarse en el albergue.
There are many travelers who want to stay at the hotel.	*There is nobody who wants to stay at the hostel.*

- Do not use the personal **a** with direct objects that represent hypothetical persons.

ANTECEDENT UNCERTAIN → SUBJUNCTIVE

Busco un guía que **hable** inglés.
I'm looking for a guide who
speaks English.

ANTECEDENT CERTAIN → INDICATIVE

Conozco **a** un guía que **habla** inglés.
I know a guide who speaks English.

- Use the personal **a** before **nadie, ninguno/a,** and **alguien**, even when their existence is uncertain.

ANTECEDENT UNCERTAIN → SUBJUNCTIVE

No conozco **a nadie** que **se queje**
tanto como mi suegra.
I don't know anyone who complains
as much as my mother-in-law.

ANTECEDENT CERTAIN → INDICATIVE

Yo conozco **a alguien** que **se queja**
aún más... ¡la mía!
I know someone who complains even
more... mine!

- The subjunctive is commonly used in questions with adjective clauses when the speaker is trying to find out information about which he or she is uncertain. If the person who responds knows the information, the indicative is used.

ANTECEDENT UNCERTAIN → SUBJUNCTIVE

¿Me recomienda usted un hotel
que **esté** cerca de la costa?
Can you recommend a hotel that
is near the coast?

¿Tiene otra brújula que **sea** más
fácil de usar?
Do you have another compass that
is easier to use?

ANTECEDENT CERTAIN → INDICATIVE

Sí, el Hotel Flamingo **está** justo
en la playa.
Yes, the Flamingo Hotel is
right on the beach.

Vea ésta y, si no, tengo tres más
que **son** muy fáciles de usar.
Look at this one, and if not, I have
three others that are very easy to use.

Hotel Tucán

En el Hotel Tucán su satisfacción es lo
más importante. Si hay alguna cosa que
podamos hacer para mejorar nuestros
servicios, no dude en informarnos.

_____

_____

_____

_____

Práctica

TALLER DE CONSULTA

MANUAL DE GRAMÁTICA
Más práctica

5.3 The subjunctive in
adjective clauses, p. A30

1 **Oraciones** Combina las frases de las dos columnas para formar oraciones lógicas.
Recuerda que a veces vas a necesitar el subjuntivo y a veces no.

____ 1. Luis tiene un hermano que
____ 2. Tengo dos primos que
____ 3. No conozco a nadie que
____ 4. Jorge busca una novia que
____ 5. Quiero tener hijos que
____ 6. Quiero un carro que

a. sea alta e inteligente.
b. sean respetuosos y estudiosos.
c. canta cuando se ducha.
d. hablan español.
e. hable más de cinco lenguas.
f. sea muy económico.

2 **El agente de viajes** Carmen va a ir de vacaciones a Montelimar, en Nicaragua, y le
escribe un correo electrónico a su agente de viajes explicándole cuáles son sus planes.
Completa el correo electrónico con el subjuntivo o el indicativo.

De:	Carmen <carmen@micorreo.com>
Para:	Jorge <jorge@micorreo.com>
Asunto:	Viaje a Montelimar

Querido Jorge:
Estoy muy contenta porque el mes que viene voy a viajar a Montelimar para tomar unas vacaciones.
He estado pensando en el viaje y quiero decirte qué me gustaría hacer. Quiero ir a un hotel que
(1) _____ (ser) de cinco estrellas y que (2) _____ (tener) vista al mar. Me gustaría hacer una
excursión que (3) _____ (durar) varios días y que me (4) _____ (permitir) ver el famoso lago
Nicaragua. ¿Qué te parece?
Mi hermano me dice que hay un guía turístico que (5) _____ (conocer) algunos lugares exóticos y
que me puede llevar a verlos. También dice que el guía es un hombre que (6) _____ (tener) el pelo
muy rubio y (7) _____ (ser) muy alto. ¿Tú lo conoces? Creo que se llama Ernesto Montero.
Espero tu respuesta.
Carmen

3 **El ideal** En parejas, imaginen cómo es el/la compañero/a ideal en cada una de estas
situaciones. Si ya conocen a una persona que tiene las características ideales, también
pueden hablar de él/ella. Utilicen el subjuntivo o el indicativo de acuerdo a la situación.

MODELO Lo ideal es vivir con alguien que no se queje demasiado.

• alguien con quien vivir
• alguien con quien trabajar
• alguien con quien ver películas de amor o de aventura
• alguien con quien comprar ropa
• alguien con quien estudiar
• alguien con quien viajar por el desierto del Sahara

Practice more at **facetas.vhlcentral.com**.

Comunicación

4 **Anuncios** En parejas, imaginen que escriben anuncios para el diario *El País*. El jefe les ha dejado algunos mensajes indicándoles qué anuncios deben escribir. Escriban anuncios detallados sobre lo que se busca usando el indicativo o el subjuntivo. Después inventen dos anuncios originales para enseñárselos a la clase.

La familia Pérez busca a su perro Tomás, que se perdió en el parque. Aquí tienen una foto de él.

Miguel y Carlos Solís buscan un guía turístico para su viaje a los volcanes de Guatemala.

5 **Desastres** La tormenta tropical Alberto azota (*is hitting*) las costas de Florida. Tú y un(a) compañero/a deben cubrir esta noticia para un programa de televisión. Uno/a de ustedes es el/la corresponsal y la otra persona es el/la conductor(a) del programa. Escriban una conversación sobre este desastre y sus consecuencias. Usen comparativos, superlativos, el subjuntivo en oraciones subordinadas adjetivas y expresiones negativas, afirmativas e indefinidas.

MODELO	
CONDUCTOR(A)	Cuéntanos, Juan Francisco, ¿cómo es la tormenta?
CORRESPONSAL	¡Nunca he visto una tormenta tan destructiva! ¡No hay casas que puedan soportar vientos tan fuertes!
CONDUCTOR(A)	¡Pero no es posible que el viento sea más fuerte que durante el huracán Jimena!
CORRESPONSAL	Les aseguro que esta tormenta es la peor...

5.4 The present perfect and the past perfect

The present perfect

- The present perfect tense (**el pretérito perfecto**) expresses what *has happened*. It generally refers to recently completed actions or to a past that still bears relevance in the present.

  ¿**Has viajado** al extranjero alguna vez?
  Have you ever traveled abroad?

  Aún no **hemos decidido** adónde ir de vacaciones.
  We have not decided yet where to go on vacation.

- The present perfect is formed with the present tense of the verb **haber** and a past participle. Regular past participles are formed by adding **–ado** to the stem of **–ar** verbs, and **–ido** to the stem of **–er** and **–ir** verbs.

The present perfect		
comprar	**beber**	**recibir**
he comprado	he bebido	he recibido
has comprado	has bebido	has recibido
ha comprado	ha bebido	ha recibido
hemos comprado	hemos bebido	hemos recibido
habéis comprado	habéis bebido	habéis recibido
han comprado	han bebido	han recibido

- Note that past participles do not change form in the present perfect tense.

  Todavía no **hemos comprado** los boletos.
  We still haven't bought the tickets.

  El agente de viajes no **ha terminado** de hacer las reservas.
  The travel agent hasn't finished making the reservations.

- To express that something *has just happened*, use **acabar de** + [*infinitive*]. **Acabar** is a regular **-ar** verb.

  Acabo de recibir los boletos.
  I've just received the tickets.

  Acabamos de ver las pirámides.
  We just saw the pyramids.

- When the stem of an **–er** or **–ir** verb ends in **a, e**, or **o**, the past participle requires a written accent (**ído**) to maintain the correct stress. No accent mark is needed for stems ending in **u**.

  ca-er → caído   le-er → leído

  o-ír → oído   constru-ir → construido

- Many verbs have irregular past participles.

abrir	abierto	morir	muerto
cubrir	cubierto	poner	puesto
decir	dicho	resolver	resuelto
descubrir	descubierto	romper	roto
escribir	escrito	ver	visto
hacer	hecho	volver	vuelto

¡ATENCIÓN!

While English speakers often use the present perfect to express actions that continue into the present time, Spanish uses the phrase **hace** + [*period of time*] + **que** + [*present tense*].

Hace dos años que estudio español.
I have studied Spanish for two years.

- Note that, unlike in English, the verb **haber** may not be separated from the past participle by any other word (**no**, adverbs, pronouns, etc.)

> ¿Por qué **no has reservado todavía** el hotel?
> *Why haven't you reserved your hotel yet?*

> ¡**Todavía no he decidido** las fechas!
> *I haven't yet decided on the dates!*

- Note that, when a past participle is used as an adjective, it must agree in number and gender with the noun it modifies. Past participles are often used as adjectives with **estar** or other verbs to describe physical or emotional states.

> La visa está **vencida.**
> *The visa is expired.*

> Los vuelos están **cancelados**.
> *The flights are canceled.*

The past perfect

- The past perfect tense (**el pretérito pluscuamperfecto**) is formed with the imperfect of **haber** and a past participle. As with other perfect tenses, the past participle does not change form.

The past perfect		
viajar	**perder**	**incluir**
había viajado	había perdido	había incluido
habías viajado	habías perdido	habías incluido
había viajado	había perdido	había incluido
habíamos viajado	habíamos perdido	habíamos incluido
habíais viajado	habíais perdido	habíais incluido
habían viajado	habían perdido	habían incluido

- In Spanish, as in English, the past perfect expresses what someone *had done* or what *had occurred* before another action or condition in the past.

> Compré una cámara digital nueva para el viaje porque la vieja se me **había roto**.
> *I bought a new digital camera for the trip because the old one had broken.*

> Cuando por fin llegaron al aeropuerto, su avión ya **había salido**.
> *When they finally arrived at the airport, their plane had already departed.*

- **Antes, aún, nunca, todavía,** and **ya** are often used with the past perfect to indicate that one action occurred before another. Note that adverbs, pronouns, and the word **no** may not separate **haber** from the past participle.

> Cuando viajé a España, **aún no había aprendido** español**.**
> *When I traveled to Spain, I hadn't yet learned Spanish.*

> El avión **todavía no había aterrizado**, pero el pasajero encendió el celular.
> *The plane hadn't yet landed, but the passenger turned on the cell phone.*

Práctica

TALLER DE CONSULTA

MANUAL DE GRAMÁTICA
Más práctica

5.4 The present perfect and
the past perfect, p. A31

1 Experiencias Completa el párrafo usando el pretérito perfecto.

Este viaje a Guatapé (1) _____ (ser) una experiencia fabulosa. Mi esposa y yo (2) _____ (ver) lugares sensacionales. Lo que más nos (3) _____ (llamar) la atención es que la gente nos (4) _____ (tratar) como si fuéramos de la familia. Nos (5) _____ (quedar) en casa de una familia y las dos hijas nos (6) _____ (enseñar) a hacer arepas. Lo que más nos (7) _____ (gustar) es subir al Peñol de Guatapé. Desde la cima, (8) _____ (observar) el embalse y sus islitas y bahías. Verdaderamente, este lugar nos (9) _____ (encantar).

2 Oraciones Combina los elementos para formar oraciones completas. Utiliza el pretérito perfecto y añade elementos cuando sea necesario.

> **MODELO** yo / siempre / querer / un GPS
> Yo siempre he querido un GPS.

1. nosotros / comprar / cámara digital más innovadora
2. tú / nunca / pensar / en hacer buceo
3. los turistas / ya / llegar / a la isla.
4. el profesor / escribir / fórmulas en la pizarra
5. mis padres / siempre / preferir / los hoteles de lujo

3 Experiencias Indica si has hecho lo siguiente y añade información adicional.

> **MODELO** ir al Polo Sur
> No he ido al Polo Sur, pero he viajado a Latinoamérica.

1. viajar a la Luna
2. ganar la lotería
3. ver a un extraterrestre
4. inventar algo
5. conocer al presidente del país
6. estar despierto/a por más de dos días
7. hacer algo revolucionario
8. soñar con ser astronauta

4 Discurso Jorge Báez, un médico dedicado a las enfermedades tropicales, ha recibido un premio por su trabajo en África y América Latina. Completa su discurso de agradecimiento con el pluscuamperfecto.

Muchas gracias por este premio. Recuerdo que antes de cumplir 12 años ya (1) _____ (decidir) ser médico. Desde pequeño, mi madre siempre me (2) _____ (llevar) al hospital donde ella trabajaba y recuerdo que desde la primera vez me (3) _____ (fascinar) esos médicos vestidos de blanco. Luego, cuando cumplí 26 años, ya (4) _____ (pasar) tres años estudiando las enfermedades tropicales, en especial desde que (5) _____ (leer) un informe de la Organización Panamericana de la Salud. Cuando terminé mis estudios de posgrado, ya se (6) _____ (hacer) grandes adelantos científicos…

Practice more at **facetas.vhlcentral.com.**

Comunicación

5 **Preguntas personales** Busca un(a) compañero/a de clase a quien no conozcas bien y hazle preguntas sobre su vida usando el pretérito perfecto.

> **MODELO**
> —¿Has tomado clases de informática?
> —Sí, he tomado muchas clases de informática. ¡Siempre me ha fascinado la tecnología!

> conocer a una persona famosa   ganar algún premio
> escribir poemas   visitar un país hispano
> estar enamorado/a   vivir en el extranjero

6 **Celebridades** En grupos de tres, cada miembro debe pensar en una persona famosa, sin decir quién es. Las otras dos personas deben hacer preguntas. Utilicen el pretérito perfecto para dar pistas hasta que adivinen el nombre de cada celebridad.

> **MODELO**
> **ESTUDIANTE 1** Este hombre ha ganado muchísimo dinero.
> **ESTUDIANTE 2** ¿Es Donald Trump?

7 **Síntesis** En grupos de tres, imaginen que son policías y deben preparar un informe sobre un accidente ocurrido en una ciudad muy turística. Entrevisten a las personas involucradas en el accidente para determinar lo que ha ocurrido y qué habían hecho inmediatamente antes del accidente. Utilicen la gramática de esta lección.

> **MODELO**
> **POLICÍA** ¿Qué ha sucedido aquí?
> **LINDA** ¡No es mi culpa! ¡El carro verde venía rapidísmo! Yo había frenado en la intersección, cuando de repente...

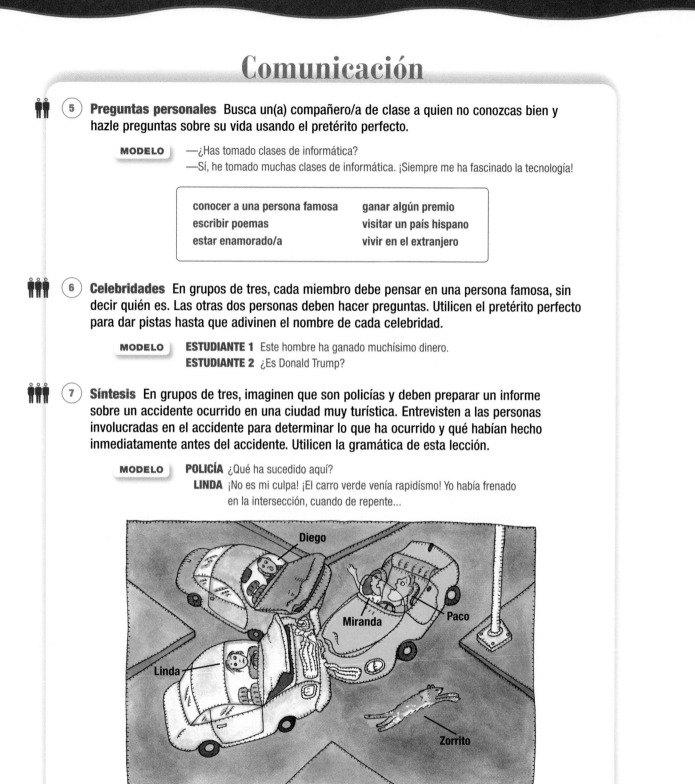

Antes de ver el corto

EL ANILLO

país Puerto Rico
duración 8 minutos
directora Coraly Santaliz Pérez

protagonistas la prometida, Arnaldo (su novio), el vagabundo, el dueño del restaurante, el empleado del restaurante, la novia del empleado, la anfitriona, la senadora

Vocabulario

el anillo *ring*
el azar *chance*
botar *to throw out*
botarse *(P. Rico; Cuba) to outdo oneself*
la casualidad *chance; coincidence*
el diamante *diamond*

echar *to throw away*
enganchar *to get caught*
la manga *sleeve*
la sortija *ring*
el tapón *traffic jam*
tirar *to throw*

1. **Definiciones** Conecta cada oración con la palabra correspondiente.

____ 1. Forma parte de una camisa.

____ 2. Sucede cuando hay mucho tráfico o cuando hay un accidente.

____ 3. Es un sinónimo de *anillo*.

____ 4. Es un conjunto de acontecimientos que ocurren por casualidad.

____ 5. Puede pasar esto si andas en bicicleta con pantalones muy anchos (*wide*).

a. azar
b. enganchar
c. diamante
d. manga
e. tapón
f. sortija
g. tirar

2. **Preguntas** En parejas, contesten las preguntas.

1. ¿Alguna vez perdiste algo de mucho valor? ¿Lo encontraste?

2. ¿Encontraste algo valioso en alguna ocasión? ¿Qué hiciste?

3. ¿Sueles perder cosas cuando vas de viaje?

4. Imagina que encuentras un anillo de diamantes en la habitación del hotel donde te alojas. ¿Qué haces?

3. **Un anillo** En parejas, miren la fotografía del cortometraje e imaginen lo que va a ocurrir en la historia. Compartan sus ideas con la clase.

Practice more at **facetas.vhlcentral.com**.

El Anillo

Premio al mejor guión en First Short Film Competition, patrocinado por The Film Foundation, Inc.

Producción Ejecutiva LUIS J. CRUZ ESPINETA "THE FILM FOUNDATION, INC."
Guión, Edición y Dirección CORALY SANTALIZ PÉREZ   **Producción** CORALY SANTALIZ PÉREZ / JAN G. SANTIAGO ECHANDI
Dirección de Fotografía CARLOS J. ZAYAS PLAZA   **Música** WALTER MORCIGLIO
Diseño de Sonido WALTER SANTALIZ   **Actores** GERARDO ORTIZ / ANNETTE SANTALIZ / JOSÉ JORGE MEDINA /
SASHA BETANCOURT / ANDRÉS SANTIAGO / VIVIANA FUSARO / ELIA ENID CADILLA

Escenas

ARGUMENTO Una prometida pierde su anillo de compromiso, que va pasando de persona a persona por azar.

INVITADA Nena, ¡qué bello ese anillo! Arnaldo se botó.
PROMETIDA Sí, lo sé. Permiso. Voy al baño.
(La prometida olvida el anillo que termina por azar en manos de un vagabundo.)

(El vagabundo pierde el anillo. Lo encuentra el empleado del restaurante, que se lo lleva a su casa. Su novia cree que le está pidiendo matrimonio.)

NOVIA ¡No lo puedo creer, mi amor! ¡Te botaste! Sí, sí. ¡Me caso contigo! Tengo que llamar a mami.

NOVIA ¿Eso es todo lo que a ti te importa?
EMPLEADO Pero mi amor, no te pongas así, chica. ¿Qué tú estás haciendo? ¡No! ¿Qué tú haces?

DUEÑO ¿Cuántas veces te tengo que botar? ¿Eh?
VAGABUNDO Quiero algo de comer. Además me encontré una sortija de diamantes. Deja que la veas. Pero si estaba aquí. Pero ¡te lo juro que estaba aquí!

EMPLEADO Yo no la compré. No, no. Yo estaba limpiando en el restaurante y me la encontré, ¿sabes? Esto nos resuelve porque vale, ¡vale pesos! La podemos vender.

(La senadora llega a una fiesta con el anillo enganchado en el bolso.)

ANFITRIONA ¡Senadora!
SENADORA Buenas noches.
ANFITRIONA ¡Al fin llegó!
SENADORA Es que había un tapón terrible.

Después de ver el corto

1. **Comprensión** Contesta las preguntas con oraciones completas.

    1. ¿Quién compró el anillo y para quién?
    2. ¿Cómo llega el anillo por primera vez a la calle?
    3. ¿Adónde va el vagabundo cuando encuentra el anillo?
    4. ¿Quién encuentra el anillo cuando lo pierde el vagabundo?
    5. ¿Qué piensa la novia del empleado del restaurante al ver el anillo?
    6. ¿Qué quiere hacer el empleado con el anillo?
    7. ¿Qué hace la novia al ver que no era un anillo comprado para ella?
    8. ¿Dónde cae el anillo esta vez?
    9. ¿Adónde va la senadora?
    10. ¿Dónde encuentra la prometida su anillo?

2. **Ampliación** Contesta las preguntas con oraciones completas.

    1. En tu opinión, ¿cómo es la prometida? ¿Por qué?
    2. ¿Por qué crees que el dueño del restaurante no deja entrar al vagabundo?
    3. Imagina que la prometida vuelve a dejar el anillo en el cuarto de baño. ¿Qué sucede esta vez?
    4. ¿Crees en las casualidades? ¿Por qué?

3. **Me encontré un anillo** En parejas, imagínense que uno de estos dos personajes se queda con (*keeps*) el anillo. Imaginen cómo cambia la vida del personaje durante los próximos seis meses. Luego compartan la historia con la clase.

VAGABUNDO

EMPLEADO DEL RESTAURANTE

4. **Los viajes de los objetos** Piensa en la vida de un objeto que tengas, desde el momento en que se creó hasta su futuro. Escribe un párrafo sobre el recorrido del objeto. Inventa cualquier dato que no sepas. Después presenta tu objeto y su viaje a la clase. Ten en cuenta estos puntos.

- partes del objeto
- origen de cada parte
- proceso de fabricación del objeto
- pasado del objeto antes de llegar a tus manos
- vida del objeto mientras estuvo contigo
- vida actual (*current*) del objeto
- futuros viajes y experiencias del objeto

Practice more at **facetas.vhlcentral.com**.

Antes de leer

La luz es como el agua

Sobre el autor

Nacido en 1928 en Aracataca, Colombia, un pequeño pueblo cerca del mar Caribe, **Gabriel García Márquez** fue criado por sus abuelos entre mitos, leyendas y libros fantásticos. Eso fue construyendo la base de su futura obra narrativa. Comenzó a estudiar derecho, pero lo abandonó para dedicarse al periodismo. Como corresponsal en Italia, viajó por toda Europa. Vivió en diferentes lugares y escribió guiones (*scripts*) cinematográficos, cuentos y novelas. En 1967 publicó su novela más famosa, *Cien años de soledad*, cuya acción transcurre en el mítico pueblo de Macondo. En 1982 recibió el Premio Nobel de Literatura. De su libro *Doce cuentos peregrinos* (al que pertenece el cuento *La luz es como el agua*), dijo que surgió (*came about*) porque quería escribir "sobre las cosas extrañas que les suceden a los latinoamericanos en Europa".

Vocabulario

ahogado/a *drowned*	**el faro** *lighthouse; beacon*	**la popa** *stern*
la bahía *bay*	**flotar** *to float*	**la proa** *bow*
el bote *boat*	**el muelle** *pier*	**el remo** *oar*
la cascada *cascade; waterfall*	**la pesca** *fishing*	**el tiburón** *shark*

Palabras relacionadas Indica qué palabra no pertenece al grupo.

1. bote–remo–mueble–navegar
2. brújula–balcón–puerto–proa
3. pesca–buceo–tiburones–tigre
4. popa–edificio–cascada–bahía

Conexión personal Cuando eras niño/a, ¿te gustaba soñar con viajes a lugares imposibles? ¿Sigues soñando o imaginando viajes a lugares fantásticos o imposibles? ¿Alguna vez viviste en un país extranjero? ¿Qué cosas extrañabas?

Análisis literario: el realismo mágico

El realismo mágico es una síntesis entre el realismo y la literatura fantástica. Muchos escritores latinoamericanos, como Gabriel García Márquez y Carlos Fuentes, incorporan elementos fantásticos al mundo cotidiano de los personajes, que aceptan la magia y la fantasía como normales. En el realismo mágico, lo real se torna mágico, lo maravilloso es parte de lo cotidiano y no se cuestiona la lógica de lo fantástico. Uno de los precursores del género, Alejo Carpentier, explicó que "En América Latina, lo maravilloso se encuentra en vuelta de cada esquina, en el desorden, en lo pintoresco de nuestras ciudades, ... en nuestra naturaleza y... también en nuestra historia". Presta atención a la representación de la realidad en el cuento.

Practice more at **facetas.vhlcentral.com**.

Altamar, 2000
Graciela Rodo Boulanger, Bolivia

La luz es como el agua

Gabriel García Márquez

En Navidad los niños volvieron a pedir un bote de remos.

—De acuerdo —dijo el papá, lo compraremos cuando volvamos a Cartagena.

5 Totó, de nueve años, y Joel, de siete, estaban más decididos de lo que sus padres creían.

—No —dijeron a coro°—. Nos hace falta ahora y aquí.

—Para empezar —dijo la madre—, aquí no 10 hay más aguas navegables que la que sale de la ducha°.

Tanto ella como el esposo tenían razón. En la casa de Cartagena de Indias había un patio con un muelle sobre la bahía, y un refugio para dos yates grandes. En cambio aquí en Madrid 15 vivían apretados° en el piso quinto del número 47 del Paseo de la Castellana. Pero al final ni él ni ella pudieron negarse, porque les habían prometido un bote de remos con su sextante y su brújula si se ganaban el laurel del tercer año 20 de primaria, y se lo habían ganado. Así que el papá compró todo sin decirle nada a su esposa, que era la más reacia° a pagar deudas de juego. Era un precioso bote de aluminio con un hilo dorado en la línea de flotación. 25

—El bote está en el garaje —reveló el papá

in unison (coro°)

shower (ducha°)

tight; cramped (apretados°)

reluctant (reacia°)

yo no tuve el valor de pensarlo dos veces.

—La luz es como el agua —le contesté: uno
abre el grifo°, y sale.   *faucet*

De modo que siguieron navegando los
miércoles en la noche, aprendiendo el 60
manejo del sextante y la brújula, hasta que los
padres regresaban del cine y los encontraban
dormidos como ángeles de tierra firme. Meses
después, ansiosos de ir más lejos, pidieron
un equipo de pesca submarina. Con todo: 65
máscaras, aletas, tanques y escopetas de aire
comprimido.

—Está mal que tengan en el cuarto de servicio
un bote de remos que no les sirve para nada
—dijo el padre—. Pero está peor que quieran 70
tener además equipos de buceo.

—¿Y si nos ganamos la gardenia de oro del
primer semestre? —dijo Joel.

—No —dijo la madre, asustada—. Ya
no más.   75

El padre le reprochó su intransigencia.

—Es que estos niños no se ganan ni un clavo°   *nail*
por cumplir con su deber —dijo ella—, pero
por un capricho° son capaces de ganarse hasta   *whim*
la silla del maestro.   80

Los padres no dijeron al fin ni que sí ni que no.
Pero Totó y Joel, que habían sido los últimos
en los dos años anteriores, se ganaron en julio
las dos gardenias de oro y el reconocimiento
público del rector. Esa misma tarde, sin que 85
hubieran vuelto a pedirlos, encontraron en
el dormitorio los equipos de buzos en su
empaque original. De modo que el miércoles
siguiente, mientras los padres veían *El último
tango en París*, llenaron el apartamento hasta 90
la altura de dos brazas, bucearon como
tiburones mansos° por debajo de los muebles   *tame*
y las camas, y rescataron del fondo° de la luz   *bottom*
las cosas que durante años se habían perdido
en la oscuridad.   95

En la premiación° final los hermanos fueron   *awards*
aclamados como ejemplo para la escuela, y les   *ceremony*

en el almuerzo—. El problema es que no
hay cómo subirlo ni por el ascensor ni por
la escalera, y en el garaje no hay más espacio
30 disponible.

Sin embargo, la tarde del sábado siguiente
los niños invitaron a sus condiscípulos° para   *schoolmates*
subir el bote por las escaleras, y lograron
llevarlo hasta el cuarto de servicio.

35 —Felicitaciones —les dijo el papá—, ¿ahora
qué?

—Ahora nada —dijeron los niños—. Lo único
que queríamos era tener el bote en el cuarto,
y ya está.

40 La noche del miércoles, como todos los
miércoles, los padres se fueron al cine. Los
niños, dueños y señores de la casa, cerraron
puertas y ventanas, y rompieron la bombilla
encendida de una lámpara de la sala. Un
45 chorro° de luz dorada° y fresca como el   *spurt/golden*
agua empezó a salir de la bombilla° rota, y lo   *light bulb*
dejaron correr hasta que el nivel llegó a cuatro
palmos. Entonces cortaron la corriente°,   *current*
sacaron el bote, y navegaron a placer° por   *at one's pleasure*
50 entre las islas de la casa.

Esta aventura fabulosa fue el resultado de
una ligereza° mía cuando participaba en un   *flippant remark*
seminario sobre la poesía de los utensilios
domésticos. Totó me preguntó cómo era que
55 la luz se encendía con sólo apretar un botón, y

dieron diplomas de excelencia. Esta vez no tuvieron que pedir nada, porque los padres les preguntaron qué querían. Ellos fueron tan razonables, que sólo quisieron una fiesta en casa para agasajar° a los compañeros de curso.

El papá, a solas con su mujer, estaba radiante.

—Es una prueba de madurez —dijo.

—Dios te oiga —dijo la madre.

El miércoles siguiente, mientras los padres veían *La Batalla de Argel*, la gente que pasó por la Castellana vio una cascada de luz que caía de un viejo edificio escondido entre los árboles. Salía por los balcones, se derramaba° a raudales° por la fachada°, y se encauzó° por la gran avenida en un torrente dorado que iluminó la ciudad hasta el Guadarrama.

Llamados de urgencia, los bomberos forzaron la puerta del quinto piso, y encontraron la casa rebosada de° luz hasta el techo. El sofá y los sillones forrados° en piel de leopardo flotaban en la sala a distintos niveles, entre las botellas del bar y el piano de cola° y su mantón° de Manila que aleteaba° a media agua como una mantarraya de oro. Los utensilios domésticos, en la plenitud de su poesía, volaban con sus propias alas° por el cielo de la cocina. Los instrumentos de la banda de guerra, que los niños usaban para bailar, flotaban al garete° entre los peces de colores liberados de la pecera de mamá, que eran los únicos que flotaban vivos y felices en la vasta ciénaga° iluminada. En el cuarto de baño flotaban los cepillos de dientes de todos, los preservativos de papá, los pomos° de cremas y la dentadura de repuesto° de mamá, y el televisor de la alcoba° principal flotaba de costado°, todavía encendido en el último episodio de la película de media noche prohibida para niños.

Al final del corredor, flotando entre dos aguas, Totó estaba sentado en la popa del bote, aferrado° a los remos y con la máscara puesta, buscando el faro del puerto hasta donde le alcanzó el aire de los tanques, y Joel flotaba en la proa buscando todavía la altura de la estrella polar con el sextante, y flotaban por toda la casa sus treinta y siete compañeros de clase, eternizados en el instante de hacer pipí° en la maceta° de geranios, de cantar el himno de la escuela con la letra cambiada por versos de burla contra el rector, de beberse a escondidas un vaso de brandy de la botella de papá. Pues habían abierto tantas luces al mismo tiempo que la casa se había rebosado°, y todo el cuarto año elemental de la escuela de San Julián el Hospitalario se había ahogado en el piso quinto del número 47 del Paseo de la Castellana. En Madrid de España, una ciudad remota de veranos ardientes y vientos helados, sin mar ni río, y cuyos aborígenes° de tierra firme nunca fueron maestros en la ciencia de navegar en la luz. ■

to entertain

poured out in torrents/ façade/ channeled

brimming with

covered

grand piano/ shawl

fluttered

wings

adrift

marsh

flasks

spare bedroom/ sideways

clinging

to pee/ flowerpot

overflowed

natives

Después de leer

La luz es como el agua
Gabriel García Márquez

(1) Comprensión Indica si las oraciones son **ciertas** o **falsas**. Corrige las falsas.

1. La acción transcurre en Cartagena.
2. Totó y Joel dicen que quieren el bote para pasear con sus compañeros en el río.
3. Los padres van todos los miércoles por la noche al cine.
4. Los niños inundan la casa con agua del grifo (*tap*).
5. Los únicos que sobreviven a la inundación son los peces de colores.
6. El que le sugiere a Totó la idea de que la luz es como el agua es su papá.

(2) Análisis En parejas, relean la definición de realismo mágico y luego respondan las preguntas.

1. Los niños navegan "entre las islas de la casa". ¿Qué son las islas del apartamento?
2. ¿Qué significa la frase "rescataron del fondo de la luz las cosas que durante años se habían perdido en la oscuridad"? En la realidad, ¿les parece que la luz tiene fondo? En este relato, ¿cuál es el fondo de la luz?
3. Repasa el significado de *comparación* (**p. 153**). ¿Se usan comparaciones en este relato? Escríbanlas y expliquen cómo proporcionan mayor expresividad.

(3) Interpretación Responde las preguntas con oraciones completas.

1. ¿Por qué te parece que, teniendo una gran casa en Cartagena, viven en Madrid en un pequeño apartamento? ¿Cuáles crees que podrían ser las causas?
2. El narrador señala que toda la aventura de los niños es consecuencia de una "ligereza" suya, porque "no tuvo el valor de pensarlo dos veces". ¿Por qué te parece que dice eso? ¿Qué opinas tú de su respuesta? ¿Crees que él es culpable de lo que ocurre después?
3. Los niños aprovechan que sus padres no están para inundar el apartamento y guardan el secreto; sólo se lo cuentan a sus compañeros. ¿Por qué hacen eso? ¿Puedes establecer algún paralelo entre ir al cine y navegar con la luz?
4. Imagina que la familia nunca se fue de Cartagena. ¿Cómo cambia la historia?

(4) Entrevista En grupos de cuatro, preparen una entrevista con el primer bombero que entró en el apartamento inundado. Uno/a de ustedes es el/la reportero/a y los demás son bomberos. Hablen sobre las causas y consecuencias del accidente y usen lenguaje objetivo y preciso. Luego representen la entrevista frente a la clase.

(5) Bitácoras de viaje Utilizando el realismo mágico, describe en una bitácora de viaje (*travel log*) un día de un viaje especial. Describe adónde fuiste, qué hiciste, con quién fuiste y por qué fue especial. Describe elementos maravillosos de tu viaje y presenta detalles mágicos como si fueran normales.

Practice more at **facetas.vhlcentral.com**.

Antes de leer

Vocabulario

el apogeo *height; highest level*

el artefacto *artifact*

el campo *ball field*

el/la dios(a) *god/goddess*

el juego de pelota *ball game*

la leyenda *legend*

el mito *myth*

la pared *wall*

la piedra *stone*

la pirámide *pyramid*

la ruta maya *the Mayan Trail*

Tikal Completa las oraciones con las palabras apropiadas.

1. Tikal, antiguamente una gran ciudad, es ahora una impresionante colección de ruinas que se encuentra en la _____ de Guatemala.

2. Hay seis _____ en el centro de la ciudad. Son los edificios más grandes de Tikal.

3. En la misma zona hay varios _____ donde se jugaba al _____.

4. Durante sus excavaciones, los arqueólogos han encontrado _____ fascinantes y también esculturas y monumentos de _____.

Conexión personal ¿Cuál es la ruta más interesante que has recorrido? ¿Fue un viaje organizado o lo planeaste por tu cuenta?

Contexto cultural

Campo de pelota en Chichén Itzá

En la cultura maya, el deporte era a veces cuestión de vida o muerte. El juego de pelota se jugó durante más de 3.000 años en un campo entre muros (*walls*) con una pelota de goma (*rubber*) dura y mucha protección para el cuerpo de los jugadores. Era un juego muy violento y acababa a veces con un sacrificio ritual, posiblemente la decapitación de algunos de los jugadores.

Cuenta la leyenda que los hermanos gemelos (*twins*) Ixbalanqué y Hunahpú eran tan aficionados al juego que enojaron a los dioses de la muerte, los señores de Xibalbá, con el ruido (*noise*) que hacían con las pelotas. Los señores de Xibalbá controlaban un mundo subterráneo, al que se llegaba por una cueva (*cave*). Todo individuo que entraba en Xibalbá pasaba por una serie de pruebas y trampas (*traps*) peligrosas, como cruzar (*cross*) un río de escorpiones, entrar en una casa llena de cuchillos en movimiento y participar en un juego mortal de pelota. Los gemelos usaron su habilidad atlética, su inteligencia y la magia para vencer (*defeat*) a los dioses y transformarse en el sol y la luna. Por eso, entre los mayas, el juego era una competencia entre fuerzas enemigas, como el bien y el mal, o la luz y la oscuridad.

Practice more at **facetas.vhlcentral.com.**

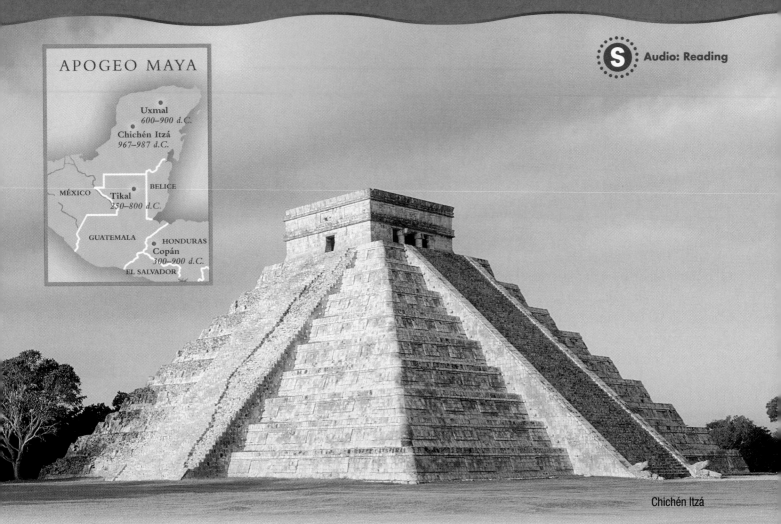

APOGEO MAYA

Uxmal
600–900 d.C.

Chichén Itzá
967–987 d.C.

MÉXICO   BELICE

Tikal
250–800 d.C.

GUATEMALA   HONDURAS
Copán
300–900 d.C.

EL SALVADOR

Chichén Itzá

La ruta maya

Los mayas, investigadores de ciencias y matemáticas, y destacados° *outstanding*
arquitectos de espacios monumentales, han dejado evidencia de
un mundo ilustre e intelectual que todavía brilla hoy día. En su
momento de mayor extensión, el territorio maya incluía partes
5 de lo que ahora es México, Guatemala, Belice, El Salvador y
Honduras. Una imaginaria ruta maya une estos lugares dispersos,
atravesando° siglos y países, y revela restos de una gran civilización. *crossing*
La ruta pasa por selva y ciudad, por vegetación exuberante y por

ruinas que resisten y también muestran el
paso del tiempo. El viajero puede elegir entre
múltiples lugares y numerosos caminos. Sin
embargo, hay un itinerario particular que
conecta la arquitectura, la cultura y el deporte
a través del tiempo y el espacio: la ruta de los
Due to the campos de pelota. Debido al° enorme valor
cultural del juego, se construyeron canchas
en casi todas las poblaciones importantes,
incluyendo las espléndidas construcciones
de Copán y Chichén Itzá. La ruta, que pasa
por algunos de los 700 campos de pelota,
unearths desentierra° maravillas arqueológicas.

En la densa selva en el oeste de Honduras,
arises cerca de la frontera con Guatemala, surge°
Copán, donde gobernaron varias dinastías
lies de reyes. Entre las ruinas, permanece° un
elegantísimo campo de pelota, una cancha
dressing rooms que tenía hasta vestuarios° para los jugadores.
Grandes paredes, adornadas de esculturas
parrots/ surround de loros°, rodean° el campo más artístico de
Mesoamérica. En Copán vivía una élite de
sculpted artesanos y nobles que esculpían° y escribían
en piedra. Por eso, se concentran en Copán
sculptures/ steles la mayor cantidad de esculturas° y estelas°
stone tables —monumentos de figuras y lápidas° con

Campo de pelota en Copán

Mesoamérica

La región de Mesoamérica empieza en el centro de
México y llega hasta la frontera entre Nicaragua y
Costa Rica. Aquí vivían sociedades agrarias que se
destacaron por sus avances en la arquitectura, el
arte y la tecnología en los 3.000 años anteriores a la
llegada de Cristóbal Colón al continente americano.
Entre las culturas de Mesoamérica se incluyen la
maya, azteca, olmeca y tolteca. Los mayas tomaron
la escritura y el calendario mesoamericanos y los
desarrollaron hasta su mayor grado de sofisticación.

jeroglíficos— de la ruta maya. En las famosas
stairways escalinatas° de la ciudad se pueden examinar
jeroglíficos que contienen todo un árbol
genealógico y que cuentan la historia de los
reyes de Copán. Estas inscripciones forman el
texto maya más largo que se preserva hoy día.

El más impresionante de los campos
de pelota se encuentra en Chichén Itzá
en Yucatán, México. En su período de
esplendor, Chichén Itzá era el centro de
poder de Mesoamérica. Actualmente es uno
de los sitios arqueológicos más importantes
del mundo. La gran pirámide, conocida con
el nombre *El Castillo*, era un rascacielos° *skyscraper*
en su época. Con escaleras que suben a la
cumbre° por los cuatro lados, El Castillo *peak*
sirvió de templo del dios Kukulcán. Hay
varias canchas de pelota en Chichén Itzá,
pero la más grandiosa y espectacular se llama
el Gran Juego de Pelota. A pesar de medir° *measuring*
166 por 68 metros (181 por 74 yardas), la
acústica es tan magnífica que sirve de modelo
para teatros: un susurro° se puede oír de un *whisper*
extremo al otro. Mientras competían, los
jugadores sentían la presión de las esculturas
que adornaban las paredes, las cuales
muestran a unos jugadores decapitando a
otros. El peligro era un recordatorio° de que *reminder*
el juego era también una ceremonia solemne
y el campo, un templo.

Esta ruta maya continúa por campos
como el de Uxmal en Yucatán, México,
donde se pueden apreciar grandes logros° *achievements*
arquitectónicos. En todos ellos, se oyen las
voces lejanas de la civilización maya, ecos que
nos hacen viajar por el tiempo y despiertan
la imaginación. ■

Después de leer

La ruta maya

1 Comprensión Decide si las oraciones son **ciertas** o **falsas**. Corrige las falsas.

1. En su momento de mayor extensión, el territorio maya empezaba en lo que hoy se llama México y terminaba en lo que hoy se llama Guatemala.
2. Los mayas construyeron muy pocas canchas de pelota.
3. En Copán vivía una élite de artesanos y nobles que escribían en piedra.
4. Los jeroglíficos de Copán cuentan la leyenda de los gemelos Ixbalanqué y Hunahpú.
5. Chichén Itzá fue el centro de poder de Mesoamérica.
6. El Castillo es la cancha de pelota más grande.

2 Preguntas Contesta las preguntas con oraciones completas.

1. ¿Qué significado tenía el juego de pelota en la cultura maya?
2. ¿Cuáles eran algunos de los peligros del juego?
3. ¿Qué tienen de extraordinario las ruinas de Copán?
4. ¿Qué detalles indican que Chichén Itzá había sido una ciudad importantísima?
5. ¿Cuál es un ejemplo de la importancia de los dioses para los mayas?

3 Itinerarios En grupos, preparen el itinerario para un recorrido por una de estas rutas. Luego compartan el itinerario con el resto de la clase.

- la ruta de los campos de béisbol
- Norteamérica de punta a punta
- las mansiones de los famosos en Hollywood

4 Jeroglíficos

A. En parejas, inventen un mensaje jeroglífico. Pueden usar letras, números, dibujos, figuras geométricas, etc. Después, intercambien el mensaje con otra pareja para descifrarlo. Pueden dar pistas si es necesario.

MODELO   ≋ & PP : 🎵 100 🏠 2
(Mar y Pepe: Recién casados)

B. Presenten los mensajes descifrados a la clase. ¿Qué pareja usó el sistema de escritura más original?

Practice more at **facetas.vhlcentral.com.**

Atando cabos

¡A conversar!

La luna de miel Trabajen en grupos de cuatro. Imaginen cómo fue la luna de miel de dos de estas parejas.

a   b   c   d

A. Primero, hablen acerca de la luna de miel de cada pareja: ¿Cómo es la pareja? ¿Adónde fueron? ¿Qué hicieron? ¿Por qué eligieron ese lugar? ¿Qué cosas empacaron?

B. Luego, comparen las dos lunas de miel. Escriban por lo menos seis oraciones usando comparativos y superlativos, y expresiones negativas, afirmativas e indefinidas.

C. Por último, compartan sus comparaciones con la clase y escuchen las comparaciones de sus compañeros/as. Entre todos, resuman en una lista las comparaciones más destacadas.

¡A escribir!

Consejos de viaje Sigue el **Plan de redacción** para escribir unos consejos de viaje. Imagina que trabajas en una agencia de viajes y tienes que organizar una excursión para unos/as amigos/as tuyos/as. Haz una lista de los lugares y cosas que les recomiendas que hagan. Ten en cuenta la personalidad de tus amigos/as y elige bien qué sitios crees que les van a gustar más.

Plan de redacción

Contenido: Ten en cuenta el clima del lugar, la ropa que deben llevar, el hotel donde pueden alojarse y los espectáculos culturales a los que pueden asistir. También es importante que les recomiendes algún restaurante o alguna comida típica del lugar. No olvides utilizar oraciones con subjuntivo en todas tus recomendaciones. Puedes usar estas expresiones:

- Es importante que...
- Les recomiendo que...
- Busquen un hotel que…
- Es probable que…
- Es mejor que…
- Visiten lugares que…

Conclusión: Termina la lista de consejos deseándoles a tus amigos/as un buen viaje.

Audio: Vocabulary Flashcards

De viaje

la bienvenida	welcome
la despedida	farewell
el destino	destination
el itinerario	itinerary
la llegada	arrival
el pasaje (de ida y vuelta)	(round-trip) ticket
el pasaporte	passport
la tarjeta de embarque	boarding pass
la temporada alta/baja	high/low season
el/la viajero/a	traveler
hacer las maletas	to pack
hacer transbordo	to change (planes/trains)
hacer un viaje	to take a trip
ir(se) de vacaciones	to take a vacation
perder (e:ie) (el vuelo)	to miss (the flight)
regresar	to return
a bordo	on board
retrasado/a	delayed
vencido/a	expired
vigente	valid

El alojamiento

el albergue	hostel
el alojamiento	lodging
la habitación individual/doble	single/double room
la recepción	front desk
el servicio de habitación	room service
alojarse	to stay
cancelar	to cancel
estar lleno/a	to be full
quedarse	to stay
reservar	to reserve
de (buena) categoría	high-quality
incluido/a	included
recomendable	recommendable; advisable

La seguridad y los accidentes

el accidente (automovilístico)	(car) accident
el/la agente de aduanas	customs agent
el aviso	notice; warning
el cinturón de seguridad	seatbelt
el congestionamiento	traffic jam
las medidas de seguridad	security measures
la seguridad	safety; security
el seguro	insurance
aterrizar	to land
despegar	to take off
ponerse/quitarse el cinturón	to fasten/to unfasten the seatbelt
reducir (la velocidad)	to reduce (speed)
peligroso/a	dangerous
prohibido/a	prohibited

Las excursiones

la aventura	adventure
el/la aventurero/a	adventurer
la brújula	compass
el buceo	scuba diving
el campamento	campground
el crucero	cruise (ship)
el (eco)turismo	(eco)tourism
la excursión	excursion; tour
la frontera	border
el/la guía turístico/a	tour guide
la isla	island
las olas	waves
el puerto	port
las ruinas	ruins
la selva	jungle
el/la turista	tourist
navegar	to sail
recorrer	to visit; to go around
lejano/a	distant
turístico/a	tourist (adj.)

Más vocabulario

Expresiones útiles	Ver p. 169
Estructura	Ver pp. 176–177, 180–181, 184–185 y 188–189

Cinemateca

el anillo	ring
el azar	chance
la casualidad	chance; coincidence
el diamante	diamond
la manga	sleeve
la sortija	ring
el tapón	traffic jam
botar	to throw out
botarse	(P. Rico; Cuba) to outdo oneself
echar	to throw away
enganchar	to get caught
tirar	to throw

Literatura

la bahía	bay
el bote	boat
la cascada	cascade; waterfall
el faro	lighthouse; beacon
el muelle	pier
la pesca	fishing
la popa	stern
la proa	bow
el remo	oar
el tiburón	shark
flotar	to float
ahogado/a	drowned

Cultura

el apogeo	height; highest level
el artefacto	artifact
el campo	ball field
el/la dios(a)	god/goddess
el juego de pelota	ball game
la leyenda	legend
el mito	myth
la pared	wall
la piedra	stone
la pirámide	pyramid
la ruta maya	the Mayan Trail

La naturaleza

6

Communicative Goals

You will expand your ability to…

- describe and narrate in the future
- express what you or others would do
- express purpose, condition, and intent
- express will, emotion, doubt, or denial in the past
- discuss hypothetical situations and events that depend on other events

Audio: Vocabulary Activities

La naturaleza

La naturaleza

El Caribe presenta **costas** infinitas con palmeras **a orillas del mar**, aguas cristalinas y extensos **arrecifes** de coral con un **paisaje** submarino sin igual.

el árbol *tree*
el arrecife *reef*
el bosque (lluvioso) *(rain) forest*
el campo *countryside; field*
la cordillera *mountain range*

la costa *coast*
el desierto *desert*
el mar *sea*
la montaña *mountain*
el paisaje *landscape; scenery*
la tierra *land; earth*
___
húmedo/a *humid; damp*
seco/a *dry*
___
a orillas de *on the shore of*
al aire libre *outdoors*

Los animales

el ave (*f.*)/el pájaro *bird*
el cerdo *pig*
el conejo *rabbit*
el león *lion*
el mono *monkey*
la oveja *sheep*
el pez *fish*
la rana *frog*

la serpiente *snake*
el tigre *tiger*
la vaca *cow*
___
atrapar *to trap; to catch*
cazar *to hunt*
dar de comer *to feed*
extinguirse *to become extinct*
morder (o:ue) *to bite*
___
en peligro de extinción *endangered*
salvaje *wild*
venenoso/a *poisonous*

Los fenómenos naturales

el huracán *hurricane*
el incendio *fire*
la inundación *flood*
el relámpago *lightning*
la sequía *drought*
el terremoto *earthquake*
la tormenta (tropical) *(tropical) storm*
el trueno *thunder*

El **reciclaje** de botellas es muy importante para **proteger** el **medio ambiente** y no **malgastar** plástico.

el calentamiento global *global warming*
la capa de ozono *ozone layer*
el combustible *fuel*
la contaminación *pollution; contamination*

la deforestación *deforestation*
el desarrollo *development*
la erosión *erosion*
la fuente de energía *energy source*
el medio ambiente *environment*
los recursos naturales *natural resources*

agotar *to use up*
conservar *to conserve; to preserve*
contaminar *to pollute; to contaminate*
contribuir (a) *to contribute*
desaparecer *to disappear*
destruir *to destroy*
malgastar *to waste*
proteger *to protect*
reciclar *to recycle*

resolver (o:ue) *to solve*

dañino/a *harmful*
desechable *disposable*
renovable *renewable*
tóxico/a *toxic*

Práctica

1 Escuchar

A. Escucha el informativo de la noche y después completa las oraciones con la opción correcta.

1. Hay _____.
   a. una inundación   b. un incendio
2. Las causas de lo que ha ocurrido _____.
   a. se conocen   b. se desconocen
3. En los últimos meses, ha habido _____.
   a. mucha sequía   b. muchas tormentas
4. Las autoridades temen que _____.
   a. los animales salvajes vayan a los pueblos
   b. el incendio se extienda
5. Los pueblos de los alrededores _____.
   a. están en peligro   b. están contaminados

B. Escucha la conversación entre Pilar y Juan, y después contesta las preguntas con oraciones completas.

1. ¿Dónde hay un incendio?
2. Según lo que escuchó Pilar, ¿qué puede suceder?
3. ¿Qué animales tenían los abuelos de Juan?
4. ¿Dónde pasaba los veranos Pilar?
5. ¿Qué hacía Pilar con los peces que veía?
6. ¿Qué ha pasado con los peces que había antes en la costa?

C. En parejas, hablen de los cambios que han visto ustedes en la naturaleza a lo largo de los años. Hagan una lista y compártanla con la clase.

2 Emparejar Conecta las palabras de forma lógica.

MODELO   fenómeno natural: terremoto

_____ 1. proteger   a. león
_____ 2. tormenta   b. serpiente
_____ 3. destrucción   c. incendio
_____ 4. campo   d. conservar
_____ 5. salvaje   e. trueno
_____ 6. venenosa   f. aire libre

3 **Definiciones**

A. Escribe la palabra adecuada para cada definición.

1. fenómeno natural en el que se ilumina el cielo cuando hay tormenta: _____

2. reptil de cuerpo largo y estrecho (*narrow*) que muchas veces es venenoso: _____

3. largo período de tiempo sin lluvias: _____

4. extensión de tierra donde no suele llover: _____

5. fenómeno natural que se produce cuando se mueve la tierra bruscamente (*abruptly*): _____

6. animal feroz considerado el rey de la selva: _____

7. contrario de "húmedo": _____

8. ruido producido en las nubes por una descarga eléctrica: _____

9. serie de montañas: _____

10. fuego grande que puede destruir casas y campos: _____

B. Ahora, escribe tres definiciones de otras palabras del vocabulario. Tu compañero/a tendrá que adivinar a qué palabra corresponde cada definición.

4 **¿Qué es la biodiversidad?** Completa el artículo de la revista *Naturaleza* con la palabra o expresión correspondiente.

animal	costas	paisaje
arrecifes de coral	mar	proteger
bosques	medio ambiente	recursos naturales
conservar	montañas	tierra

La biodiversidad se refiere a la gran variedad de formas de vida —(1) _____, vegetal y humana— que conviven en el (2) _____, no sólo en la tierra, sino también en el (3) _____. Esta interdependencia significa que ninguna especie está aislada o puede vivir por sí sola. A pesar de que el Caribe comprende menos del once por ciento de la superficie total del planeta, su territorio contiene una vasta riqueza de vida silvestre (*wild*) que se encuentra a lo largo de sus (4) _____ tropicales húmedos, (5) _____ altas, extensas costas, y del increíble (6) _____ submarino de los (7) _____. Se estima que en la actualidad hay más de sesenta y cinco organizaciones ecologistas que trabajan para (8) _____ y (9) _____ los valiosos (10) _____ de las islas caribeñas.

Practice more at **facetas.vhlcentral.com.**

Comunicación

5 **Preguntas** En parejas, túrnense para contestar las preguntas.

1. Cuando vas de vacaciones, ¿qué tipo de lugar prefieres? ¿El campo, la costa, la montaña? ¿Por qué?

2. ¿Tienes un animal preferido? ¿Cuál es? ¿Por qué te gusta? ¿Qué animales no te gustan? ¿Por qué?

3. ¿Qué opinas de la práctica de cazar animales salvajes? ¿Es cruel? ¿Es necesario controlar la población para el bien de la especie?

4. ¿Qué opinas del uso de abrigos de piel (*fur*)? ¿Hay alguna diferencia entre usar zapatos de cuero (*leather*) y usar un abrigo de piel de zorro (*fox*)?

5. ¿Qué fenómenos naturales son comunes en tu área? ¿Los huracanes, las sequías? ¿Qué efectos o consecuencias tienen para el medio ambiente?

6. En tu opinión, ¿cuál es el problema más grave que afecta al medio ambiente? ¿Qué podemos hacer para mejorar la situación?

6 **¿Qué es mejor?** En parejas, hablen sobre las ventajas y las desventajas de las alternativas de la lista. Consideren el punto de vista práctico y el punto de vista ambiental. Utilicen el vocabulario de **Contextos**.

- usar servilletas de papel o de tela (*cloth*)
- tirar restos de comida a la basura o en el triturador del fregadero (*garbage disposal*)
- acampar en un parque nacional o alojarse en un hotel
- imprimir (*print*) el papel por los dos lados o simplemente imprimir menos

7 **Asociaciones** En parejas, comparen sus personalidades con las cualidades de estos animales, elementos y fuerzas de la naturaleza. ¿Con cuáles te identificas? ¿Con cuáles crees que se identifica tu compañero/a? ¿Por qué? Comparen sus respuestas.

árbol	fuente de energía	mar	relámpago
bosque	huracán	montaña	serpiente
conejo	incendio	pájaro	terremoto
desierto	león	pez	trueno

MODELO **pájaro**
Yo me identifico con los pájaros, porque soy libre y soñador(a).

Aguayo se va de vacaciones, dejando su pez al cuidado de los empleados de *Facetas*.

MARIELA ¡Es una araña gigante!

FABIOLA No seas miedosa.

MARIELA ¿Qué haces allá arriba?

FABIOLA Estoy dejando espacio para que la atrapen.

DIANA Si la rocías con esto (*muestra el matamoscas en spray*), la matas bien muerta.

AGUAYO Pero esto es para matar moscas.

FABIOLA ¡Las arañas jamás se van a extinguir!

MARIELA Las que no se van a extinguir son las cucarachas. Sobreviven la nieve, los terremotos y hasta los huracanes, y ni la radiación les hace daño.

FABIOLA ¡Vaya! Y... ¿tú crees que sobrevivirían al café de Aguayo?

AGUAYO Mariela, ¿podrías hacer el favor de tomar mis mensajes? Voy a casa por mi pez. Diana se ofreció a cuidarlo durante mis vacaciones.

MARIELA ¡Cómo no, jefe!

AGUAYO Mañana por la tarde estaremos en el campamento.

FABIOLA ¿Cómo pueden llamarle "vacaciones" a eso de dormir en el suelo y comer comida enlatada?

AGUAYO Ésta es su comida. Sólo una vez al día. No le des más aunque ponga cara de perrito... Bueno, debo irme.

MARIELA ¿Cómo sabremos si pone cara de perrito?

AGUAYO En vez de hacer así (*hace gestos con la cara*)..., hace así.

JOHNNY Última llamada.

FABIOLA Nos quedaremos cuidando a Bambi.

ÉRIC Me encanta el pececito, pero me voy a almorzar. Buen provecho.

Los chicos se marchan.

DIANA ¡Ay! No sé ustedes, pero yo lo veo muy triste.

FABIOLA Claro. Su padre lo abandonó para irse a dormir con las hormigas.

MARIELA ¿Por qué no le damos de comer?

FABIOLA ¡Ya le he dado tres veces!

MARIELA ¡Ya sé! Podríamos darle el postre.

AGUAYO

DIANA

ÉRIC

FABIOLA

JOHNNY

MARIELA

AGUAYO La idea es tener contacto con la naturaleza, Fabiola. Explorar y disfrutar de la mayor reserva natural del país.

MARIELA Debe ser emocionante.

AGUAYO Lo es. Sólo tengo una duda. ¿Qué debo hacer si veo un animal en peligro de extinción comerse una planta en peligro de extinción?

FABIOLA Tómale una foto.

AGUAYO Chicos, les presento a Bambi.

MARIELA ¿Qué? ¿No es Bambi un venadito?

AGUAYO ¿Lo es?

JOHNNY ¿No podrías ponerle un nombre más original?

FABIOLA Sí, como *Flipper*.

FABIOLA Miren lo que encontré en el escritorio de Johnny.

MARIELA ¡Galletitas de animales!

DIANA ¿Qué haces?

MARIELA Hay que encontrar la ballenita. Es un pez y está solo. Supongo que querrá compañía.

DIANA Pero no podemos darle galletas.

FABIOLA ¿Y qué vamos a hacer? Todavía se ve tan triste.

MARIELA ¡Ya sé! Tenemos que hacerlo sentir como si estuviera en su casa. (*Pegan una foto de la playa en la pecera.*) ¿Qué tal ésta con el mar?

DIANA ¡Perfecta! ¡Se ve tan feliz!

FABIOLA Míralo.

Llegan los chicos.

ÉRIC ¡Bambi! ¡Maldito pez! ¡En una playa tropical con tres mujeres!

Expresiones útiles

Talking about the future

¡Las arañas jamás se van a extinguir!
Spiders will never become extinct!

¿Y qué vamos a hacer?
What are we going to do?

Mañana por la tarde estaremos en el campamento.
Tomorrow afternoon we will be in the campground.

Nos quedaremos cuidando a Bambi.
We will stay and look after Bambi.

¿Cómo sabremos si pone cara de perrito?
How will be know if he is making a puppy-dog face?

Expressing perceptions

Yo lo/la veo muy triste.
He/She looks very sad to me.

¡Se ve tan feliz!
He/She looks so happy!

Parece que está triste/contento/a.
It looks like he/she is sad/happy.

Al parecer, no le gustó.
It looks like he/she didn't like it.

¡Qué guapo/a te ves!
How attractive you look!

¡Qué elegante se ve usted!
How elegant you look!

Additional vocabulary

la araña *spider*
Buen provecho. *Enjoy your meal.*
la comida enlatada *canned food*
la cucaracha *cockroach*
enlatado/a *canned*
la hormiga *ant*
matar *to kill*
miedoso/a *fearful*
la mosca *fly*
rociar *to spray*

Comprensión

1 **¿Quién lo dijo?** Identifica lo que dijo cada personaje.

AGUAYO   DIANA   ÉRIC   FABIOLA   MARIELA

1. No podemos darle galletas.
2. Mañana por la tarde, estaremos en el campamento.
3. Tómale una foto.
4. Me encanta el pececito, pero me voy a almorzar.
5. Podríamos darle el postre.

2 **¿Qué falta?** Completa las oraciones con las frases de la lista.

las cucarachas	un nombre original
el pez	denle de comer
de comer	tener contacto con la naturaleza

1. **FABIOLA** ¿Tú crees que _____ pueden sobrevivir al café de Aguayo?
2. **MARIELA** Debe ser emocionante _____.
3. **FABIOLA** Sí, _____ como "Flipper".
4. **AGUAYO** _____ sólo una vez al día.
5. **MARIELA** ¿Cómo sabremos si _____ pone cara de perrito?
6. **FABIOLA** Ya le he dado tres veces _____.

3 **¿Qué dijo?** Di qué hace cada personaje. Utiliza los verbos entre paréntesis.

> **MODELO**   **JOHNNY** ¿No podrías ponerle un nombre más original? (sugerir a Aguayo)
> Johnny le sugiere a Aguayo que le ponga un nombre más original.

1. **AGUAYO** Mariela, ¿podrías hacer el favor de tomar mis mensajes? (pedir a Mariela)
2. **FABIOLA** Toma una foto. (aconsejar a Aguayo)
3. **AGUAYO** No le des más aunque ponga cara de perrito… (ordenar a Mariela)
4. **MARIELA** ¿Por qué no le damos de comer? (sugerir a Diana)

4 **Preguntas y respuestas** En parejas, háganse preguntas sobre estos temas.

> **MODELO**   **irse de campamento**
> —¿Quién se va de campamento?
> —Aguayo se va de campamento.

• tenerle miedo a las arañas	• cuidar a la mascota	• dar de comer
• Aguayo y su esposa / comer	• irse a almorzar	• sentirse feliz

Practice more at **facetas.vhlcentral.com.**

Ampliación

⑤ **Carta a Aguayo** Aguayo dejó a su pececito al cuidado de los empleados de *Facetas*, pero ocurrió algo terrible: Bambi se murió. Ahora, ellos deben contarle a Aguayo lo sucedido. En parejas, escriban la carta que los empleados le enviaron a Aguayo.

> Querido jefe:
>
> Esperamos que esté disfrutando de sus vacaciones y de la comida enlatada. Nosotros estamos bien, pero tenemos que darle una mala noticia. El otro día...

⑥ **Apuntes culturales** En parejas, lean los párrafos y contesten las preguntas.

Las mascotas

Aguayo dejará su mascota Bambi al cuidado de Diana. Otro tipo de mascota con hábitos acuáticos es el carpincho (*capybara*), común a orillas de ríos en Sudamérica. Este simpático "animalito" fácil de domesticar es el roedor (*rodent*) más grande del planeta, ¡con un peso de hasta 65 kilos (143 libras)! Un poquito grande para la oficina de *Facetas*, ¿no?

De campamento

Según Aguayo, la idea de acampar es estar en contacto con la naturaleza. Un sitio emocionante para acampar es la comunidad boliviana de **Rurrenabaque**, puerta de entrada al **Parque Nacional Madidi**. Este parque, una de las reservas más importantes del planeta, comprende cinco pisos (*floors*) ecológicos, desde llanuras (*plains*) amazónicas hasta cordilleras nevadas.

El alacrán

Fabiola y Mariela les tienen miedo a las arañas. ¡Y no es para menos! Algunos arácnidos son muy peligrosos. En la República Dominicana, los alacranes (*scorpions*) son temidos (*feared*) por su veneno mortal. Se los puede encontrar debajo de los muebles, en los zapatos... ¿Sobrevivirían los alacranes al matamoscas de Diana?

1. ¿Qué mascotas exóticas conoces? Menciona como mínimo tres o cuatro. ¿Cuáles son sus hábitos? ¿Son fáciles o difíciles de domesticar? ¿Son peligrosas?

2. ¿Has acampado alguna vez? ¿Dónde? ¿Por cuántos días? ¿Qué hiciste?

3. ¿Qué significa la expresión "piso ecológico"? ¿Has estado alguna vez en una región con distintos "pisos ecológicos"? ¿Cómo es la geografía de la región donde vives?

4. ¿Has visto un alacrán alguna vez? ¿Qué otros insectos peligrosos conoces? ¿Te han picado (*bitten*)? ¿Les tienes miedo?

Additional Reading

En detalle

EL CARIBE

Los bosques DEL MAR

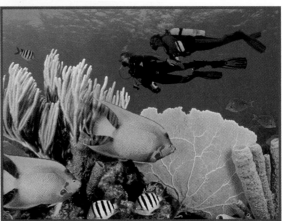

¿Te sumergiste alguna vez en el más absoluto de los silencios para contemplar los majestuosos arrecifes de coral? En el Caribe hay más de 26 mil kilómetros cuadrados (16 mil millas cuadradas) de arrecifes, también llamados *bosques tropicales del mar* por la inmensa biodiversidad que se encuentra en ellos. Sus extravagantes formas de intensos colores proporcionan° el ecosistema ideal para las más de 4.000 especies de peces y miles de especies de plantas que en ellos habitan.

Nuestras vidas también dependen de estas formaciones: los arrecifes del Caribe protegen las costas de Florida y de los países caribeños de los huracanes. Sus inmensas estructuras aplacan° la fuerza de las tormentas antes de que lleguen a las costas, cumpliendo la función de barreras° naturales.

3200 km de arrecifes

Cuba

María la Gorda

166 km de arrecifes

237 especies de coral

República Dominicana

Puerto Rico

Parque Nacional Submarino La Caleta

También protegen las playas de la erosión y son un refugio para muchas especies animales en peligro de extinción.

En Cuba se destacan° los arrecifes de María la Gorda, en el extremo occidental de la isla. En esta área altamente protegida, más de veinte especies de corales forman verdaderas cordilleras, grutas° y túneles subterráneos.

Lamentablemente, los arrecifes están en peligro por culpa de la mano del hombre. La construcción desmedida° en las costas y la contaminación de las aguas por los desechos° de las alcantarillas° provocan la sedimentación. Esto enturbia° el agua y mata el coral, porque le quita la luz que necesita. La pesca descontrolada, el exceso de turismo y la recolección de coral por parte de los buceadores son otros de sus grandes enemigos. De hecho, algunos expertos dicen que el 70% del coral desaparecerá en unos 40 años. Así que, si eres uno de los afortunados que pueden visitarlos, cuídalos. Su futuro depende de todos nosotros. ■

Los **arrecifes de coral** son uno de los hábitats más antiguos de la Tierra; algunos de ellos llegan a tener más de 10.000 años. Muchos los confunden con plantas o con rocas, pero los arrecifes de coral son, en realidad, estructuras formadas por pólipos° de coral, unos animales diminutos° que al morir dejan unos residuos de piedra caliza°. Los arrecifes son el refugio ideal para muchos tipos de animales, tales como esponjas, peces y tortugas.

proporcionan *provide* **aplacan** *diminish* **barreras** *barriers* **se destacan** *stand out* **grutas** *caves* **desmedida** *excessive* **desechos** *waste* **alcantarillas** *sewers* **enturbia** *clouds* **pólipos** *polyps* **diminutos** *tiny* **piedra caliza** *limestone*

Frases de animales

andar como perro sin pulga° (Méx.)   *to be carefree*

comer como un chancho   *to eat like a pig; to pig out*

¡El mono está chiflando!° (Cu.)   *How windy!*

estar como una cabra° (Esp.)   *to be as mad as a hatter*

marca perro (Arg., Chi. y Uru.)   *(of an object) by an unknown brand*

¡Me pica el bagre!° (Arg.)   *I'm getting hungry!*

¡Qué búfalo/a! (Nic.)   *Fantastic!*

¡Qué tortuga! (Col.)   *(of a person) How slow!*

ser (una) rata   *to be stingy*

ser un(a) rata (Esp.)   *to be stingy*

Organizaciones ambientales

Protección de la biosfera El Parque Nacional Yasuní, declarado Reserva Mundial de la Biosfera por la UNESCO en 1989, está ubicado en la Amazonia ecuatoriana. En la actualidad, varias organizaciones ambientales intentan frenar° el avance de compañías petroleras que operan en el 60% del territorio del parque.

Campañas contra los transgénicos En 2004, Greenpeace comenzó una campaña en Chile. Quieren que el gobierno obligue a las empresas alimenticias a identificar los alimentos elaborados con ingredientes de origen transgénico mediante el etiquetado de los envases°.

Protección de aves amenazadas Gracias al Fondo Peregrino de Panamá y a instituciones como el Smithsonian Institute, las águilas arpías° están siendo rescatadas y protegidas. Al parecer, Panamá es el único país de Latinoamérica que protege esta ave. El águila arpía es la segunda ave más grande del mundo después del águila de Filipinas y es el ave nacional de Panamá.

PARQUE NACIONAL SUBMARINO LA CALETA

En 1984, por obra y gracia del Grupo de Investigadores Submarinos, el buque° de rescate *Hickory* se hundió en el Parque Nacional Submarino La Caleta, a unos 17 kilómetros de Santo Domingo. No fue un accidente, sino que el objetivo de los especialistas era sumergir el buque intacto para que sirviera de arrecife artificial para las especies en peligro de extinción. Con el paso de los años, el barco se cubrió de esponjas y corales, y por él pasean miles de peces. El *Hickory*, que está a unos 20 metros de profundidad, es hoy día una de las mayores atracciones del parque. Pero el *Hickory* no es el único atractivo del parque nacional, también cuenta con otro barco-museo hundido para el buceo en cuyas aguas, que llegan a una profundidad de 180 metros (590 pies), se pueden contemplar tres terrazas de arrecifes. Los corales forman verdaderas alfombras de tonos rojos, amarillos y anaranjados que impresionan al buceador más exigente.

> **❝ El hombre no sólo es un problema para sí, sino también para la biosfera en que le ha tocado vivir. ❞**
> (Ramón Margalef, ecólogo español)

🐟 Conexión Internet

¿Qué peces habitan los arrecifes de coral del Caribe?

To research this topic, go to **facetas.vhlcentral.com.**

andar como… *(lit.) to be like a dog without a flea* **El mono…** *(lit.) The monkey is whistling* **estar como…** *(lit.) to be like a goat* **Me pica…** *(lit.) My catfish is itching/tickling me* **buque** *ship* **frenar** *to slow down* **etiquetado…** *container labeling* **águilas arpías** *harpy eagles*

¿Qué aprendiste?

(1) ¿Cierto o falso? Indica si estas afirmaciones son **ciertas** o **falsas**. Corrige las falsas.

1. Los arrecifes de coral son unas plantas de intensos colores.

2. Los arrecifes de coral también son conocidos como los *bosques tropicales del mar*.

3. Los huracanes se hacen más fuertes cuando pasan por los arrecifes.

4. Estas estructuras son un ecosistema ideal para las especies en peligro de extinción.

5. Las formaciones de coral necesitan luz.

6. Está permitido que los turistas tomen un poco de coral para llevárselo.

7. María la Gorda se encuentra en el extremo occidental de Puerto Rico.

8. En María la Gorda, los arrecifes forman túneles y cordilleras.

9. La construcción de casas cerca de las playas no afecta al desarrollo de los arrecifes.

10. Los arrecifes de coral son uno de los hábitats más antiguos del planeta.

11. En los arrecifes no viven tortugas porque no encuentran su alimento.

12. Los expertos están preocupados por el futuro de los arrecifes.

(2) Oraciones Elige la opción correcta.

1. El Grupo de Investigadores Submarinos hundieron el *Hickory* para crear (un parque nacional/un arrecife artificial).

2. El Parque Nacional Submarino La Caleta está ubicado en (Puerto Rico/ la República Dominicana).

3. ¿No quieres contribuir para el regalo de Juan? ¡Eres (una rata/un chancho)!

4. Si estás en Argentina y tienes hambre, dices que (te pica el bagre/estás como una cabra).

(3) Preguntas Contesta las preguntas.

1. ¿Qué quieren frenar las organizaciones ambientales en el Parque Nacional Yasuní?

2. ¿Qué animales protege el Fondo Peregrino de Panamá?

3. ¿Qué busca Greenpeace con la campaña contra los transgénicos?

4. En tu opinión, ¿a qué se refiere Ramón Margalef cuando dice que el hombre es un problema para la biosfera?

(4) Opiniones En parejas, respondan las preguntas y compartan su opinión con la clase.

- ¿Les preocupa la contaminación de las aguas?
- ¿Tienen hábitos que perjudican los mares? ¿Cuáles?
- ¿Qué aspectos de su vida diaria cambiarían para evitar el aumento de contaminación?

PROYECTO

Arrecifes del Caribe

Busquen información sobre los arrecifes de coral de Cuba, Puerto Rico y la República Dominicana. Elijan una zona de arrecifes y preparen una presentación para la clase. La presentación debe incluir:

- datos sobre la ubicación y la extensión
- datos sobre turismo

- datos sobre las especies de coral y otras especies de los arrecifes
- información sobre el estado de los arrecifes: ¿Están en peligro? ¿Alguna organización los protege?

¡No olviden incluir un mapa con la ubicación exacta para presentarlo en la clase!

Practice more at **facetas.vhlcentral.com**.

Video: *Flash Cultura*

Un bosque tropical

Ahora que ya has leído sobre la riqueza del mar del Caribe, mira este episodio de **Flash Cultura** para conocer las maravillas del bosque tropical lluvioso de Puerto Rico, con su sorprendente variedad de árboles milenarios.

VOCABULARIO ÚTIL

la brújula *compass*	**estar en forma** *to be fit*
la caminata *hike*	**el/la nene/a** *kid*
la cascada *waterfall*	**la lupa** *magnifying glass*
el chapuzón *dip*	**subir** *to climb*
la cima *peak*	**la torre** *tower*

Preparación ¿Te gusta estar en contacto con la naturaleza? ¿De qué manera? ¿Has visitado alguno de los bosques nacionales de tu país? ¿Cuál(es)?

 Comprensión Indica si estas afirmaciones son ciertas o falsas. Después, en parejas, corrijan las falsas.

1. El nombre *Yunque* proviene del español y significa "dios de la montaña".
2. El Yunque es la reserva forestal más antigua del hemisferio occidental.
3. El símbolo de Puerto Rico es el arroz con gandules.
4. Para llegar a la cima es necesario estar en forma y llevar brújula, agua, mapa, etc.
5. Una caminata hasta la cima puede llevar hasta dos días.
6. Como la cima está rodeada de nubes, los árboles no pueden crecer mucho.

Expansión En parejas, contesten estas preguntas.

• Imagina que sólo puedes llevar tres de los objetos del equipo para llegar a la cima del Yunque. ¿Cuáles llevarías? ¿Por qué?

• ¿Alguno de los atractivos del Yunque te anima (*encourages you*) a visitar este bosque en tus próximas vacaciones? ¿Cuál? ¿Por qué?

• ¿Qué tipo de comida llevas cuando vas de excursión? ¿Qué otras cosas llevas en la mochila?

Corresponsal: Diego Palacios
País: Puerto Rico

En el Yunque hay más especies de árboles que en ningún otro de los bosques nacionales, muchos de los cuales son cientos de veces más grandes, como el Parque Yellowstone o el Yosemite.

Nadar en los ríos del Yunque es uno de los pasatiempos favoritos de los puertorriqueños, como lo es meterse debajo de las cascadas.

El Yunque es el único Bosque Tropical Lluvioso del Sistema Nacional de Bosques de los Estados Unidos.

6.1 The future and the conditional

The future

- The future tense (**el futuro**) uses the same endings for all **–ar, –er**, and **–ir** verbs. For regular verbs, the endings are added to the infinitive.

Infinitive	future forms
hablar	hablaré, hablarás, hablará, hablaremos, hablaréis, hablarán
deber	deberé, deberás, deberá, deberemos, deberéis, deberán
abrir	abriré, abrirás, abrirá, abriremos, abriréis, abrirán

TALLER DE CONSULTA

MANUAL DE GRAMÁTICA
Más práctica

6.1 The future and the conditional, p. A34

6.2 The subjunctive in adverbial clauses, p. A35

6.3 The past subjunctive, p. A36

6.4 **Si** clauses with simple tenses, p. A37

Más gramática

6.5 Adverbs, p. A38

¡ATENCIÓN!

Note that all of the future tense endings carry a written accent mark, except the **nosotros/as** form.

- For irregular verbs, the same future endings are added to the irregular stem.

Infinitive	stem	future forms
caber	cabr-	cabré, cabrás, cabrá, cabremos, cabréis, cabrán
haber	habr-	habré, habrás, habrá, habremos, habréis, habrán
poder	podr-	podré, podrás, podrá, podremos, podréis, podrán
querer	querr-	querré, querrás, querrá, querremos, querréis, querrán
saber	sabr-	sabré, sabrás, sabrá, sabremos, sabréis, sabrán
poner	pondr-	pondré, pondrás, pondrá, pondremos, pondréis, pondrán
salir	saldr-	saldré, saldrás, saldrá, saldremos, saldréis, saldrán
tener	tendr-	tendré, tendrás, tendrá, tendremos, tendréis, tendrán
valer	valdr-	valdré, valdrás, valdrá, valdremos, valdréis, valdrán
venir	vendr-	vendré, vendrás, vendrá, vendremos, vendréis, vendrán
decir	dir-	diré, dirás, dirá, diremos, diréis, dirán
hacer	har-	haré, harás, hará, haremos, haréis, harán
satisfacer	satisfar-	satisfaré, satisfarás, satisfará, satisfaremos, satisfaréis, satisfarán

- The future tense is just one way to express actions or conditions that will happen in the future.

PRESENT INDICATIVE	PRESENT SUBJUNCTIVE
conveys a sense of certainty that the action will occur	refers to an action that has yet to occur: used after verbs of will and influence
Llegan mañana. *They arrive tomorrow.*	Prefiero que **lleguen** mañana. *I prefer that they arrive tomorrow.*

ir a + [*infinitive*]	FUTURE TENSE
expresses the near future; is commonly used in everyday speech	expresses an action that will occur; often implies more certainty than **ir a** + [*infinitive*]
Van a llegar mañana. *They are going to arrive tomorrow.*	**Llegarán** mañana. *They will arrive tomorrow.*

- The English word *will* can refer either to future time or to someone's willingness to do something. To express willingness, Spanish uses the verb **querer** + [*infinitive*].

  ¿Quieres contribuir a la
  protección del medio ambiente?
  *Will you contribute to the
  protection of the environment?*

  Quiero ayudar, pero no sé por
  dónde empezar.
  *I'm willing to help, but I don't know
  where to begin.*

- In Spanish, the future tense may be used to express conjecture or probability.

  ¿Qué hora **será**?
  I wonder what time it is.

  Ya **serán** las dos de la mañana.
  It must be two a.m. by now.

  ¿Lloverá mañana?
  *Do you think it will
  rain tomorrow?*

  Probablemente **tendremos** un poco
  de sol y un poco de viento.
  It'll probably be sunny and windy.

- When the present subjunctive follows a conjunction of time like **cuando**, **después (de) que**, **en cuanto**, **hasta que**, and **tan pronto como**, the future tense is often used in the main clause of the sentence.

  Tan pronto como salga el sol, **iré** a la playa a tomar fotos.
  As soon as the sun comes up, I'll go to the beach to take photos.

TALLER DE CONSULTA

For a detailed explanation
of the subjunctive with
conjunctions of time,
see **6.2**.

The conditional

- To express the idea of what *would* happen, use the conditional tense. The conditional tense (**el condicional**) uses the same endings for all **–ar**, **–er**, and **–ir** verbs. For regular verbs, the endings are added to the infinitive.

dar	**daría, darías, daría, daríamos, daríais, darían**
ser	**sería, serías, sería, seríamos, seríais, serían**
vivir	**viviría, vivirías, viviría, viviríamos, viviríais, vivirían**

  En Colombia, **iría** a la playa.
  In Colombia, I would go to the beach.

- Verbs with irregular future stems have the same irregular stem in the conditional.

caber	cabría	poner	pondría	decir	diría
haber	habría	salir	saldría	hacer	haría
poder	podría	tener	tendría	satisfacer	satisfaría
querer	querría	valer	valdría		
saber	sabría	venir	vendría		

- The conditional is used to express what *would* occur under certain circumstances.

  En tu lugar, yo **haría** ecoturismo.
  If I were you, I'd do ecotourism.

- The conditional is also used to make polite requests.

  ¿Me **ayudarías** a elegir el producto menos contaminante?
  Would you help pick the product that pollutes the least?

¡ATENCIÓN!

In Spanish, the conditional
may be used to express
conjecture or probability
about a past condition or
event. English expresses this
sense with expressions such
as *wondered, must have
been,* and *was probably.*

— ¿Cuánta gente había
en el congreso sobre
el medio ambiente?
— No sé. *Había* unas 500
personas.

¡ATENCIÓN!

The conditional is also used
to report statements made in
the future tense.

Compraré sólo productos
orgánicos. → Dijo que
compraría sólo productos
orgánicos.

Práctica

TALLER DE CONSULTA

MANUAL DE GRAMÁTICA
Más práctica

6.1 The future and the
conditional, p. A34

1 **Horóscopo chino** En el horóscopo chino, cada signo es un animal. Lee las predicciones del horóscopo chino para la serpiente. Conjuga los verbos entre paréntesis usando el futuro.

Trabajo: Esta semana (tú) (1) _____ (tener) que trabajar duro. (2) _____ (salir) poco y no (3) _____ (poder) divertirte, pero (4) _____ (valer) la pena. Muy pronto (5) _____ (conseguir) el puesto que esperas.

Dinero: (6) _____ (venir) tormentas económicas. No malgastes tus ahorros.

Salud: (7) _____ (resolver) tus problemas respiratorios, pero (8) _____ (deber) cuidarte la garganta.

Amor: (9) _____ (recibir) una noticia muy buena. Una persona especial te (10) _____ (decir) que te ama. (11) _____ (venir) días felices.

2 **Trabajo de verano** Alberto sueña con trabajar para una agencia de ecoturismo. Utiliza el condicional de los verbos entre paréntesis para completar la entrevista.

ALBERTO Si yo pudiera formar parte de esta organización, (1) _____ (estar) dispuesto (*ready*) a ayudar en todo lo posible.

ELENA Sí, lo sé, pero tú no (2) _____ (poder) hacer mucho. No tienes la preparación necesaria. Tú (3) _____ (necesitar) aprender a usar el software para reservar vuelos.

ALBERTO Bueno, yo (4) _____ (ayudar) con las cosas menos difíciles. Por ejemplo, (5) _____ (contestar) el teléfono y (6) _____ (hacer) tareas administrativas e (7) _____ (investigar) nuevos destinos.

ELENA Estoy segura de que todos (8) _____ (agradecer) tu colaboración. Les preguntaré para ver si necesitan ayuda.

3 **El primer día** La agencia contrató a Alberto y hoy fue su primer día como asistente administrativo. Utiliza el condicional para cambiar estos mandatos informales por los mandatos formales que la directora le dio a Alberto. Sigue el modelo.

MODELO **Hazme un café.** ¿Me harías un café, por favor?

1. Saca estas fotocopias.
2. Pon los mensajes en mi escritorio.
3. Manda este fax.

4. Diles a los voluntarios que vengan.
5. Sal a almorzar con nosotros.
6. Llama al encargado

4 **El futuro** En parejas, imaginen que uno/a de ustedes es un(a) investigador(a). La otra persona es un(a) estudiante que quiere saber qué sucederá en el futuro. El/La investigador(a) deberá contestar preguntas relacionadas con estos temas.

trabajo   estudios   naturaleza   política

MODELO **ESTUDIANTE** ¿Existirán las bibliotecas en el futuro?
INVESTIGADOR(A) Sí, pero habrá menos debido al desarrollo de la tecnología.

 Practice more at **facetas.vhlcentral.com.**

Comunicación

5 **Viaje ecológico** Tú y tu compañero/a tienen que planear un viaje ecológico. Decidan a qué país irán, en qué fechas y qué harán allí. Usen ocho verbos en futuro.

ECOTURISMO

Puerto Rico	República Dominicana
• acampar en la costa y disfrutar de las playas	• ir en kayak por los ríos tropicales
• visitar el Viejo San Juan	• bucear por los arrecifes
• montar a caballo por la Cordillera Central	• ir de safari por La Descubierta y ver los cocodrilos del lago Enriquillo
• ir en bicicleta por la costa	• disfrutar del paisaje de Barahona
• viajar en barco por la isla Culebra	• observar las aves en el Parque Nacional del Este

6 **¿Qué será de...?** Todo cambia con el paso del tiempo. En parejas, conversen sobre lo que sucederá en el futuro en relación con estos temas y lugares.

- las ballenas (*whales*) en 2200
- Venecia en 2065
- los libros tradicionales en 2105
- la televisión en 2056
- Internet en 2050
- las hamburguesas en 2080
- los Polos Norte y Sur en 2300
- el Amazonas en 2100
- Los Ángeles en 2245
- el petróleo en 2090

7 **¿Dónde estarán en 20 años?** La fama es, en muchas ocasiones, pasajera (*fleeting*). En grupos de tres, hagan una lista de cinco personas famosas y anticipen lo que será de ellas dentro de veinte años. Utilicen el futuro y el condicional.

8 **Situaciones**

A. En parejas, seleccionen uno de estos temas e inventen una conversación usando el tiempo futuro o el condicional.

1. Dos jóvenes han terminado sus estudios universitarios y hablan sobre lo que harán o lo que harían para convertirse en millonarios.

2. Dos ladrones acaban de robar todo el dinero de un banco internacional. Piensen en lo que hará la policía para atraparlos.

3. La familia Rondón ha decidido convertir su granja (*farm*) en un centro de ecoturismo. Debe planear algunas atracciones para los turistas.

4. Dos jóvenes que están por viajar a Europa hablan de lo que les gustaría hacer y ver durante el viaje.

B. Ahora, interpreten su conversación ante la clase. La clase votará por la conversación más creativa.

The subjunctive in adverbial clauses

- In Spanish, adverbial clauses are commonly introduced by conjunctions. Certain conjunctions require the subjunctive, while others can be followed by the subjunctive or the indicative, depending on the context in which they are used.

¡Estoy dejando espacio para que la atrapen!

No le des más comida aunque ponga cara de perrito.

Conjunctions that require the subjunctive

- Certain conjunctions are always followed by the subjunctive because they introduce actions or states that are uncertain or have not yet happened. These conjunctions commonly express purpose, condition, or intent.

MAIN CLAUSE	CONNECTOR	SUBORDINATE CLAUSE
Se acabará el petróleo en pocos años	a menos que	busquemos energías alternativas.

Conjunctions that require the subjunctive	
a menos que *unless*	en caso (de) que *in case*
antes (de) que *before*	para que *so that*
con tal (de) que *provided that*	sin que *without; unless*

El gobierno se prepara **en caso de que haya** una gran sequía el verano que viene.
The government is getting ready in case there is a big drought in the coming summer.

A menos que haga mal tiempo, iremos a la montaña el próximo miércoles.
We will go to the mountains next Wednesday unless the weather is bad.

Debemos proteger a los animales salvajes **antes de que se extingan**.
We should protect wild animals before they become extinct.

- If there is no change of subject in the sentence, a subordinate clause is not necessary. Instead, the prepositions **antes de, con tal de, en caso de, para**, and **sin** can be used, followed by the infinitive. Note that the connector **que** is not necessary in this case.

Las organizaciones ecologistas trabajan **para proteger** los arrecifes de coral.
Environmental organizations work to protect coral reefs.

Tienes que pedir permiso **antes de darles de comer** a los monos del zoológico.
You have to ask permission before feeding the monkeys at the zoo.

¡ATENCIÓN!

An adverbial clause (**cláusula adverbial**) is one that modifies or describes verbs, adjectives, or other adverbs. It describes how, why, when, or where an action takes place.

To review the use of adverbs, see **Manual de gramática 6.5**, p. A38.

¡ATENCIÓN!

Adverbial clauses can also go before the main clause. Note that a comma is used in that case.

No iré a la fiesta a menos que me inviten.

A menos que me inviten, no iré a la fiesta.

Conjunctions followed by the subjunctive or the indicative

- If the action in the main clause has not yet occurred, then the subjunctive is used after conjunctions of time or concession.

> ### Conjunctions of time or concession
>
> | | |
> |---|---|
> | **a pesar de que** *despite* | **hasta que** *until* |
> | **apenas** *as soon as* | **luego que** *as soon as* |
> | **aunque** *although; even if* | **mientras que** *while* |
> | **cuando** *when* | **ni/no bien** *as soon as* |
> | **después (de) que** *after* | **siempre que** *as long as* |
> | **en cuanto** *as soon as* | **tan pronto como** *as soon as* |

La excursión no saldrá **hasta que estemos** todos.
The excursion will not leave until we all are here.

Dejaremos libre al pájaro **en cuanto** el veterinario nos **diga** que puede volar.
We will free the bird as soon as the vet tells us it can fly.

Aunque me **digan** que es inofensivo, no me acercaré al perro.
Even if they tell me he's harmless, I'm not going near the dog.

Cuando Pedro vaya a cazar, tendrá cuidado con las serpientes venenosas.
When Pedro goes hunting, he will be careful of the poisonous snakes.

Te mando un mensaje de texto **apenas lleguemos** al aeropuerto.
I'll text you as soon as we get to the airport.

- If the action in the main clause has already happened, or happens habitually, then the indicative is used in the adverbial clause.

Tan pronto como paró de llover, Matías salió a jugar al parque.
As soon as the rain stopped, Matías went out to play in the park.

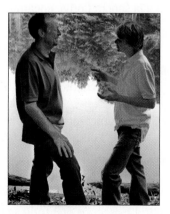

Mi padre y yo siempre nos lo pasamos bien **cuando vamos** al río.
My father and I always have fun when we go to the river.

¡ATENCIÓN!

A pesar de, **después de**, and **hasta** can also be followed by an infinitive, instead of **que** + [*subjunctive*], when there is no change of subject.

Voy a acostarme después de ver las noticias.

Práctica

TALLER DE CONSULTA

MANUAL DE GRAMÁTICA
Más práctica

6.2 The subjunctive in adverbial clauses, p. A35

1 **Reunión** Completa las oraciones con el indicativo (presente o pretérito) o el subjuntivo de los verbos entre paréntesis.

1. Los ecologistas no apoyarán al alcalde (*mayor*) a menos que éste _____ (cambiar) su política de medio ambiente.

2. El alcalde va a hablar con su asesor (*advisor*) antes de que _____ (llegar) los ecologistas.

3. Los ecologistas entraron en la oficina del alcalde tan pronto como _____ (saber) que los esperaban.

4. El alcalde les asegura que siempre piensa en el medio ambiente cuando _____ (dar) permisos para construir edificios nuevos.

5. Los ecologistas van a estar preocupados hasta que el alcalde _____ (responder) todas sus preguntas.

2 **¿Infinitivo o subjuntivo?** Completa las oraciones con el verbo en infinitivo o en subjuntivo.

1. Compraré un carro híbrido con tal de que no _____ (ser) muy caro. Compraré un carro híbrido con tal de _____ (conservar) los recursos naturales.

2. Los biólogos viajan para _____ (estudiar) la biodiversidad. Los biólogos viajan para que la biodiversidad se _____ (conocer).

3. Él se preocupará por el calentamiento global después de que los científicos le _____ (demostrar) que es una realidad. Él se preocupará por el calentamiento global después de _____ (ver) con sus propios ojos lo que ocurre.

4. No podremos continuar sin _____ (tener) un mapa. No podremos continuar sin que alguien nos _____ (dar) un mapa.

3 **Declaraciones** Elige la conjunción adecuada para completar la conversación entre un periodista y la señora Corbo, encargada de relaciones públicas de un zoológico.

PERIODISTA Señora Corbo, ¿qué le parece el artículo que se ha publicado en el que se dice que el zoológico no trata bien a los animales?

SRA. CORBO Lo he leído, y (1) _____ (aunque / cuando) yo no estoy de acuerdo con el artículo, hemos iniciado una investigación. (2) _____ (Hasta que / Tan pronto como) terminemos la investigación, se lo comunicaremos a la prensa. Queremos hablar con todos los empleados (3) _____ (en cuanto / para que) no haya ninguna duda.

PERIODISTA ¿Es verdad que limpian las jaulas (*cages*) sólo cuando va a haber una inspección (4) _____ (para que / sin que) el zoológico no tenga problemas con las autoridades?

SRA. CORBO Le aseguro que todo se limpia diariamente hasta el último detalle. Y si no me cree, lo invito a que nos visite mañana mismo.

PERIODISTA ¿Cuándo cree que sabrán lo que ha ocurrido?

SRA. CORBO (5) _____ (En cuanto / Aunque) termine la investigación.

 Practice more at **facetas.vhlcentral.com.**

Comunicación

4 **Instrucciones** Javier va a salir de viaje, así que le ha dejado una lista de instrucciones a su compañero de casa. En parejas, túrnense para preparar las instrucciones usando oraciones adverbiales con subjuntivo y las conjunciones de la lista.

MODELO No uses mi computadora a menos que sea una emergencia.

a menos que
a pesar de que
con tal de que
cuando
en caso de que
en cuanto
para que
siempre que
tan pronto como

Instrucciones
- *Darles de comer a los peces*
- *Comprar productos ecológicos*
- *No pasear al perro si hay tormenta*
- *Usar sólo papel reciclado*
- *No usar mucha agua excepto para regar (to water) las plantas*
- *Llamarme por cualquier problema*

5 **Situaciones** En parejas, túrnense para completar las oraciones.

1. Terminaré mis estudios a tiempo a menos que…
2. Me iré a vivir a otro país en caso de que…
3. Ahorraré (*I will save*) mucho dinero para que…
4. Cambiaré de carrera en cuanto…
5. Me jubilaré (*I will retire*) cuando…

6 **Huracán** En grupos de cuatro, imaginen que son compañeros/as de casa y que un huracán se acerca a la zona donde viven. Escriban un plan para explicar qué harán en las diferentes situaciones. Usen el subjuntivo y las conjunciones adverbiales.

- las bombillas de luz se queman
- las ventanas se rompen
- las líneas de teléfono se cortan
- el sótano se inunda (*floods*)
- los vecinos ya se han ido
- no hay suficiente alimento
- no hay conexión a Internet

The past subjunctive

Forms of the past subjunctive

- The past subjunctive (**el imperfecto del subjuntivo**) of all verbs is formed by dropping the **–ron** ending from the **ustedes/ellos/ellas** form of the preterite and adding the past subjunctive endings.

TALLER DE CONSULTA

See **3.1**, pp. 94-95 for the preterite forms of regular, irregular, and stem-changing verbs.

¡ATENCIÓN!

The **nosotros/as** form of the past subjunctive always has a written accent.

The past subjunctive		
caminar (caminaron)	**perder (perdieron)**	**vivir (vivieron)**
caminara	perdiera	viviera
caminaras	perdieras	vivieras
caminara	perdiera	viviera
camináramos	perdiéramos	viviéramos
caminarais	perdierais	vivierais
caminaran	perdieran	vivieran

Estela dudaba de que su madre la **ayudara** a reciclar papel y botellas.
Estela doubted that her mother would help her recycle paper and bottles.

A los dueños les sorprendió que **vendieran** tantos productos orgánicos.
The owners were surprised that they sold so many organic products.

Ya hablé con el recepcionista y me recomendó que le **escribiera** al gerente.
I already spoke to the receptionist and he recommended that I write to the manager.

- Verbs that have stem changes, spelling changes, or irregularities in the **ustedes/ellos/ ellas** form of the preterite maintain them in all forms of the past subjunctive.

infinitive	preterite form	past subjunctive forms
pedir	pidieron	pidiera, pidieras, pidiera, pidiéramos, pidierais, pidieran
sentir	sintieron	sintiera, sintieras, sintiera, sintiéramos, sintierais, sintieran
dormir	durmieron	durmiera, durmieras, durmiera, durmiéramos, durmierais, durmieran
influir	influyeron	influyera, influyeras, influyera, influyéramos, influyerais, influyeran
saber	supieron	supiera, supieras, supiera, supiéramos, supierais, supieran
ir/ser	fueron	fuera, fueras, fuera, fuéramos, fuerais, fueran

- In Spain and some other parts of the Spanish-speaking world, the past subjunctive is commonly used with another set of endings (**–se**, **–ses**, **–se**, **–semos**, **–seis**, **–sen**). You will also see these forms in literary selections.

La señora Medina exigió que le **mandásemos** el informe sobre la contaminación para el viernes.
Ms. Medina demanded that we send her the report on pollution by Friday.

La señora Medina exigió que le **mandáramos** el informe sobre la contaminación para el viernes.
Ms. Medina demanded that we send her the report on pollution by Friday.